님께

주후 20 년 월 일

드립니다.

베드로 전·후서 강해

그리스도의 고난에 동참하는 당신에게

문일규 지음

그리스도의 고난에 동참하는 당신에게

2023년 9월 1일 초판 1쇄 인쇄
2023년 9월 10일 초판 1쇄 발행

저 자 • 문 일 규
발행인 • 조 경 혜
발행처 • 도서출판 그리심
07030 서울시 동작구 사당로2길 72 인정 인정 B동 (B01)

등록번호 • 제 7-258호(1998. 4. 23)
출 판 사 • 전화 523-7589 팩스 523-7590
전자우편 • grisimcho@hanmail.net
홈페이지 • grisim.net • grisim.biz

ISBN 89-5799-490-0 93230

Book Cover Design : 루디아153

비록 지금의 한국교회는

초대교회와 같은 박해나 고난은 없지만,

분명히 소망과 위로가 필요하다고 믿습니다.

베드로전후서의 말씀을 통해

고난 속에서도 그리스도를 바라보고

소망 가운데 승리한 초대교회의 모습을 본받아,

우리의 신앙을 새롭게 하는 귀한 시간이 되기를 축원합니다.

Contents

베드로전서

베드로후서

그리스도의 고난에 동참하는 당신에게

모든 인간은 태어날 때부터 고난의 길을 걷게 된다. 그것은 인간의 원죄 때문이다. 그런데 그리스도인들은 믿지 않는 사람들이 겪는 고난 외에 특별한 고난이 더해진다. 그것은 예수님을 믿는 사람들에게만 다가오는 영적 전쟁 때문이다. 즉 사탄의 공격이 있다는 것이다.

사탄의 공격과 전략은 다양하지만 크게 2가지다.
외적으로는 박해라는 수단으로 공격함으로 신앙을 포기하게 만들고, 내적으로는 진리의 말씀에 바르게 서지 못하도록 잘못된 가르침을 심는 것이다.

베드로전서가 외적인 공격인 박해에 대비시키려고 쓴 책이라면, 베드로후서는 내적인 공격인 거짓 가르침에 대해 경고함으로 올바른 신앙으로 뿌리 내리도록 하기 위해 쓴 책이다.

필자는 공항성산교회 성도들이 베드로전후서 강해를 통해 사탄의 공격을 능히 이기고 믿음의 뿌리를 깊이 내릴 수 있기를 소망한다.
끝으로, 기쁨과 슬픔에 늘 함께 동참해주는 사랑하는 아내 혜영, 먼 이국 땅에서 목회사역에 최선을 다하며 열심히 살아가는 사위 박재호

목사, 딸 새롬, 손자 이안, 묵묵히 자신의 앞길을 개척해 나가고 있는 아들 의롬, 모두의 기도와 응원에 감사의 마음을 전한다.

또한 베드로전서 출간을 위해 설교원고를 타이핑하고 정리하고 교정하는 일에 수고한 홍주언 강도사와 표지 디자인을 제작하는 일에 도움을 준 김인제 목사에게 진심으로 감사드린다.

베드로전후서 출간을 위해 세심한 신경을 써주시고 최선을 다해주시는 그리심 대표 조경혜 권사님께 깊은 애정을 표한다.

모든 영광을 하나님께 돌립니다!
(Soli Deo Gloria!)

2023년 여름에
가좌마을 여름 들판을 바라보며, 문 일 규 드림

그리스도의
고난에 동참하는
당신에게

문일규 지음

베드로전서 1장

3 우리 주 예수 그리스도의 아버지 하나님을 찬송하리로다
그의 많으신 긍휼대로 예수 그리스도를 죽은 자 가운데
서 부활하게 하심으로 말미암아 우리를 거듭나게 하사
산 소망이 있게 하시며
4 썩지 않고 더럽지 않고 쇠하지 아니하는 유업을 잇게 하
시나니 곧 너희를 위하여 하늘에 간직하신 것이라
5 너희는 말세에 나타내기로 예비하신 구원을 얻기 위하여
믿음으로 말미암아 하나님의 능력으로 보호하심을 받았
느니라
6 그러므로 너희가 이제 여러 가지 시험으로 말미암아 잠
깐 근심하게 되지 않을 수 없으나 오히려 크게 기뻐하는
도다

Chapter 1
베드로전서 강해를 시작하며(벧전 1:1-2)

1 예수 그리스도의 사도 베드로는 본도, 갈라디아, 갑바도기아, 아시아
와 비두니아에 흩어진 나그네
2 곧 하나님 아버지의 미리 아심을 따라 성령이 거룩하게 하심으로 순종
함과 예수 그리스도의 피 뿌림을 얻기 위하여 택하심을 받은 자들에게
편지하노니 은혜와 평강이 너희에게 더욱 많을지어다

오늘부터 주일 낮 예배를 통해 전하는 베드로전서는 고난받는 성도들에게 소망과 위로를 주는 책입니다. 비록 지금의 한국 교회는 초대 교회와 같은 박해로 인한 고난은 없지만, 분명히 소망과 위로가 성도들에게 필요하다고 믿습니다. 베드로전서의 말씀을 통해 고난과 박해 속에서도 그리스도를 바라보고 소망 가운데 승리한 초대 교회 모습을 본받아 그동안 나태해진 우리의 신앙을 새롭게 하는 귀한 시간이 되기를 축원합니다.

오늘은 베드로전서 강해의 첫 시간, 베드로전서의 이해를 돕기 위해서 배경에 대해 이야기하려고 합니다.

1. 누가 기록했는가?
2. 누구에게 쓴 편지인가?
3. 언제 기록했는가?
4. 기록한 장소는 어디인가?
5. 기록한 목적은 무엇인가?
6. 전체 내용과 개요는 무엇인가?

에 대해 살펴보겠습니다.

1. 저자

본서의 저자는 베드로이며, 그 내용을 실루아노(실라)가 대필했습니다.

베드로전서 1장 1-2절입니다.

[1] 예수 그리스도의 사도 베드로는…
[2] …택하심을 받은 자들에게 편지하노니…

베드로전서는 하나님의 성령의 감동으로 기록되었으므로 원저자는 하나님이시지만, 인간 저자는 '베드로' 임을 밝히고 있습니다.

또 **5장 12절**을 보십시오.

[12] 내가 신실한 형제로 아는 실루아노로 말미암아 너희에게 간단히 써서 권하고…

'실루아노' 는 베드로전서를 기록하는 비서 역할을 감당했습니다. 실루아노는 어떤 사람일까요? 실루아노는 실라와 동일 인물인데, 그는 바울과 함께 선교여행을 하며 함께 박해를 받았습니다. 바울과 함께 빌립보에서 복음 전하다가 감옥에 갇혔을 때, 한밤중에 기도하고 하나님을 찬송했습니다.

사도행전 16장 25절을 봅시다.

[25] 한 밤중에 바울과 실라가 기도하고 하나님을 찬송하매 죄수들이 듣더라

또 데살로니가전서 1장 1절을 보세요.

[1] 바울과 실루아노와 디모데는 하나님 아버지와 주 예수 그리스도 안에 있는 데살로니가인의 교회에 편지하노니 은혜와 평강이 너희에게 있을지어다

'실라' 는 '바울' 과 함께 선교여행을 많이 했습니다. 그러므로 실라는 바울의 동역자이며, 비서 역할을 한 것입니다. 그러나 베드로가 베드로전서를 쓸 때에는 실라가 베드로 곁에서 동역자이며 비서 역할을 감당하며 '베드로전서' 를 대필한 것입니다.

여기서 '베드로전서' 를 쓴 베드로에 대해서 살펴봅시다.

◎ 저자 베드로

- 갈릴리 바다 북쪽 벳세다에서 출생(요 1:44)
- 요한(또는 요나)의 아들이며 안드레의 형(마 16:17)
- 후일 그들 형제는 가버나움으로 이사하여 갈릴리 바다에서 어부 생활을 함(마 4:18)
- 세례요한을 따랐으나 동생 안드레의 인도로 예수님을 만나 예수님의 제자가 됨(요 1:40-42)
- 본명은 '시몬' 인데, 예수님께서 게바(베드로)라는 새 이름을 줌(요 1:42) - 베드로(히브리어), 게바(아람어)
- 12사도에 뽑히게 되었고(마 10:2-4), 후에 예수님의 총애하는 3제자 중 하나가 되었으며(막 5:37), 결국은 위대한 신앙고백으로 예수님의 인정을 받는 으뜸가는 제자가 됨(마 16:13-19)
- 예수님을 3번 부인함(마 26:69-75)
- 부활하신 주님을 만나 3번의 사랑의 고백을 하고 '내 양을 먹이라' 는 사명을 받게 됨(요21장)
- 오순절 성령 강림 후 그의 설교로 3천명이 회개하고 세례를 받음(행 2:14-42)
- 여러 곳을 다니며 복음전도 사역함(행 9:32-11:18)
- A.D 64년 말경(혹은 A.D 68년) 네로 황제 박해 당시 로마에서 십자가에서 거꾸로 매달려 순교한 것으로 전해짐.

• 가톨릭에서는 초대교황으로 여김. 바티칸 성당 지하에 베드로의 무덤이 있음.

정리합시다.

※ 베드로전서의 원저자는 하나님이시고, 인간 저자는 베드로이고, 실라가 대필하였다.

2. 수신자

베드로전서의 수신자는 누구일까요?

베드로전서 1장 1-2절을 다시 봅시다.

[1] 예수 그리스도의 사도 베드로는 본도, 갈라디아, 갑바도기아, 아시아와 비두니아에 흩어진 나그네
[2] 곧 하나님 아버지의 미리 아심을 따라 성령이 거룩하게 하심으로 순종함과 예수 그리스도의 피 뿌림을 얻기 위하여 택하심을 받은 자들에게 편지하노니…

1절에 나타난 지역들은 소아시아 지역들로서, 오늘날 튀르키예 지역에 해당됩니다. 이 소아시아 지방에 흩어져 있는 나그네에게 이 서신을 쓴 것입니다. '흩어진' 이란 단어는 헬라어 '디아스포라' 인데, 성지 예루살렘에 사는 유대인들이 아니라, 예루살렘 밖에 사는 그리스도인들로서, 이방 곳곳에 흩어져 살던 유대인들을 가리킵니다. 유대민족

이 바벨론에 포로로 잡혀갔을 때, 그들을 '디아스포라' (흩어진)라고 불렀습니다.

그러므로 본문의 '흩어진 나그네' 는 소아시아 지방에 흩어져 있는 유대인들을 가리킨다고 볼 수 있겠지만, 본문을 잘 보면, 2절에 '택함 받은 자들' 에게 편지를 쓰고 있는 것으로 보아. '베드로전서' 의 수신자는 소아시아에 흩어져 있는 유대인 그리스도인뿐만 아니라, 이방인 그리스도인들 모두를 포함하는 것입니다.

베드로전서 2장 10절을 보면, 더 명확하게 알 수 있습니다.

[10] 너희가 전에는 백성이 아니더니 이제는 하나님의 백성이요 전에는 긍휼을 얻지 못하였더니 이제는 긍휼을 얻은 자니라

'전에는 백성이 아니더니 이제는 하나님의 백성이요.' 이 말은 이방인을 가리키는 말입니다. 그러나 이제 예수님을 믿고 하나님의 백성이 되었다는 말입니다.

'흩어진 나그네' 는 1차적으로는 소아시아의 흩어진 그리스도인들을 가리키지만, 2차적으로는 본향 천국을 사모하며 이 세상에서 살아가는 모든 믿는 자들을 가리킵니다.

야고보서, 베드로전후서, 요한 1,2,3서, 유다서를 일반적으로 공동서신으로 분류합니다. 공동 서신이라는 명칭은 특정한 공동체보다는 교회 일반에 공동으로 보내지는 문서를 가리킵니다. 예를 들어, 로마서, 에베소서, 빌립보서는 특정 공동체에 보낸 것입니다. 그러나 공동

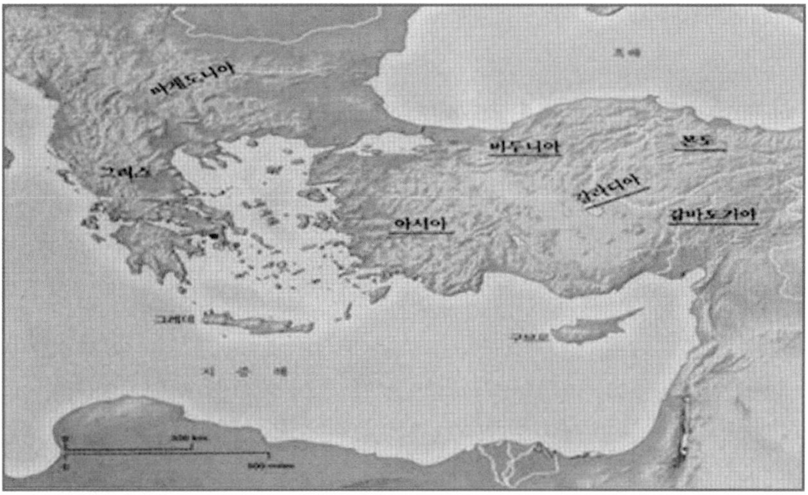

서신은 교회 일반에 공동으로 보낸 것입니다.

자, 그렇다면 그리스도인들이 흩어지는 이유가 무엇입니까? 복음을 전하기 위함입니다. 핍박이 와서 흩어지든, 그 외의 어떤 이유로 흩어지든, 그리스도인들은 있는 현장에서 복음을 전해야 합니다.

주일예배를 드리고 우리 그리스도인들은 월요일부터 세상 속에 흩어져서 각자의 삶을 삽니다. 직장으로 또 가정과 동네에서 우리 그리스도인들의 삶은 흩어지는 이유가 내가 처한 곳에서 복음을 전하기 위함임을 알아야 합니다.

정리합시다.

※ 베드로전서의 수신자는 흩어진 나그네, 택함 받은 그리스도인들이다.

3. 기록 연대

일반적으로 조직적인 박해가 시작된 로마 황제 네로 시대(A.D 54~68년)에 기록되었다고 주장합니다. 그렇다면 구체적으로 언제 기록되었을까요? 정확히 어느 때인지는 알 수 없지만, 이 서신이 기록된 당시의 배경을 이해하는 것이 필요합니다.

'베드로전서' 의 기록연대는 베드로가 그의 최후의 사역지인 로마에 도착한 시기인 A.D 63년 말부터 A.D 64년 초에 기록되었다고 추측됩니다. 본 서신은 다가올 박해에 대해 다루고 있다는 점에서 네로의 박해가 시작되기 직전이나, 바로 직후인 A.D 64년경에 기록되었다고 봅니다.

A.D 64년에 어떤 일이 있었을까요? A.D 64년 7월 19일에 로마시에 대화재 사건이 발생합니다. 네로 황제가 자신의 시흥을 돋우기 위해, 로마 시내에 일부로 불을 지른 것입니다. 그리고 나중에 네로에 대한 백성들의 폭동이 일어나자, 화재에 대한 책임을 그리스도인들에게 뒤집어씌우고, 그때부터 그리스도인들을 향한 대대적인 박해가 시작되었습니다.

이러한 박해가 임박한 상황 속에서, 성령께서 베드로를 통해 고난을 대비하기 위해, 고난의 서신, 격려의 서신, 소망의 서신인 베드로전서를 기록하게 하셨습니다. 베드로전서를 기록하고, 네로 황제의 대박해가 시작된 A.D 64년 말경에 베드로가 순교했다고 추측됩니다. 어떤 사람들은 네로 황제의 집권 말기인 A.D 68년에 베드로가 순교했다고도 이야기합니다. 베드로의 순교 장면은 성경에 기록되어 있지 않으나, 전승을 통해 오늘날 전해지고 있습니다.

'쿼바디스 도미네' 라는 영화에 베드로의 마지막 순교 장면이 나옵니다. 베드로가 박해를 피해 로마의 서남쪽으로 도망하고 있었을 때, 주님께서 그 언덕에 나타나셨습니다. 이때 베드로는 주님에게 물었습니다.

"쿼바디스 도미네"(주여 어디로 가시나이까?)

그때 주님은 이렇게 말씀하셨습니다. "나는 네가 버리고 가는 로마의 영혼들을 위해서 로마로 간다."

이 말을 듣고 베드로는 발걸음을 돌려 다시 로마로 가서 십자가에 거꾸로 매달려 순교했다고 합니다.

A.D 66년은 네로의 기독교 박해 절정의 해입니다. A.D 68년에 네로는 폐위당합니다. 그리고 A.D 70년에 로마가 팔레스타인을 점령하면서, 로마의 디도 장군에 의해 예루살렘이 완전히 포위되고 돌 위에 돌 하나도 남지 않고 예루살렘 성전이 무너지는 사건이 일어납니다. 그리고 유대인들은 전 세계로 흩어지는 비참한 사건이 일어납니다. 네로 황제로부터 시작된 기독교 박해가 A.D 313년 콘스탄틴 대제가 밀란 칙령(기독교 자유 칙령)을 발표할 때까지 약 250년간 소위 로마 황제의 기독교 10대 박해가 계속되었습니다.

정리합시다.

※ 베드로전서의 기록연대는 A.D 63년 말부터 A.D 64년 초로 본다. (보다 넓게 잡으면 A.D 63년~A.D 68년에 기록)

4. 기록 장소

베드로전서 5장 13절을 봅시다.

[13] 택하심을 함께 받은 바벨론에 있는 교회가 너희에게 문안하고 내 아들 마가도 그리하느니라

기록한 장소가 '바벨론에 있는 교회' 라고 하는데, 바벨론은 어디일까요? 바벨론은 오래 전 메대 바사에 의해 무너지고 지금은 없습니다. 바벨론은 구약 시대에는 세상 제국의 큰 성이었습니다. 이스라엘 백성들은 바벨론에 포로로 잡혀가 나그네로 살았습니다. 베드로는 지금 자신이 순교한 로마에서 이 서신을 쓰고 있습니다. 그런데 '바벨론에 있는 교회' 가 문안한다고 말합니다. 베드로가 살던 시대에 세상 제국의 큰 성 바벨론은 로마입니다. 그러므로 로마를 상징적으로 바벨론이라는 명칭으로 부른 것입니다.

정리합시다.

※ 베드로전서의 기록 장소는 로마이다.

5. 기록 목적

베드로전서의 기록 목적은 무엇일까요? 세 가지로 정리해 보았습니다.

1) 그리스도인들이 예수 그리스도를 믿음으로써 세상으로부터 당하는 고난을 이기며 살도록 하기 위해서입니다.

2) 다가올 박해와 고난에 직면해 있는 흩어진 그리스도인들에게 용기를 북돋워 주기 위해서입니다.

3) 그리스도를 믿는 믿음과 산 소망으로 고난을 이겨나가도록 하기 위해서입니다.

6. 내용과 개요

마지막으로 베드로전서의 전체적인 내용을 정리하겠습니다.

1. 문안인사(벧전 1:1-2)

2. 본론(벧전 1:3-5:11)

1) 성도의 구원(벧전 1:3-12)

2) 성도의 성화(벧전 1:13-2:12)

① 거룩하라 (벧전 1:13-21)
② 서로 사랑하라 (벧전 1:22-25)
③ 말씀을 사모하라 (벧전 2:1-3)

④ 신령한 제사를 드리라 (벧전 2:4-10)
⑤ 육체의 정욕을 제어하라 (벧전 2:11-12)

3) 성도의 순종(벧전 2:13-3:12)
① 위정자에게 순종하라 (벧전 2:13-17)
② 고용주에게 순종하라 (벧전 2:18-25)
③ 남편에게 순종하라 (벧전 3:1-7)
④ 삶의 범사에 순종하라 (벧전 3:8-12)

4) 성도의 고난(벧전 3:13-5:11)
① 의를 위해 받는 고난 (벧전 3:13-17)
② 고난에 대한 그리스도의 모범 (벧전 3:18-4:6)
③ 고난에 임하는 태도 (벧전 4:7-19)
④ 고난 중에 사역자와 성도들의 태도 (벧전 5:1-11)

3. 마지막 인사(벧전 5:12-14)

이 서신의 마지막 인사에서는 베드로의 동역자로서 이 서신을 기록하는데 도움을 준 '실로아노' 와 '마가' 를 언급하며, '바벨론에 있는 교회', 즉 '로마에 있는 교회' 가 흩어져 있는 성도들에게 문안하는 것으로 인사말을 마치면서 "그리스도 안에 있는 너희 모든 이에게 평강이 있을지어다"라는 축도로 베드로전서를 마치고 있습니다.

다시 한번 본문 **1장 1절**을 보며 말씀을 맺고자 합니다.

[1] 예수 그리스도의 사도 베드로는 본도, 갈라디아, 갑바도기아, 아시아와 비두니아에 흩어진 나그네

여러분! 우리 예수님 믿는 성도들은 이 세상이 우리가 거할 영원한 처소가 아니라는 것을 알아야 합니다. 우리는 이 세상에서 나그네로 잠시 머물다가 본향인 천국으로 돌아가야 할 나그네입니다. 나그네의 길은 험난합니다. 나그네의 길은 외롭습니다. 나그네의 길은 위태롭습니다. 하지만 우리가 낙망하지 않는 것은 우리가 영원히 거할 본향인 천국에 대한 소망이 있기 때문입니다.

베드로가 왜 박해받는 그리스도인들에게 '흩어진 나그네' 라는 표현을 썼을까요? 이런 의미일 것입니다.

"예수님을 믿고 박해받는 성도 여러분, 박해가 고통스럽지만 조금만 견디십시오. 우리는 이 박해받는 세상에서 영원히 살 것이 아닙니다. 우리는 이 땅에서 잠시 거하는 나그네일 뿐입니다. 우리에게는 영원히 거할 본향 천국이 있습니다. 힘내세요. 파이팅!"

바로 이 소망을 전하기 위해서 베드로전서가 쓰였습니다. 그래서 베드로전서를 '소망의 서신' 이라고 부르는 것입니다.

사랑하는 성도 여러분! 오늘 우리가 이 땅에 살면서 어떠한 고난이 와도 우리는 나그네라는 사실을 결코 잊지 마십시오. 그리고 우리 주님이 나그네 인생길에 우리와 동행하고 계신다는 사실을 결코 잊지 마십시오.

영원한 본향 천국을 소망하며 모든 어려움을 능히 이겨나가시는 성도님들 다 되실 수 있기를 주님의 이름으로 축원합니다.

<2020년 9월 6일 주일 낮 대예배 설교>

Chapter 2
삼위일체 하나님의 구원사역 (벧전 1장 1-2절)

1 예수 그리스도의 사도 베드로는 본도, 갈라디아, 갑바도기아, 아시아
와 비두니아에 흩어진 나그네
2 곧 하나님 아버지의 미리 아심을 따라 성령이 거룩하게 하심으로 순종
함과 예수 그리스도의 피 뿌림을 얻기 위하여 택하심을 받은 자들에게
편지하노니 은혜와 평강이 너희에게 더욱 많을지어다

지난주부터 베드로전서 강해를 시작했습니다. 베드로전서를 잘 이해하고 은혜를 경험하기 위해서는 먼저 베드로전서의 역사적인 배경을 아는 것이 필요합니다. 그래서 지난주에 베드로전서에 대한 개론을 살펴보았습니다. 오늘은 중요한 부분을 간략히 복습하고 하나님의 말씀을 전하려 합니다.

베드로전서의 저자는 누구인가요?

[1] 예수 그리스도의 사도 베드로는 본도, 갈라디아, 갑바도기아, 아시아와 비두니아에 흩어진 나그네

베드로전서 1장 1절에서 예수 그리스도의 사도 '베드로'가 베드로전서의 저자임을 살펴보았습니다. 베드로전서는 하나님의 계시된 하나

님의 말씀이지만, 인간 저자는 베드로입니다.

그렇다면 이 베드로전서는 누구에게 쓴 서신입니까?

'본도, 갈라디아, 갑바도기아, 아시아와 비두니아에 흩어진 나그네' 에게 쓴 서신입니다. 여기에 나타난 지역은 소아시아 지역으로 오늘날 튀르키예 지역입니다. 소아시아에 흩어진 나그네에게 쓴 편지인데, '흩어진 나그네' (디아스포라)는 유대인 그리스도인들뿐만 아니라, 이방인 그리스도인들까지 포함합니다. 좀 더 넓게 적용하면, 영원한 본향 천국을 사모하며 살아가는 이 세상의 모든 그리스도인들을 가리킵니다.

그렇다면 베드로전서의 기록 목적은 무엇일까요?

베드로전서의 기록 목적은 다가올 박해와 고난에 직면해 있는 흩어진 그리스도인들에게 소망과 용기를 주기 위함입니다.

기록 목적을 이해하기 위해서는 베드로전서가 기록된 연대를 이해하는 것이 필요합니다.

베드로전서의 기록 연대는 A.D 63년 말에서 A.D 64년 초경으로 생각됩니다. 왜냐하면, 베드로가 로마에 도착한 시기가 A.D 63년 말에서 A.D 64년 초경으로 보기 때문입니다. 그런데 A.D 64년 7월 19일에 역사적인 대사건이 발생합니다. 로마의 대화재 사건입니다. 이

화재로 백성들이 네로에 대한 폭동을 일으킵니다. 그 때 네로는 화재의 원인을 그리스도인들에게 뒤집어 씌웠고, 이후 그리스도인들을 향한 대대적인 박해가 일어나게 됩니다. 그것이 AD 64년입니다.

이런 박해가 임박한 상황에서, 성령께서 베드로를 통해 베드로서신을 기록하게 하심으로, 흩어진 나그네, 초대교회 그리스도인들에게 고난을 준비하게 하신 것입니다. 그래서 베드로전서는 고난의 서신, 소망의 서신이라고 불리는 것입니다.

오늘 본문 베드로전서 1장 1-2절은 흩어진 나그네인 그리스도인들에게 "여러분들은 성부 · 성자 · 성령님 3위 1체 하나님에 의해 확실히 구원 받은 하나님의 자녀입니다. 고난과 박해를 두려워하지 마십시오."라는 메시지를 주고 있는 것입니다.

그래서 오늘은 <3위 1체 하나님의 구원사역>이라는 제목으로 말씀을 전하려고 합니다.

3위 1체 교리는 이해하기 어려운데, 3위 1체가 무엇일까요? 하나님은 오직 한 분이시지만, 3위로 계신다는 것입니다. 3위는 성부 · 성자 · 성령이신데, 권능과 영광이 동등하십니다. 하나님은 한 분이시지만, 세 인격(성부 · 성자 · 성령)으로 존재하십니다. 즉 역할이 다릅니다. 성부는 택하시고, 성자는 구속하시며, 성령은 성별(성화)시키십니다.

◎ 3위 1체란?

하나님은 오직 한 분이시지만, 3위로 계신다.
3위는 성부, 성자, 성령이신데, 권능과 영광이 동등하시다.

이제 본문을 따라 성부 · 성자 · 성령님께서 각기 우리에게 어떻게 구원사역을 하시는지 살펴보겠습니다.

첫째, 성부 하나님께서는 선택하신다

여러분! 우리는 이 땅에 우연히 태어난 존재가 아닙니다. 또한, 우연히 누군가가 전도해서 예수님을 믿게 된 존재도 아닙니다. 우리가 이 땅에서 존재하게 된 것은 하나님의 계획과 섭리 가운데 우리를 이 시대에 태어나게 하신 것이며, 우리가 예수님 믿고 하나님의 자녀가 된 것도 우연이 아니라, 하나님의 예정과 계획 속에서 이루어진 일입니다. 그것이 오늘 **베드로전서 1장 2절**의 말씀입니다.

[2] 곧 하나님 아버지의 미리 아심을 따라 성령이 거룩하게 하심으로 순종함과 예수 그리스도의 피 뿌림을 얻기 위하여 택하심을 받은 자들에게 편지하노니…

우리가 예수님 믿고 하나님의 자녀로 선택받은 것은 우연히 이루어진 것이 아니라, '하나님의 미리 아심'을 따라 이루어졌다고 말씀합니다. '미리 아심'이란 말은 우리가 예수님 믿을 것을 미리 아셨다는 말이 아닙니다. 물론 하나님께서는 우리가 예수님 믿을 것을 아셨습니다. 그러나 이 말씀은 단순히 그런 지식을 가리키는 말이 아니고, 하나님의 사랑의 선택을 나타내는 말입니다. 우리가 예수님 믿고 구원받은 것은 하나님의 예정과 선택으로 된 것이라는 말입니다.

하나님께서 우리를 언제 구원하기로 예정하시고 택하셨나요? 우리가 어머니 배속에 잉태될 때? 아니면 이 세상에 출생할 때?

에베소서 1장 4-5절을 봅시다.

[4] 곧 창세 전에 그리스도 안에서 우리를 택하사…

[5] 그 기쁘신 뜻대로 우리를 예정하사 예수 그리스도로 말미암아 자기의 아들들이 되게 하셨으니

하나님은 우리가 이 세상에 존재하기 전에, 세상이 창조되기도 전에 하나님의 자녀가 되게 하시려고 예정하시고 선택하셨습니다.

초대교회 박해와 고난에 직면해 있는 성도들에게 하나님의 예정과 선택의 메시지가 왜 중요할까요?

바로 이런 격려와 소망의 메시지이기 때문입니다.

"여러분, 이 세상에 우연은 없습니다. 여러분은 우연히 태어난 존재가 아닙니다. 세상이 생기기도 전에 하나님께서 여러분들을 예정하시고 선택하셔서 하나님의 자녀를 삼아주셨습니다. 여러분들의 인생은 하나님의 손 안에서 다스려지고 있습니다. 이제 여러분들에게 다가올 박해를 두려워할 필요가 없습니다. 그 모든 환경도 하나님께서 다스리십니다. 여러분은 하나님의 택하심으로 구원 받았으니, 어떤 고난이 와도 낙망하지 마십시오. 여러분들은 하나님께서 선택하신 하나님의 보호 아래 있는 하나님의 자녀입니다."

바로 이런 격려의 메시지가 성부 하나님의 선택의 메시지입니다. 하나님의 선택은 내가 선행을 행할 것을 미리 아시고 선택한 것이 아닙니다. 나의 선악과 관계없이 오직 하나님의 사랑과 은혜로 나를 창세 전에 선택하시고, 하나님의 자녀로 삼으셨다는 사실을 믿으시고, 감사할 수 있는 여러분 되시기를 바랍니다.

이것을 존 칼빈은 '무조건적 선택' 이라는 말로 교리를 설명했습니다. 참고적으로 장로교 창시자이자 종교개혁을 완성한 존 칼빈의 5대 교리를 살펴보겠습니다. 존 칼빈은 하나님의 주권 사상에 근거를 두고 5대 교리를 정립했습니다. 이 5대 교리는 1619년 도르트 총회에서 결의된 5개 조항입니다. 도르트 총회는 알미니안주의를 반박하기 위해 5개 조항의 결의문을 확정했습니다.

◎ 칼빈의 5대교리

① **전적타락** 모든 인간은 태어나면서 전적으로 타락하고 부패했기 때문에 스스로의 힘으로 구원에 이를 수 없다.

② **무조건적 선택** 믿음을 주어 구원에 이르게 하시는 하나님의 선택에는 아무런 조건이 없다.

③ **제한적 속죄** 예수 그리스도의 구속사역은 오직 택한 자들을 구원하기 위한 것이다.

④ **불가항력적 은총** 하나님의 은총은 누구도 거부할 수 없으며 하나님의 은총을 입은 자가 구원에 이르는 데에는 결코 실패가 없다

⑤ **성도의 궁극적 구원(성도의 견인)** 하나님은 구원의 은총을 입은 성도를 끝까지 견인하셔서 결국에는 구원에 도달하게 하신다.

둘째, 성자 하나님께서는 구속하신다

하나님께서는 창세 전에 우리를 구원하시려는 계획을 하시고 택하셨는데, 죄 없으신 예수님께서 우리를 구원하시려고 십자가에 피 흘려 돌아가심으로 우리의 죄를 담당하셨습니다. 왜 십자가에 피 흘려 돌아가셔야 했을까요?

인류의 조상 아담의 불순종의 죄가 모든 인류에게 전가되었습니다. 그래서 모든 인간에게는 죄의 대가로 죽음이 왔고, 죽음 후에 심판을 받아 지옥 형벌을 받게 되었습니다. 바로 예수님께서는 우리 인간의 죄 문제를 해결하시려고 십자가에 피 흘려 돌아가신 것입니다.

'구속' 이라는 단어는 우리의 죄 값을 다 치루시고 우리에게 자유

와 해방을 준다는 의미의 단어입니다. 우리는 예수님의 피 값으로 모든 죄를 용서받고 자유를 얻었습니다.

베드로전서 1장 2절을 봅시다.

[2] 곧 하나님 아버지의 미리 아심을 따라 성령이 거룩하게 하심으로 순종함과 예수 그리스도의 피 뿌림을 얻기 위하여 택하심을 받은 자들에게 편지하노니 은혜와 평강이 너희에게 더욱 많을지어다

여기 '피 뿌림' 이라는 단어를 잘 보아야 합니다. '피 뿌림' 은 구약의 제사법의 용어로, 짐승의 피를 뿌림으로 정결케 하고 죄를 대속하는 의식입니다. 신약시대에 예수님의 피를 뿌릴 때, 그 피를 통해 그리스도인들은 정결하게 되고 죄로부터 구속함을 받습니다.

그러면 '피 흘림' 과 '피 뿌림' 은 어떻게 다를까요? 예수님께서 '피 흘림' 으로 우리의 죄가 속량 받을 수 있는 기틀이 마련되었습니다. 예수님께서 피 흘리셨다고 모든 인간이 저절로 죄 용서를 받지는 않습니다. 우리 각자는 그 피의 효력을 믿고 자신에게 '피 뿌림' 을 할 때 구원을 받는 것입니다.

'피 뿌림' 이란 예수 그리스도의 십자가 피 흘리심이 내 죄를 대신 담당하신 것임을 믿고, 예수님을 나의 구주, 나의 하나님으로 영접하는 것입니다. 그렇게 할 때 그 사람은 '피 뿌림' 을 얻은 것이고, 구원을 얻은 것입니다.

많은 사람들이 예수님께서 십자가에 피 흘려 돌아가셨다는 사실을 압니다. 미션스쿨에 다닌 사람들은 성경 지식을 많이 압니다. 그러나 그 십자가에 피 흘려 돌아가신 예수님을 내가 개인적으로 나의 구주, 나의 하나님으로 영접하지 않았다면, 그 사람은 '피 뿌림'이 없는 자요, 아직 구원 받은 자가 아닙니다.

십자가에 피 흘려 돌아가신 예수님을 개인적으로 나의 구주, 나의 하나님으로 영접할 때, 그 예수님의 피가 나에게 뿌려지는 것입니다. 그 피 뿌림을 얻은 사람만이 구원에 이르는 것입니다. 그러나 성부 하나님의 택함을 받은 자는 반드시 예수님의 피 뿌림을 얻게 됩니다. 그래서 오늘 본문을 잘 봐야 합니다.

'예수 그리스도의 피 뿌림을 얻기 위하여 택하심을 받은 자들에게 편지하노니', 성부 하나님의 택함을 받은 자는 반드시 예수 그리스도의 피 뿌림을 얻게 된다는 말입니다. 그러므로 하나님의 택하심을 받고 예수님의 속죄의 피 뿌림을 얻은 자는 모든 죄를 용서 받고 영생을 얻게 됩니다.

로마서 3장 24절을 봅시다.

[24] 그리스도 예수 안에 있는 속량으로 말미암아 하나님의 은혜로 값없이 의롭다 하심을 얻은 자 되었느니라

예수님의 피로 말미암아 하나님의 은혜로 의로운 자로 인정받는다는 말입니다. 그러므로 그리스도인들은 어떠한 고난과 박해가 와도 좌절하거나, 낙심하거나 두려워할 필요가 없습니다. 예수님의 피 뿌림을 얻고 구원을 받아 영생을 얻은 사람들이기 때문입니다.

셋째, 성령 하나님께서는 거룩하게 하신다

성부 하나님께서 우리 구원을 위해 하신 사역은 창세 전에 예정하시고 선택하신 것입니다. 성자 예수님께서 우리 구원을 위해 하신 사역은 십자가에 피 흘려 돌아가심으로 구속하신 것입니다. 성령님께서 우리 구원을 위해 하시는 일은 우리를 거룩하게 하시는 일입니다.

베드로전서 1장 2절을 보십시오.

[2] 곧 하나님 아버지의 미리 아심을 따라 성령이 거룩하게 하심으로 순종함과 예수 그리스도의 피 뿌림을 얻기 위하여 택하심을 받은 자들에게 편지하노니 은혜와 평강이 너희에게 더욱 많을지어다

'성령의 거룩하게 하심'은 그 의미가 두 가지입니다.

① 성령의 역사로 말미암아 중생하여 예수 그리스도를 믿게 하는 것과 ② 성화입니다. 성령님께서 거룩하게 함으로써 순종하는 사람으로 만드시고 성화가 이루어집니다.

'거룩'이란 구별이란 뜻입니다. '성도'는 세상으로부터 구별되어 하나님께 바쳐진 자입니다. 성령님은 우리가 예수님을 믿고 구원받게 하십니다. 하나님께서 택하신 사람은 성령님께서 예수님이 구주임을 믿어지게 하시고 영접하게 하십니다.

고린도전서 12장 3절을 보십시오.

[3] 그러므로 내가 너희에게 알리노니 하나님의 영으로 말하는 자는 누구든지 예수를 저주할 자라 하지 아니하고 또 성령으로 아니하고는 누구든지 예수를 주시라 할 수 없느니라

예수님을 구주로 영접하고 구원받게 하시는 분이 성령님이십니다. 하나님께서 택하신 자는 성령님께서 믿어지도록 역사하십니다. 그러므로 예수님이 믿어지는 사람은 하나님의 택함 받은 자입니다.

사람들 중에는 "하나님은 없다"고 무신론을 말하는 사람이 있고, 한 걸음 더 나아가 "하나님은 죽었다"고 외치는 사신 신학자들이 있습니다. 그래도 믿는 자가 생기니까 '종교는 아편이다' 라고 욕하기도 합니다. 하나님의 택함을 받고 예수님이 믿어지는 사람은 행복한 사람입니다.

성령의 거룩하게 하심의 의미, 첫 번째가 성령의 역사로 예수님을 믿고 구원받게 하는 것이라는 말씀을 드렸습니다. 두 번째는 성화입니다. 구속함을 받은 그리스도인들은 성령님께서 그 사람 안에 내주하셔서 성령의 인도하심과 역사하심으로 순종의 삶을 살게 하시고, 그 결과 거룩한 삶, 성화의 삶이 이루어집니다. 순종을 통해 영적 성장이 이루어지는 것입니다.

어떤 사람은 '나는 택함 받았으니 마음대로 죄 짓고 살아도 구원받을 거야' 라고 이야기합니다. 이 사람이 알아야 될 사실이 있습니다. 택함 받은 사람은 예수님을 믿을 때, 성령님께서 그의 안에서 역사하십니다. 그리스도께서 내주하십니다. 성령님께서 그를 거룩함으로 이끄십니다. 그러므로 마음대로 죄 짓는 사람은 그 안에 성령님이 안 계신 자이고, 따라서 선택된 자가 아닙니다.

이제는 말씀을 정리하려고 합니다. 베드로전서를 기록한 목적이 박해와 고난에 직면해있는 '흩어진 나그네', 흩어진 그리스도인들에게 소망을 주어 박해를 이기고 승리하도록 하기 위하여 쓰여졌다고 말씀드렸습니다. 고난과 박해를 견디고 승리하려면 가장 중요한 것이 나의 구원을 확신하는 것입니다.

그런데 예수님 믿는 그리스도인들의 구원은, 내가 예수님을 믿어서 구원받은 것이 아니고, 성부 하나님께서 창세 전에 예정하시고 택하신 사실을 알아야 합니다. 그리고 그 택하신 자를 위해 예수님께서 그 죄를 담당하시고 십자가에서 피 흘려 돌아가심으로 모든 죄가 해결되었다는 사실을 믿어야 합니다. 그리고 택하신 자들을 성령님께서 역사하셔서 반드시 예수님 믿고 구원받아 하나님의 자녀가 되게 하신다는 사실을 알아야 합니다. 이런 성부 · 성자 · 성령의 나를 위한 구원사역을 알고 확실히 믿는 자는 어떠한 고난이 와도 흔들리지 않고 승리할 수 있습니다.

그러면 왜 구원받은 하나님의 자녀에게 고난이 올까요? 고난의 이유를 다 이해할 수 없지만, 확실한 것은 하나님의 택함 받은 자녀들은 고난 가운데서도 성령님께서 지키시고, 모든 슬픔과 역경을 성도의 영적인 성숙(성화)의 도구로 바꾸신다는 사실입니다.

사랑하는 성도 여러분! 우리는 초대교회와 같은 박해를 당하고 있지는 않습니다. 그러나 코로나 바이러스가 계속되는 가운데, 수많은 사람들이 고통 가운데 있습니다. 많은 사람들이 우울증에 빠져있고, 계속되는 생활고로 목숨을 끊는 사람들이 늘어나고 있습니다.

그러나 성도 여러분! 꼭 기억하십시오. 여러분은 하나님의 자녀입니다. 여러분들의 구원은 한순간에 이루어진 것이 아닙니다. 창세 전에 성부 하나님께서 우리를 선택하시고 예정하셨다는 사실을 꼭 기억하십시오. 성자 예수님께서 우리의 죄를 담당하시고 십자가에 피 흘려 돌아가심으로 우리를 구속하셨다는 사실을 꼭 믿으십시오. 그리고 성령 하나님께서 우리를 예수 믿게 하시고 우리 안에 내주하셔서 고통 속에서도 견딜 힘을 주시고 위로하시고 영적인 성숙을 이루어 나가고 계신다는 사실을 꼭 믿으십시오.

사랑하는 성도 여러분! 여러분들은 구원받은 하나님의 자녀입니다. 영원한 천국을 소유한 분들입니다. 오늘의 고통을 이기십시오. 힘을 내십시오. 오늘 우리 주님께서 여러분들과 함께 계십니다.

<2020년 9월 13일 주일 낮 대예배 설교>

Chapter 3
산 소망을 가진자(벧전 1:3-5)

3 우리 주 예수 그리스도의 아버지 하나님을 찬송하리로다 그의 많으신
긍휼대로 예수 그리스도를 죽은 자 가운데서 부활하게 하심으로 말미
암아 우리를 거듭나게 하사 산 소망이 있게 하시며
4 썩지 않고 더럽지 않고 쇠하지 아니하는 유업을 잇게 하시나니 곧 너
희를 위하여 하늘에 간직하신 것이라
5 너희는 말세에 나타내기로 예비하신 구원을 얻기 위하여 믿음으로 말
미암아 하나님의 능력으로 보호하심을 받았느니라

베드로전서 강해를 계속하려고 합니다. 베드로전서 강해를 들을 때 성령의 감동과 은혜를 경험하려면, 매 구절을 읽거나 들을 때 베드로전서의 기록목적을 염두에 두고 읽거나 들어야 합니다. 베드로는 베드로전서를 통해 '흩어진 나그네', 즉 박해에 직면한 그리스도인들에게 앞으로 다가올 믿음의 시련을 잘 극복하도록 격려하고 있습니다. 베드로전?서를 기록한 후, 실제로 로마 황제 네로로부터 시작된 기독교에 대한 박해는 그 후로도 약 250년간250여년간 로마 황제를 통해 계속되었습니다.

초대교회 그리스도인들은 방금 죽인 동물의 가죽으로 씌워서 야생

동물의 먹이로 주어졌습니다. 또 어떤 그리스도인들은 십자가 형틀에 매달고 그 밑에 불을 붙여 화형에 처했습니다. 이런 고난과 박해에 직면한 초대교회 그리스도인들은 두려움과 근심과 절망으로 가득 찼을 것입니다. 그들에게 어떻게 절망을 딛고 용기를 갖도록 해줄 수 있을까요? 그것은 그들에게 소망을 주는 것입니다. 그것도 그냥 소망이 아니라 '산 소망'을 불어넣어 주는 것입니다. 이것이 베드로전서의 기록 목적입니다.

그래서 하나님께서는 베드로를 통해 오늘 본문, '산 소망'에 대해 말씀해주고 있습니다.계시는 것입니다. 그러면 죽은 소망은 무엇이며, 산 소망은 무엇인가요? 죽은 소망은 이루어지지 않거나, 이루어진다고 해도 또다시 사라져 버리는 것을 소망하는 것입니다.

예를 들어 우리가 '로또복권에 당첨되었으면, 재벌이 되었으면, 권력을 가졌으면, 최고급 차를 가졌으면, 최고로 멋지고 큰 집에서 살아봤으면, 최고 미인과 함께 살아봤으면, 박사학위 10개를 가졌으면 좋겠다.' 이런 소망은 이루어진다고 해도, 이 세상에서 잠깐 누리다가 내 생명이 끝나는 날 다 사라져버리고 마는 죽은 소망입니다.그렇다면 산 소망은 뭘까요? 이것은 영원히 사라지지 않고, 영원히 누릴 수 있는 소망입니다. 이것은 하늘 소망입니다. 베드로는 고난과 박해에 직면한 그리스도인들에게 성령의 감동으로 베드로서를 쓰면서 이런 메시지를 주고 있는 것입니다. "여러분! 박해가 다가오고 있습니다. 산 소망을 가지십시오. 산 소망을 가지면 이 세상에서 잠깐 있을 고난과 박해를 이길 수 있습니다. 인내로 승리하십시오. 영원 복락의 세계가 여러분 앞에 펼쳐져 있습니다!" 바로 이런 메시지를 전하고 있는 것입니다.

그래서 저는 오늘과 다음 주일에 걸쳐 <산 소망을 가진 자>라는 제목으로 하나님의 말씀을 전하려고 합니다. '산 소망을 누가 가질 수 있는가? 산 소망을 가진 자는 장차 무엇을 받고 무엇을 누릴 수 있는가? 산 소망을 가진 자는 과연 하나님께서 보호해주시는가?' 에 대해 살펴보기로 하겠습니다.

먼저 여러분, 산 소망을 누가 가질 수 있을까요?

첫째, 산 소망을 가진 자는 거듭난 자이다

산 소망은 원한다고 아무나 가질 수 있는 소망이 아닙니다. 산 소망은 거듭난 자, 즉 예수님 믿고 구원 받은 자에게만 주어지는 하나님의 특권입니다.

본문 **베드로전서 1장 3절**을 보십시오.

[3] …예수 그리스도를 죽은 자 가운데서 부활하게 하심으로 말미암아 우리를 거듭나게 하사 산 소망이 있게 하시며

왜 거듭난 자(구원받는 자)는 고난과 박해 속에서도 절망하지 않고 산 소망을 가질 수 있을까요? 우리가 거듭난 것은 예수 그리스도께서 십자가에 죽으셨을 뿐만 아니라, 죽은 자 가운데서 부활하심으로 이루어진 것입니다. 예수님께서 십자가에 죽으심은 우리가 받아야 할 죄의 형벌을 대신 받으신 것입니다. 그러므로 예수님의 십자가 죽으심으로 우리 죄는 씻음을 받았고, 영원한 새 생명이 우리 속에 심어진 것입니다.

그렇다면 예수님의 부활은 왜 필요할까요? 예수님의 부활로 말미암아 우리가 영원한 생명을 얻었다는 것이 확증되는 것입니다. 예수님께서 부활하지 않으셨다면, 우리가 예수님 믿고 부활하고 영원히 산다는 것은 있을 수가 없는 것입니다. 그러나 예수님께서 부활하심으로, 나도 언젠가는 죽지만 예수님처럼 다시 육체가 부활한다는 것을 믿을 수 있게 된 것입니다. 그래서 우리가 사도신경을 고백할 때, "몸이 다시 사는 것을 믿습니다."라고 고백하는 것입니다. 그러므로 성도의 거듭남을 이야기할 때, 예수님의 부활은 필연적인 사건입니다.

로마서 4장 25절을 보십시오.

[25] 예수는 우리가 범죄한 것 때문에 내줌이 되고 또한 우리를 의롭다 하시기 위하여 살아나셨느니라

예수님께서 우리의 '범죄' 때문에 십자가에 '내줌'이 된 것입니다. 즉 예수님께서는 십자가에 죽으심으로 우리 죄 문제를 해결하셨습니다. 그리고 예수님께서 살아나신 것, 즉 부활은 우리의 의의 문제를 해결하신 것입니다. 부활하신 주님이 나를 '의롭다'고 확증하셨습니다. 그러므로 예수 그리스도의 십자가 죽음과 부활을 믿는 자는 거듭난 자입니다.

여러분은 예수님의 십자가 죽음과 부활의 복음을 듣고 예수님을 영접했나요? 영접했다면 여러분은 거듭난 자입니다.

거듭난 자는 죄 씻음과 영원한 생명을 얻었기 때문에, 이 땅에서 어떤 고난과 박해가 와도 절망하지 않습니다. 이 세상은 잠깐이요, 성도의 구원의 영광은 영원하기 때문입니다. 그러므로 거듭난 자, 구원 받은 자만이 산 소망을 가질 수 있습니다. 산 소망을 가진 거듭난 자는 이 땅의 고난을 이길 수 있습니다.

우리는 초대 그리스도인들이 겪었던 고난과 박해는 겪고 있지 않지만, 우리나라에서도 거의 8개월이 넘게 계속되고 있는 코로나 바이러스로 온 국민이 심적, 육적, 물질적으로 고통 가운데 있습니다. 그러다 보니, '코로나 블루' 라는 신조어가 생겨났습니다. 코로나가 장기화되면서 많은 사람들이 겪는 우울증과 무기력증의 현상을 가리키는 말입니다. 감염에 대한 우려, 경제적 타격에 따른 어려움, 무분별한 정보로 인한 불안 등으로 '코로나 블루(우울)' 을 호소하는 사람들이 증가하고 있습니다. 그러다보니 극단적인 선택으로 자기 목숨을 끊는 사람들이 생겨나고 있습니다.

성도 여러분! 분명히 어려운 시기입니다마는 절망하지 마십시오. 우리는 예수님의 십자가 죽음으로 죄 용서받았고, 예수님의 부활로 의롭다 함을 확증 받은 거듭난 하나님의 자녀입니다. 부활의 주님이 오늘도 우리와 함께 하십니다. 산 소망으로 이 어려운 시기를 승리해 나가기를 축원합니다.

그렇다면 산 소망을 가진 자는 장차 무엇을 받고, 무엇을 누릴 수 있을까요?

둘째, 산 소망을 가진 자는 장차 영원한 천국을 유업으로 받는다

'산 소망을 가진 자'는 거듭난 자요, 구원받은 자인데, 구원받은 자는 죽으면 모든 것이 다 사라지는 것이 아니고, 하나님으로부터 영원한 천국을 유업으로 받습니다. 유업은 유산이라고도 할 수 있습니다. 하나님의 자녀인 우리가 장차 받을 유업은 어떤 것일까요?

베드로전서 1장 4절을 봅시다.

[4] 썩지 않고 더럽지 않고 쇠하지 아니하는 유업을 잇게 하시나니 곧 너희를 위하여 하늘에 간직하신 것이라

하나님의 자녀인 우리가 받을 하나님의 나라(천국)는 '썩지 않고 더럽지 않고 쇠하지 아니하는 유업'입니다. 이 세상에 있는 것들은 언젠가는 다 썩을 것입니다.

음식물도 냉장고에 넣는다고 해도, 오래되면 먹지 못하고 버리게 됩니다. 유통기한이 지나면 그 식품은 다 쓸모 없게 됩니다. 옷도 마찬가지입니다. 오래되면 아무리 명품이라도 변질됩니다. 건물도 마찬가지입니다. 오래되면 철거하고 다시 지어야 합니다. 우리 육체도 세월이 가면 한해 한해 달라집니다. 결국 늙고 병들고 흙으로 돌아가 썩습니다. 그러므로 이 세상 것들에는 우리가 영원히 간직할 수 있는 산 소망이 없습니다. 다 사라질 것들이요, 죽은 소망입니다.

그러나 거듭나서 구원받은 하나님의 자녀는 산 소망을 가질 수 있습니다. 하나님께서 성도를 위해, 영원히 썩지 않고 더럽지 않고 쇠하지 아니하는 유업을 하늘에 준비해 놓으셨습니다. 그러므로 영원한 천국을 유업으로 받을 성도는 이 땅에서 어떤 고난과 시련이 와도 절망해서 주저앉지 않습니다.

길고 긴 여정의 목적지가 천국에서의 영원한 복락을 누리는 삶임을 깨달을 때, 성도는 산 소망을 가지고, 목적지를 향해 가는 길에서 만나는 구덩이와 진흙탕 길을 좌절하지 않고 걸어갈 수 있습니다. 우리가 장차 하나님께로부터 상속받을 영광스러운 천국을 확신하는 자는 오늘 우리에게 다가오는 어떠한 고난도 기쁨으로 감당할 수 있습니다.

로마서 8장 17절을 보십시오.

[17] 자녀이면 또한 상속자 곧 하나님의 상속자요 그리스도와 함께 한 상속자니 우리가 그와 함께 영광을 받기 위하여 고난도 함께 받아야 할 것이니라

우리는 예수님을 믿고 구원받아 하나님의 '자녀' 가 되었습니다. 하나님의 자녀인 우리는 하나님 아버지로부터 '영광스러운 천국' 을 유업으로 상속받았습니다. 이제 산 소망을 가지게 되었습니다. 산 소망을 가진 자는 이 땅에서 어떤 '고난'이 와도 기쁨으로 감당할 수 있습니다. 영원한 천국 소망으로 승리하는 것입니다.

그렇다면, 산 소망을 가진 자는 장차 영원한 천국을 유업으로 받지만, 현재에는 과연 하나님께서 보호하실까요?

셋째, 산 소망을 가진 자는 현재 하나님의 능력으로 보호를 받는다

성도는 미래의 장차 썩지 않고, 더럽지 않고, 쇠하지 아니하는 영원한 천국을 유업으로 받는다는 사실을 알 때, 산 소망을 갖게 됩니다. 그러나 현재는 고난과 박해 아래 놓여 있습니다. 그러면 하나님께서 미래에 천국을 주시겠다고 약속하시고, 현재는 버려두시는 것일까요?

베드로전서 1장 5절을 봅시다.

[5] 너희는 말세에 나타내기로 예비하신 구원을 얻기 위하여 믿음으로 말미암아 하나님의 능력으로 보호하심을 받았느니라

'구원' 받은 성도들은 '믿음'으로 '하나님의 능력'으로 '보호하심'을 받습니다. 이 말은 성도들이 병에 안 걸린다는 말이 아닙니다. 사업에 어려움이 없이 돈 많이 번다는 말도 아닙니다. 사건사고가 하나도 일어나지 않는다는 말도 아닙니다. 구원받은 성도들에게도 육체적으로, 경제적으로, 환경적으로 고난이 다가올 수 있지만. 성도의 인생은 하나님의 손안에서 돌봄을 받고 있다는 사실입니다.

여기서 '하나님의 능력으로 보호를 받는다'는 것은 성도의 구원은 하나님께서 보호하시고 지키신다는 말입니다. 참된 믿음을 가진 택한 성도는 절대로 구원이 상실되지 않습니다. 하나님의 능력으로 보호를 받습니다. '말세에 나타내기로 예비하신 구원'은 주님 재림 때, 성도들은 부활하여 영생 천국을 누리는 구원의 완성을 의미합니다. 성도들은 이 놀라운 구원, 곧 천국을 얻기 위해 지금 믿음으로 말미암아 하나님의 능력으로 보호하심을 입고 있는 것입니다. 성도는 현재 이미 구원을 받았으나, 구원이 온전히 성취되는 때는 예수님의 재림 때입니다.

어떤 사람들은 그리스도인들이 구원을 받았다가 중간에 구원이 상실될 수 있다고 가르칩니다. 그러나 그것은 하나님의 능력을 잘 모르는 사람들이 하는 말입니다. 하나님께서는 창세 전에 예정하시고 선택하셨습니다. 그리고 하나님의 성령의 역사로 예수님을 구세주로 고백하고 믿도록 믿음을 주셨습니다. 구원은 전적으로 하나님의 은혜로, 하나님께서 시작하시고 이끄시고 보존하시는 것입니다. 그러므로 하나님께서 택한 자는 하나님께서 능력으로 마지막 구원의 완성까지 보호하십니다.

그래서 사도 바울은 **디모데후서 1장 12절**에 이렇게 이야기했습니다.

[12] 이로 말미암아 내가 또 이 고난을 받되 부끄러워하지 아니함은 내가 믿는 자를 내가 알고 또한 내가 의탁한 것을 그 날까지 그가 능히 지키실 줄을 확신함이라

'그날'은 마지막 종말의 때입니다. 그러므로 한번 받은 구원은 영원한 구원입니다. 또 **요한복음 10장 28절**을 보십시오.

[28] 내가 그들에게 영생을 주노니 영원히 멸망하지 아니할 것이요 또 그들을 내 손에서 빼앗을 자가 없느니라

지난주 설교말씀을 기억해보십시오. Calvin의 5대 교리 중 하나, '성도의 궁극적 구원 교리(성도의 견인 교리)' 입니다. 하나님은 구원의 은총을 입은 성도를 끝까지 견인하셔서, 결국에는 구원에 도달하게 하십니다. 한번 받은 구원은 영원한 구원입니다.

그러므로 여러분! "믿다가 중간에 타락했다." 이 말은 엄밀히 말하면 틀린 말입니다. 이 사람은 사실 처음부터 믿지 않은 것이다. 믿는 척하다가 신앙을 잃어버린 것이라는 말이 더 타당합니다. 그리스도 안에서 참으로 구원받은 성도는 잠시 방황할 수 있지만, 결국은 하나님께로 돌아옵니다. 이것이 선택과 예정 교리입니다.

다시 한번 **베드로전서 1장 5절**을 보십시오.

[5] 너희는 말세에 나타내기로 예비하신 구원을 얻기 위하여 믿음으로 말미암아 하나님의 능력으로 보호하심을 받았느니라

종말에 하나님의 기업을 상속할 그리스도인들은 구원의 완성 때까지 하나님의 보호하심과 인도하심을 받습니다. 그러나 우리가 기억할 것은 하나님께서는 끝날에 주시기로 예비하신 구원을 얻도록 하나님의 능력으로 보호해주시지만, 우리가 할 일은 하나님을 의지하고 순종함으로 믿음 안에 거하는 것입니다. 우리의 믿음이 연약할지라도, 하나님께서는 그 믿음을 긍휼히 여기시고, 어떤 고난과 박해도 이길 수 있는 힘을 주실 것입니다. 또한, 그 믿음을 통해서 하나님의 보호하심과 종말론적 구원의 완성을 누릴 수 있게 될 것입니다.

이제 오늘 말씀을 정리합시다. 베드로전서를 기록한 목적은 다가올 그리스도인들에 대한 박해에 대비해서 소망을 주어 승리하기 위함이라고 말씀드렸습니다. 이 세상에서의 고난과 박해 속에서 승리하려면 미래에 대한 소망이 있어야 합니다. 이 미래에 대한 소망이 죽은 소망이 아니라 산 소망일 때 오늘의 고통을 이길 수 있습니다. 미래를 확실히 보장받는 산 소망은 거듭난 자, 예수님 믿고 구원받은 자에게만 주어집니다. 산 소망을 가진 자는 이 땅을 넘어 영원한 천국, 영광스러운 천국이 약속되어있습니다. 뿐만 아니라 택함 받아 예수님 믿고 하나님의 자녀된 자는 현재 이 땅을 살면서 그의 구원이 상실되지 않도록, 하나님께서 보호하시고 마지막 구원의 완성을 이루게 하실 것입니다.

사랑하는 성도 여러분! 예수님을 믿으시지요? 그러면 여러분은 택함 받은 하나님의 자녀입니다. 장차 영원한 천국을 소유하게 될 것입니다. 그리고 당신의 구원은 하나님의 능력으로 보호받고 있습니다. 어려운 시대를 살고 있지만 결코 낙망하지 마시고, 믿음으로 끝까지 승리하시기를 축원합니다.

<2020년 9월 20일 주일 낮 대예배 설교>

Chapter 4

산 소망을 가진 자(2) (벧전 1장 6-12절)

6 그러므로 너희가 이제 여러 가지 시험으로 말미암아 잠깐 근심하게 되
지 않을 수 없으나 오히려 크게 기뻐하는도다
7 너희 믿음의 확실함은 불로 연단하여도 없어질 금보다 더 귀하여 예수
그리스도께서 나타나실 때에 칭찬과 영광과 존귀를 얻게 할 것이니라
8 예수를 너희가 보지 못하였으나 사랑하는도다 이제도 보지 못하나 믿
고 말할 수 없는 영광스러운 즐거움으로 기뻐하니
9 믿음의 결국 곧 영혼의 구원을 받음이라
10 이 구원에 대하여는 너희에게 임할 은혜를 예언하던 선지자들이 연구
하고 부지런히 살펴서
11 자기 속에 계신 그리스도의 영이 그 받으실 고난과 후에 받으실 영광
을 미리 증언하여 누구를 또는 어떠한 때를 지시하시는지 상고하니라
12 이 섬긴 바가 자기를 위한 것이 아니요 너희를 위한 것임이 계시로
알게 되었으니 이것은 하늘로부터 보내신 성령을 힘입어 복음을 전하
는 자들로 이제 너희에게 알린 것이요 천사들도 살펴 보기를 원하는
것이니라

베드로전서를 잘 이해하고, 성령의 감동을 경험하려면 베드로전서의 기록 목적을 항상 염두에 두고 말씀을 들어야 합니다. 베드로전서의 기록 목적이 무엇입니까? 소아시아에 흩어진 나그네, 즉 예수님 믿고

고난과 박해에 직면해 있는 그리스도인들에게 격려와 소망을 주기 위해 기록된 하나님의 말씀입니다.

그리스도인들은 고난과 박해를 어떻게 이길 수 있나요? 한마디로 말하면 '산 소망' 을 가지는 것입니다. 그래서 베드로전서 1장 3절에서 12절은 산 소망에 대해 기록하고 있습니다.

산 소망은 누가 가질 수 있을까요? 거듭난 자만이 산 소망을 가질 수 있습니다. 지난주 설교를 기억하십니까? 첫째, '산 소망을 가진 자는 거듭난 자이다' 라는 말씀을 드렸습니다. 둘째, '산 소망을 가진 자는 장차 영원한 천국을 유업으로 받는다.' 즉 미래에 그리스도인들에게 주어질 영광스러운 천국을 바라볼 때, 오늘의 고난을 이길 수 있음을 말씀드렸습니다. 셋째, '산 소망을 가진 자는 현재 하나님의 능력으로 보호를 받는다.' 미래에 영원한 천국을 유업으로 받을 뿐만 아니라 현재에도 성도는 하나님의 손안에서 보호받고 있다는 사실입니다. 특별히 무엇을 보호받습니까? 바로 성도의 구원입니다. 성도의 구원은 마지막까지 보호받고 지켜질 것입니다. 이런 사실을 믿을 때, 현재 어떠한 고난과 박해가 온다고 할지라도 이길 수 있는 용기가 생깁니다. 이것이 산 소망을 가진 자에게 주어지는 하나님의 은혜입니다.

지난주에 <산 소망을 가진 자 (1)> 라는 제목으로 말씀을 드렸습니다. 오늘은 지난주에 이어 <산 소망을 가진 자 Ⅱ> 라는 제목으로 말씀을 전하려고 합니다.

넷째, 산 소망을 가진 자는 고난을 극복할 수 있다

베드로전서 1장 6절을 봅시다.

[6] 그러므로 너희가 이제 여러 가지 시험으로 말미암아 잠깐 근심하게 되지 않을 수 없으나 오히려 크게 기뻐하는도다

초대교회의 흩어진 그리스도인들은 현재 박해를 당하고 있고, 앞으로는 더 큰 박해를 받아야 할 것이 분명한 시대에 살고 있었습니다. 로마의 네로 황제에 의해 그리스도인들은 방금 도살된 동물의 가죽에 싸여 개들과 야생동물들에게 먹이로 주어졌습니다. 그리스도인들에게 닥치는 시험은 한두 가지 형태가 아니었습니다. 본문은 '여러 가지 시험' 이라고 말합니다. 다각적인 시련이 있을 것이라는 말입니다.

실제로 초대교회 그리스도인들은 네로 황제 이후 250여 년간 로마 황제에 의해 조직적이고 대대적인 박해를 겪어야만 했습니다. 십자가 형틀에 매달려 순교 당했고, 어떤 사람은 불태워져 순교 당했고, 수많은 그리스도인들이 지하 무덤 카타콤에서 살면서 예배드리다가 그곳에서 장사 지냈습니다.

오늘날도 그리스도인들에게 다가오는 시험은 여러 가지 형태로 다가옵니다. 경제적인 어려움, 건강, 부부관계, 부모와 자식관계, 회사에서 동료간의 갈등, 교회에서도 인간관계의 갈등 등 여러 가지 시험이 우리에게 다가옵니다.

그러나 성도들은 이 세상에서 다가오는 시험과 환난은 '잠깐' 이라는 사실을 알고 시험을 이겨야 합니다. 더 적극적으로 우리의 '구원'은 영원한 구원임을 알고 기뻐해야 합니다. 우리의 구원이 완성되는 마지막 때에는 현재 당하는 고난과는 족히 비교할 수 없는 영광과 기업이 우리 앞에 놓여있다는 사실을 알면, 산 소망 가운데 기뻐할 수 있게 됩니다.

이제 **베드로전서 1장 7절**을 봅시다.

[7] 너희 믿음의 확실함은 불로 연단하여도 없어질 금보다 더 귀하여 예수 그리스도께서 나타나실 때에 칭찬과 영광과 존귀를 얻게 할 것이니라

우리가 고난과 박해 속에서도 기뻐할 수 있는 이유는, 우리가 고난을 통해 믿음이 연단 받아 미래에 영광스러운 상급을 얻게 될 것이기 때문입니다. 본문(벧전 1:7)에 믿음의 연단을 이야기하면서, 금 이야기를 하고 있는데, 금이 순금이 되는 과정을 살펴볼 필요가 있습니다.

금광에서 금을 캘 때, 우리가 가지고 있는 반지나 금목걸이 같은 순금을 캐는 것이 아닙니다. 금광석을 캐는 것입니다. 거기에는 온갖 다른 물질들이 섞여 있습니다. 이 불순물이 섞인 금광석을 뜨거운 용광로 불속(1037도의 열)에 넣어서 녹입니다. 녹으면서 불순물들이 표면에 떠오르면, 그것들을 걷어냅니다. 이렇게 계속 걷어내서 액체 상태의 금이 거울처럼 되어 표면에 반사되는 자신의 얼굴을 볼 수 있을 때까지 제련하면 순금이 되는 것입니다. 그래서 순금 99.9%가 되는 것입니다. 금이 불에 의해 연단(제련)되어 순수한 금이 되듯이, 그리스도인의 믿음도 불같은 시험에서 연단을 받음으로 신앙의 불순물은 제거되고 순수한 믿음을 소유하게 됩니다.

오늘날 기독교인의 숫자를 1000만 명, 또 어떤 사람은 800만 명이라고 하지만, 그들 모두가 순수한 신앙을 가지고 있는 것은 아닙니다. 참된 신앙은 고난과 시련을 통해 입증될 때, 그 믿음이 확실한 믿음입니다. 그래서 하나님의 택한 자녀들에게도 고난이 있는 것입니다.

사실 고난과 고통 자체는 선한 것이 아닙니다. 고난과 고통은 인간의 타락으로 주어진 결과물입니다. 마지막 때에 하나님께서 이 세상을 회복시키시고, 새 하늘과 새 땅이 오면 현재의 모든 저주와 고통은 다 사라질 것입니다. 그러나 현 세상에서는 고통과 핍박이 있다는 것을 알고 믿음으로 극복해 나가야만 합니다. 우리에게 고난이 올 때 금이 불속에서 단련되어 정제되고 순금이 되는 것처럼, 우리에게 고난이 올 때 신앙의 불순물을 제거하고 참되고 견고한 믿음으로 세워지는 기회로 삼아야 합니다.

미지근한 신앙이 이제는 더욱 경성하여 깨어있는 신앙으로 바뀌고, 교만했던 인격이 겸손한 신앙 인격으로 바뀌고, 이기적이고 기복적인 신앙이 하나님께 영광 돌리는 신앙으로 바뀐다면, 고난은 축복입니다.

'예수님을 믿는 성도들에게 왜 고난이 오나요?' 여러 가지 이유가 있으나 그중 하나는 믿는 자의 신앙 인격의 성숙(성화)과 진짜 성도와 가짜 성도를 구별하기 위함입니다. 금광석을 뜨거운 불속에 넣는 것은 진짜 금과 가짜 금을 구별하기 위함인 것처럼, 우리에게 고난과 시련이 오는 것은 참 성도와 가짜 성도를 구별하기 위함입니다. 고난이 올 때 믿음을 포기하는 사람은 실제로 그의 믿음이 거짓이었음을 입증하는 것입니다. 실제로 고난이 왔을 때, 직분도 팽개치고 하나님을 떠나는 성도들을 종종 보기도 합니다.

1세기 그리스도인들은 세상에서 조롱과 배척과 핍박을 받았습니다. 그러나 그들의 믿음이 고난을 통해 시험되고 연단을 통과하면 장차 예수님 재림 시에 '잘하였도다 착하고 충성된 종아' 라는 칭찬을 받고, '영광과 존귀' (내세의 상급)를 받게 될 것입니다.

그래서 사도 바울은 **로마서 5장 3-4절**에서 이렇게 이야기합니다.

[3] 다만 이뿐 아니라 우리가 환난 중에도 즐거워하나니 이는 환난은 인내를,
[4] 인내는 연단을, 연단은 소망을 이루는 줄 앎이로다

사랑하는 여러분! 우리는 흩어진 나그네, 천국 본향을 향해 순례하는 순례자들입니다. 인생이 힘들고, 고난이 있고, 다양한 시험들이 수없이 다가와도 주님께서 세상 끝날까지 항상 함께하신다는 사실을 깨닫고, 산 소망으로 고난을 넉넉히 이기셔서, 주님 앞에서 영광스러운 상급을 다 받아 누리시기를 축원합니다.

다섯째, 산 소망을 가진 자는 예수님을 믿고 사랑한다

베드로전서 1장 8절을 보십시오.

[8] 예수를 너희가 보지 못하였으나 사랑하는도다 이제도 보지 못하나 믿고 말할 수 없는 영광스러운 즐거움으로 기뻐하니

'흩어진 나그네', 이들 그리스도인들은 베드로처럼 땅 위에 계신 예수님을 만나보지 못했습니다. 그러나 그들은 예수님을 '사랑'하고, '믿고', '기뻐'했습니다. 베드로는 이 서신을 받는 소아시아 지역에 흩어져 있는 성도들을 생각하면서 마음에 큰 감동을 받았습니다. 그리고 칭찬을 아끼지 않고 있는 것입니다.

'흩어진 나그네 된 그리스도인 여러분, 여러분이 예수님을 보지 못했는데도 예수님을 사랑하고 믿고 기뻐하네요. 너무 귀한 믿음입니다. 나는 예수님을 3년 동안 따라다닌 수제자인데 고난이 오자 3번씩이나 부인했습니다. 그런데 여러분들은 예수님을 보지 않고도 예수님을 사랑하고 있습니다. 여러분들의 믿음은 참으로 귀한 믿음입니다' 이런 감동으로 8절을 기록한 것입니다.

사실 믿음은 보지 않고 믿어야 진짜 믿음입니다. 어떤 사람들은 이렇게 말합니다. "부활하신 예수님을 보여주면 믿을게, 부활하신 예수님이 내 눈앞에 나타나면 믿을게." 이런 말을 하는 사람들을 종종 봅니다.

그러나 성경은 구약의 예언이 신약에 성취되었고, 예수님의 부활도 수많은 사람들이 목격하고 우리에게 증언한 것입니다. 우리가 보아야만 믿고, 증명되어야만 믿는다면, 그것은 참된 믿음이 아닙니다. 그래서 예수님께서도 부활하신 후에 의심 많은 도마에게 나타나셔서, 무엇이라고 말씀하셨습니까?

요한복음 20장 29절입니다.

[29] 예수께서 이르시되 너는 나를 본 고로 믿느냐 보지 못하고 믿는 자들은 복되도다 하시니라

'보지 못하고 믿는 자들' 이 '복되도다' 고 하십니다.

또 **히브리서 11장 1절**을 보십시오.

[1] 믿음은 바라는 것들의 실상이요 보이지 않는 것들의 증거니

믿음은 보지 못해도 믿는 것입니다. 그러나 무조건 덮어놓고 믿는 것이 아니라, 말씀을 믿는 것입니다. 하나님께서 성령의 감동으로 하나님의 계시된 말씀을 주셨습니다. 천국과 지옥을 우리가 보지 못했고, 가보지 않았지만, 말씀에 근거하여 믿는 것입니다.

믿음은 사랑으로 나타납니다. 믿음 좋은 사람은 주님을 사랑합니다. 소아시아 지방에 흩어진 성도들은 예수님을 보지 못한 사람들이었지만, 예수님을 사랑했습니다. 믿음이 있었기 때문입니다. 그리고 그 믿음과 사랑은 고난 속에서도 이들을 기뻐할 수 있도록 했습니다. 주님을 사랑하고 믿음 가진 이들이 얼마나 기뻐하는지 보십시오.

베드로전서 1장 8절입니다.

[8] 예수를 너희가 보지 못하였으나 사랑하는도다 이제도 보지 못하나 믿고 말할 수 없는 영광스러운 즐거움으로 기뻐하니

이들은 '말할 수 없는 영광스러운 즐거움으로 기뻐' 했다고 합니다. 예수님을 보지 못했지만, 예수님을 사랑하고 믿고 기뻐하는 이유가 무엇입니까?

1장 9절을 보세요.

[9] 믿음의 결국 곧 영혼의 구원을 받음이라

'믿음' 의 결국인 '영혼의 구원' 때문입니다. 믿음으로 구원을 받았습니다. 얼마나 감사합니까? 선행으로 구원 얻을 수 없습니다. 믿음으로 모든 죄를 용서받고 구원받아 영생 복락을 누릴 수 있다는 것, 생각만 해도 기쁨이 아닙니까?

그런데 고난과 박해가 다가오는데 어떻게 기뻐할 수 있을까요?

마태복음 10장 28절입니다.

[28] 몸은 죽여도 영혼은 능히 죽이지 못하는 자들을 두려워하지 말고 오직 몸과 영혼을 능히 지옥에 멸하실 수 있는 이를 두려워하라

박해자들이 육체를 멸할 수 있지만, 영혼은 멸할 수 없습니다. 찬송가 336장을 보면, '환난과 핍박 중에도 성도는 신앙 지켰네. 이 신앙 생각할 때에 기쁨이 충만하도다. 성도의 신앙 따라서 죽도록 충성하겠네' 그래서 이 찬송을 자주 부르게 됩니다.

여러분! 예수님 믿고 영혼 구원 받은 것을 감사하기를 축원합니다. 우리가 받은 구원에 대한 진리는 누가 만들어낸 것이 아닙니다. 예수님께서 하나님이신데 이 땅에 인간의 모습으로 오셔서 십자가에 못 박혀 죽으시고 3일 만에 부활하셨습니다. 이 예수님을 나의 구주, 나의 하나님으로 영접하면 우리의 모든 죄를 용서받고 구원받아 영생을 얻습니다. 이 진리는 누가 교묘하게 만든 것이 아니라는 말입니다.

베드로전서 1장 10절을 봅시다.

[10] 이 구원에 대하여는 너희에게 임할 은혜를 예언하던 선지자들이 연구하고 부지런히 살펴서

우리의 '구원'은 구약의 '선지자'들이 연구하여 예언한 것입니다. 인간의 머리로 연구해서 구원의 진리를 만들어낸 것이 아닙니다.

1장 11절을 보십시오.

[11] 자기 속에 계신 그리스도의 영이 그 받으실 고난과 후에 받으실 영광을 미리 증언하여 누구를 또는 어떠한 때를 지시하시는지 상고하니라

구약의 선지자들에게 '그리스도의 영', 즉 성령의 감동으로 인간 구원에 대한 방법과 내용을 계시하셨다는 말입니다.

하나님께서 계시하신 구원의 내용이 무엇입니까?

'선지자들이여, 어느 날 인류의 구세주 메시야가 오실 텐데, 그가 오셔서 인류를 구원하려고 십자가에 고난받으시고, 부활, 승천하여 영광을 받으실 것이다.' 이것이 하나님의 영, 그리스도의 영이신 성령께서 예언자들에게 임하여 가르쳐주신 구원의 진리입니다.

그리스도께서 고난받으실 것에 대한 구약 선지자의 예언을 볼까요? **이사야서 53장 5-6절** 말씀을 봅시다.

[5] 그가 찔림은 우리의 허물 때문이요 그가 상함은 우리의 죄악 때문이라 그가 징계를 받으므로 우리는 평화를 누리고 그가 채찍에 맞으므로 우리는 나음을 받았도다
[6] 우리는 다 양 같아서 그릇 행하여 각기 제 길로 갔거늘 여호와께서는 우리 모두의 죄악을 그에게 담당시키셨도다

이사야 선지자는 예수님이 고난 당할 것을, 예수님 탄생 700년 전에 그리스도의 영을 통해 예언하였습니다.

그리스도의 부활에 대한 구약 예언을 볼까요?

시편 16장 10절입니다.

[10] 이는 주께서 내 영혼을 스올에 버리지 아니하시며 주의 거룩한 자를 멸망시키지 않으실 것임이니이다

'스올' 은 무덤 또는 죽음을 가리킵니다. '주의 거룩한 자' 는 메시야를 가리킵니다. 예수님의 부활을 가리키며, 죽어도 죽음의 상태에 그대로 있지 않고 부활할 것을 예언하고 있는 것입니다.

이제 마지막으로 **베드로전서 1장 12절**을 보십시오.

[12] 이 섬긴 바가 자기를 위한 것이 아니요 너희를 위한 것임이 계시로 알게 되었으니 이것은 하늘로부터 보내신 성령을 힘입어 복음을 전하는 자들로 이제 너희에게 알린 것이요 천사들도 살펴 보기를 원하는 것이니라

구약 선지자들의 인간 구원에 대한 예언은 자신들을 위한 것이 아니요, 신약 성도들을 위한 것이라는 사실을 예수님의 오심으로 알게 되었습니다. 구약 선지자들이 예언한 예수 그리스도의 십자가 고난과 부활의 영광, 이것을 12절에 '복음'이라고 말하고 있습니다. 이 복음을 복음 전도자들이 성령을 힘입어 사람들에게 전파했습니다. 우리도 예수님을 직접 보지는 못했으나, 성령의 역사로 예수님을 믿고 사랑하고 복음을 전하고 있는 것입니다.

말씀을 정리하겠습니다. 오늘 우리에게는 1세기에 흩어진 그리스도인들이 당했던 박해와 고난은 없지만, 여러 가지 형태의 시험과 고난을 많은 그리스도인들이 오늘날도 겪고 있습니다. 특별히 계속되는 코로나바이러스로 국민의 우울 정도가 매우 심각한 수준이라는 기사를 보았습니다. 지금 자영업자들이 줄줄이 폐업하고 있습니다. 뿐만 아니라 초저금리 속에 집값이 오르고, 증시가 상승되고, 영끌(영혼까지 끌어 모아 집 마련), 빚투(빚내서 투자) 광풍까지 불고 있습니다. 참 어려운 시기입니다. 이처럼 우리는 우리 나름대로 시험과 고난이 있습니다.

그렇다면 고난이 올 때, 산 소망을 가진 자는 어떻게 해야 할까요?

1. 하나님을 찬송해야 한다.

베드로전서 1장 3절을 보세요.

[3] 우리 주 예수 그리스도의 아버지 하나님을 찬송하리로다 그의 많으신 긍휼대로 예수 그리스도를 죽은 자 가운데서 부활하게 하심으로 말미암아 우리를 거듭나게 하사 산 소망이 있게 하시며

산 소망을 가진 자는 하나님을 '찬송' 해야 합니다. 코로나로 예배를 등한시하면 안 됩니다. 인터넷으로라도 예배를 드려야 하고, 예배를 중요시해야 합니다. 지금은 알곡과 가라지, 쭉정이를 골라내는 시기입니다. 나의 믿음을 새롭게 하고, 더 하나님께 나아오라고 고난을 주신 것입니다.

2. 기뻐해야 한다.

1장 6절을 보세요.

[6] 그러므로 너희가 이제 여러 가지 시험으로 말미암아 잠깐 근심하게 되지 않을 수 없으나 오히려 크게 기뻐하는도다

우리도 예수님을 믿고 죄 사함 받아 영생을 얻었다는 사실 때문에

기뻐해야 합니다.

3. 예수님을 사랑해야 한다.

베드로전서 1장 8절을 보세요.

[8] 예수를 너희가 보지 못하였으나 사랑하는도다…

고난 중에 더욱 예수님을 사랑해야 합니다. 우리는 고난 중에 있더라도 하나님 앞에서 더욱더 감사해야 할 것입니다.

제가 얼마 전, 연세가 많으신 권사님하고 통화했는데, 많은 은혜를 받아서, 그 이야기를 하고 말씀을 마치려고 합니다. 제가 권사님께 전화를 드렸더니, "목사님, 온라인으로 정성껏 예배를 드리고 있어요"라고 말씀해주셨습니다. 그러면서, "목사님, 이런 생각이 들어요. 돌이켜보니까, 코로나 없을 때 더 하나님 앞에 나아가 예배드리고 충성해야 하는데, 그렇지 못한 것을 회개하는 깨달음이 와요"라고 하시더군요.

그래서 "권사님, 지금은 와서 예배드리고 싶은 사람들은 와서 일부는 예배드릴 수 있어요" 그랬더니, 그 권사님이 하는 이야기가 "목사님, 그런데 몸이 병들어서 움직이기가 어려워요. 두 시간 간격으로 약을 먹지 않으면 안 돼요"라고 말합니다.

그리고 통화 마지막에 이렇게 말씀하셨습니다. "목사님, 건강해서 교회에 가서 예배 드리는 것도 기쁘고, 몸이 아파도 주님 만날 날이 가까워서 기쁘고요. 우리 예수 믿는 사람은 이러나저러나 기뻐요. 할

렐루야!" 저는 이 말을 듣고 깊은 마음의 감동을 받았습니다.

사랑하는 성도 여러분! 이 세상의 고난과 여러 가지 시험은 끊임없이 다가올 것입니다. 그러나 우리가 산 소망을 가지고 영원한 미래를 바라보면, 우리의 결국은 구원입니다. 우리는 하나님이 택하시고 구원받은 자라는 믿음을 가지고 주님 바라보고 끝까지 승리하기를 축원합니다.

<2020년 9월 27일 주일 낮 대예배 설교>

Chapter 5

거룩하게 살라! (벧전 1:13-21)

13 그러므로 너희 마음의 허리를 동이고 근신하여 예수 그리스도께서
나타나실 때에 너희에게 가져다 주실 은혜를 온전히 바랄지어다
14 너희가 순종하는 자식처럼 전에 알지 못할 때에 따르던 너희 사욕을
본받지 말고
15 오직 너희를 부르신 거룩한 이처럼 너희도 모든 행실에 거룩한 자가
되라
16 기록되었으되 내가 거룩하니 너희도 거룩할지어다 하셨느니라
17 외모로 보시지 않고 각 사람의 행위대로 심판하시는 이를 너희가 아
버지라 부른즉 너희가 나그네로 있을 때를 두려움으로 지내라
18 너희가 알거니와 너희 조상이 물려 준 헛된 행실에서 대속함을 받은
것은 은이나 금 같이 없어질 것으로 된 것이 아니요
19 오직 흠 없고 점 없는 어린 양 같은 그리스도의 보배로운 피로 된
것이니라
20 그는 창세 전부터 미리 알린 바 되신 이나 이 말세에 너희를 위하여
나타내신 바 되었으니
21 너희는 그를 죽은 자 가운데서 살리시고 영광을 주신 하나님을 그리
스도로 말미암아 믿는 자니 너희 믿음과 소망이 하나님께 있게 하셨
느니라

베드로전서 강해를 계속하려고 합니다. 베드로전서의 기록 목적이 무엇입니까? 베드로전서는 소아시아 지방에 흩어진 나그네, 예수님을 믿고 구원받은 하나님의 자녀들에게 다가올 조직적이고 대대적인 박해에 대비해서 격려와 소망을 주기 위해, 베드로를 통해 주어진 하나님의 말씀입니다.

어떻게 하면 박해를 이길 수 있습니까? 그것은 산 소망을 가지는 것입니다. 산 소망은 무엇입니까? 예수님의 십자가 죽으심과 부활로, 예수님 믿는 우리는 구원을 받았고 영생을 누리게 되었다는 것입니다. 그래서 베드로전서 1장 1절에서 12절까지는 고난과 핍박에 대해, 초대 그리스도인들에게 산 소망을 줌으로 고난을 이길 수 있도록 격려하고 있습니다.

이제 베드로전서 1장 13절부터는 고난과 핍박이 있는 이 세상을 어떤 자세(태도)로 살아가야 하는가에 대해 가르쳐주고 있습니다. 고난과 핍박이 올 때 그리스도인들이 취할 수 있는 여러 가지 상황을 생각해볼 수 있습니다. 제일 쉬운 방법은 핍박이 올 때 예수님 믿는 것을 포기하는 것입니다. 또 핍박자를 암살할 계획을 세우는 것입니다. 또 핍박자 네로가 거하는 궁을 불질러 버릴 수 있습니다. 아니면 두려워 떨면서 숨어 사는 것입니다. 여러분이 만약 1세기의 그리스도인처럼 핍박을 받는다면, 이를 테면 십자가에서 죽거나 화형을 당하거나 야생동물의 먹이로 주어져야 한다면, 어떤 태도를 취할 것입니까? 한번 생각해보시고 오늘 말씀을 들으시길 바랍니다.

예수님을 믿고 구원받아 산 소망을 가진 성도는 이 세상에서 어떤 태도로 살아가야 할까요? 우리가 생각할 것은 예수님 믿고 구원받은 사람은 지금 죽어도 천국을 가지만, 우리는 지금 살아있습니다. 그렇다면 내가 지금 죽지 않고 살아있는 이유는 무엇일까요? 그 목적이 무엇인가를 생각해보아야 합니다. 그것은 2가지를 하기 위함입니다.

첫째는, 우리 그리스도인들은 평생을 두고 예수 그리스도의 인격을 닮아가기 위함입니다. 그리스도의 장성한 분량이 충만한 데까지 자라나야 합니다. 이것을 신학적 용어로 성화(sanctification)라고 합니다.

둘째는, 예수 그리스도의 사역을 본받아 감당하며 살아가기 위함입니다. 즉 하나님 나라 확장을 위해 헌신해야 합니다.

오늘은 이 땅에서 나그네인 우리 그리스도인들이 살아가야 하는 태도, 첫 번째는 거룩하게 살아야 한다는 것입니다. 그래서 오늘은 <거룩하게 살라>는 제목으로 말씀을 전하겠습니다.

'거룩'은 하나님의 대표적인 속성입니다.

베드로전서 1장 15-16절입니다.

[15] 오직 너희를 부르신 거룩한 이처럼 너희도 모든 행실에 거룩한 자가 되라
[16] 기록되었으되 내가 거룩하니 너희도 거룩할지어다 하셨느니라

성경은 '거룩한 자가 되라', 또 '내가 거룩하니 너희도 거룩할지어

다' 라고 말씀하고 계십니다. '거룩' 은 하나님의 속성입니다. 그렇다면 왜 거룩하게 살아야 하는가? 그 이유에 대해 구체적으로 살펴봅시다.

※ 왜 거룩하게 살아야 하는가?

첫째, 예수 그리스도의 재림 때 주실 은혜 때문이다

본문 **베드로전서 1장 13절**을 봅시다.

[13] 그러므로 너희 마음의 허리를 동이고 근신하여 예수 그리스도께서 나타나실 때에 너희에게 가져다 주실 은혜를 온전히 바랄지어다

'예수 그리스도께서 나타나실 때' 는 예수님의 재림 때를 가리킵니다. 예수님의 재림 때 우리에게 주시는 은혜가 무엇일까요? 예수님께서 재림하실 때, 예수님께서 다시 오실 때는 성도의 구원이 완성되는 날입니다. 다시 한번 지난 시간에 들은 말씀을 봅시다.

1장 5절입니다.

[5] 너희는 말세에 나타내기로 예비하신 구원을 얻기 위하여 믿음으로 말미암아 하나님의 능력으로 보호하심을 받았느니라

'말세' 는 예수님의 재림 때를 말합니다. '말세에 나타내기로 예비하신 구원' 은 예수님의 재림으로 성도의 구원이 완성될 것을 가리킵니다. 그때는 우리 몸이 부활하고 영광스러운 천국과 영생을 누립니다.

베드로전서 1장 4절을 보세요.

[4] 썩지 않고 더럽지 않고 쇠하지 아니하는 유업을 잇게 하시나니 곧 너희를 위하여 하늘에 간직하신 것이라

우리가 누릴 천국은 '썩지 않고 더럽지 않고 쇠하지 아니하는 유업'입니다. 이것이 베드로전서 1장 13절의 예수 그리스도께서 나타나실 때에 우리에게 주실 은혜입니다. 예수님의 재림 때 받을 이 영광스러운 은혜를 사모하는 성도들은 어떤 태도로 신앙생활을 해야 할까요? **1장 13절**에는 세 가지로 기록되어 있습니다.

[13] 그러므로 너희 마음의 허리를 동이고 근신하여 예수 그리스도께서 나타나실 때에 너희에게 가져다 주실 은혜를 온전히 바랄지어다

① 마음의 허리를 동이라

이 말은 나태하고 느슨한 신앙생활이 아니라, 영적 전투에 승리하려는 신앙 자세를 가리킵니다. 이스라엘 백성들은 애굽에서 종살이하다가 출애굽 할 때, 하나님께서 허리에 띠를 띠라고 명령하셨습니다. 이스라엘 백성들은 오늘 우리와 같은 옷이 아니고, 땅에 끌릴 정도의 통으로 된 긴 옷을 입었습니다. 이 옷을 입고는 운동을 할 수도 없고, 활동도 제대로 할 수 없었습니다. 그래서 적극적으로 활동하려면 옷을 끌어올려서 허리띠를 단단히 매어야 했습니다.

여기 '마음의 허리를 동이라'는 것은 시련과 박해를 만났을 때, 단

단히 각오하고 믿음으로 승리하라는 말입니다. 하나님의 택한 자녀들은 이 죄악된 세상에서 마음의 허리를 동이고 승리해야 합니다.

② 근신하라

이 말은 본래 술 취하지 말고 깨어 있으라는 의미입니다. 한국교회는 선교 초창기부터 금주라는 좋은 풍속을 갖고 있습니다. 왜냐하면 술에 취하면 목적지를 잊어버리기 때문입니다. '근신하라' 는 말은 정신을 바짝 차려서 세속에 물들지 않고, 음주 방탕을 피하고 자제하는 생활을 하라는 말입니다. 주님의 재림을 대망하며 정신을 차리고 깨어 있는 태도를 가지라는 것입니다.

③ 미래에 주실 은혜를 온전히 바라라

현재 고난이 있을지라도, 종말론적 구원에 전적인 소망을 두라는 말씀입니다. 우리가 예수 그리스도의 재림과 그때 주어질 은혜의 모든 복을 믿는다면, 이 세상을 마음대로 죄짓고 살 수는 없습니다.

정리해봅시다. 우리는 왜 거룩하게 살아야 할까요? 예수 그리스도의 재림 때 주실 은혜 때문입니다.

둘째, 아버지이신 하나님께서 거룩하시기 때문이다

우리가 예수님을 믿기 전에는 마귀의 자녀요, 종이었습니다. 그러나 예수님을 믿고 모든 죄를 용서받고 하나님의 자녀가 되었습니다. 우리가 하나님의 자녀가 되는 순간, 우리 아버지이신 하나님의 성품이 자녀인 우리에게 심어졌습니다. 그러므로 '거룩' 이라는 성품이 우리에게서 나타나야만 합니다. 우리가 예수님 믿기 전에는 마귀의 자녀로 하나님께 불순종하고 육신적이고 세상적인 욕망을 따라 살아왔습니다.

베드로전서 1장 14절을 봅시다.

[14] 너희가 순종하는 자식처럼 전에 알지 못할 때에 따르던 너희 사욕을 본받지 말고

'사욕' 은 육신의 정욕, 안목의 정욕, 이생의 자랑과 같은 세상적인 욕망입니다. 이런 세상적 욕망에 사로잡혀 있는 자의 특징은 하나님께 불순종하는 것입니다. 그러나 예수님을 믿고 하나님의 자녀가 되었다면, 이제는 하나님께 순종하며 살아야 합니다. 이제는 새로운 삶의 방식으로 살아가는 새로운 존재가 되었습니다. 이 새로운 삶이 거룩한 삶입니다.

1장 15-16절을 보세요.

[15] 오직 너희를 부르신 거룩한 이처럼 너희도 모든 행실에 거룩한 자가 되라
[16] 기록되었으되 내가 거룩하니 너희도 거룩할지어다 하셨느니라

'거룩하다' 는 의미가 무엇입니까? 천천히 걷고, 목소리 톤도 바꾸는 것이 거룩일까요? 물론 이것이 거룩의 모습일 수도 있지만, '거룩하

다' 는 원 뜻은 '구별하다, 분리하다' 는 의미입니다. 이제는 삶의 방식이 예수님 믿기 전처럼 세상적이고 육신적이면 안 되며, 예수님 믿지 않는 자와는 구별된 삶을 살아야 한다는 의미입니다. 세상의 더러운 것이나 부정한 것을 멀리해야 합니다. 악에서 떠나고 하나님께 헌신해야 합니다.

인간관계도 세상 사람들과는 구별되어야 합니다. 뇌물을 받고 불의한 일을 눈감아 준다거나, 뇌물 때문에 죄 없는 사람에게 누명을 씌우고 악한 자를 두둔한다거나 하지 않아야 합니다. 이런 것들은 하나님 없는, 예수님 믿지 않는 마귀의 자녀들이 하는 짓입니다. 이제 예수님 믿는 성도들은 믿지 않는 자들과 구별되어야 합니다. '거룩' 은 구별, 분리의 뜻입니다.

그런데 주의해야 할 것은 '구별' , '분리' 는 고립이 아닙니다. 어떤 사람은 예수님 믿고 세상을 다 멀리하고, 산이나 기도원, 수도원에 들어가 죄 안 짓고 그저 성경 읽고 기도만 하면 거룩한 삶이라고 생각합니다. 그러나 그리스도인들은 세상으로부터 고립되어 은둔생활을 하는 것이 아니라, 이 어두운 세상 속에서 동화되지 않고 구별된 삶을 사는 것입니다. 그래서 이 세상을 변화시켜야 합니다. 세상의 빛이 되는 삶입니다.

우리가 예수님을 믿을 때 거듭나서 성도(거룩할 성)라 불리워 집니다. 이제 거듭난 성도는 일생을 거룩하신 하나님과 동행하며, 이 세상에서 구별된 삶을 살아야 합니다. 언제까지일까요? 주님 다시 오시는 날까지입니다. 이것을 '성화' 라고 합니다. 이제 주님 오시는 마지막 날, 성도들의 구원은 완성될 것입니다. 이것을 '영화' 라고 합니다.

거룩하신 아버지 하나님을 닮아가는 하나님 자녀가 다 되시기를 축원합니다.

셋째, 공의의 하나님께서 심판하시기 때문이다

거룩하게 살아야 하는 이유 세 번째는, 공의의 하나님께서 심판하시기 때문입니다.

베드로전서 1장 17절을 보십시오.

[17] 외모로 보시지 않고 각 사람의 행위대로 심판하시는 이를 너희가 아버지라 부른즉 너희가 나그네로 있을 때를 두려움으로 지내라

하나님은 사랑의 하나님이십니다. 동시에 공의의 하나님이십니다. 마지막 심판 날에는 의인과 악인의 소행대로 심판도 하시고, 상과 벌을 주실 것입니다. 하나님은 외모를 갖고 심판하지 않습니다. 부자냐 가난한 자냐, 권력을 가진 자냐 갖지 못한 자냐를 갖고 사람을 판단하지 않습니다. 하나님은 외모로 판단하지 않고, 각 사람의 행위대로 심판하십니다.

그러므로 우리 그리스도인들은 천국 시민이기 때문에, 이 세상은 우리의 본향이 아니고, 이 세상은 잠시 거쳐가는 나그네 삶이라는 것을 기억해야 합니다. 예수님 재림하시고, 하나님 앞에 서는 날, 각 사람이 직고하게 될 심판의 때가 있다는 것을 알고, 이 세상에서 나그네 된 그리스도인들은 두려움으로 신앙생활을 해야 합니다. 이 두려움은 공의로 심판하시는 하나님께 대한 경건한 두려움입니다.

불신자들에 대한 심판은 무서운 지옥 형벌의 심판이지만, 성도들에 대한 심판은 상급 심판입니다. 하나님의 택한 자녀들도 이 세상에서도 죄를 지으면 징계가 있습니다. 그 징계는 사랑의 징계요, 그 징계를 통해 바르게 돌아오도록 하기 위한 징계입니다.

히브리서 12장 6절을 보십시오.

[6] 주께서 그 사랑하시는 자를 징계하시고 그가 받아들이시는 아들마다 채찍질하심이라 하였으니

'사랑하시는 자' 마다 '징계' 하신다고 합니다.

또 **12장 8절**을 보세요.

[8] 징계는 다 받는 것이거늘 너희에게 없으면 사생자요 친아들이 아니니라

그러므로 여러분! 이 세상에서 죄짓고 하나님 멸시하는데도 돈 많이 벌고 출세한다고 부러워하지 마십시오. 그들은 사생자입니다. 버린 자입니다. 우리는 마지막 날 하나님 심판대 앞에 설 것을 잊지 말며 거룩하게 살아야 할 것입니다.

넷째, 예수님의 피로 대속 받았기 때문이다

우리 그리스도인들은 왜 거룩하게 살아야 할까요? 네 번째는, 예수님의 피로 대속 받았기 때문입니다.

베드로전서 1장 18-19절을 봅시다.

> [18] 너희가 알거니와 너희 조상이 물려 준 헛된 행실에서 대속함을 받은 것은 은이나 금 같이 없어질 것으로 된 것이 아니요
> [19] 오직 흠 없고 점 없는 어린 양 같은 그리스도의 보배로운 피로 된 것이니라

18절의 '대속'이라는 말의 의미는 대신 속죄했다는 의미입니다. 당시에는 노예를 돈 주고 사기도 하고 팔기도 했는데, 이 '대속'은 값을 지불하고 노예를 사서 해방시켜주었다는 의미의 단어입니다. 즉 예수님의 피값으로 우리 모든 죄값을 다 치루시고, 우리에게 자유와 해방을 주셨다는 말입니다. 18절의 '조상이 물려준 헛된 행실'은 우리 조상 아담과 하와의 타락으로부터 이어져오는 인간의 죄악된 행실을 가리킵니다. 예수님 믿기 전의 우리의 상태를 의미합니다. 세속주의적인 생활양식을 가리킵니다. 그런데 죄악 가운데 심판받아야 마땅한 우리를 위해, 예수님께서 십자가에 피 흘려 돌아가심으로, 그 보배로운 핏값으로 우리의 죄값을 다 지불하시고, 우리를 죄의 노예, 마귀의 노예로부터 해방시키셨습니다. 이것이 대속입니다.

구약 시대에는 죄인이 죄를 속죄받기 위해서는 어린양을 잡아야 했

습니다. 흠없고 순전한 양을 선택하여 내 죄를 대신하여 그 양을 잡아 제사를 드림으로 죄 사함을 받았습니다. 결국 내가 죽어야 할 죄를 양이 대신 지고 나를 대신하여 죽은 것입니다. 바로 예수님께서 십자가에 죽으신 것은 나의 속죄를 위하여 죽은 어린 양과 같이, 대속의 죽음을 당하신 것입니다 그래서 세례 요한은 주님을 보고 이렇게 외쳤습니다.

요한복음 1장 29절입니다.

[29] 이튿날 요한이 예수께서 자기에게 나아오심을 보고 이르되 보라 세상 죄를 지고 가는 하나님의 어린 양이로다

이제 베드로전서 1장 20절을 보세요.

[20] 그는 창세 전부터 미리 알린 바 되신 이나 이 말세에 너희를 위하여 나타내신 바 되었으니

예수 그리스도를 이 땅에 인간의 몸으로 보내셔서 우리 인류의 죄를 담당하고, 십자가에 피 흘리시도록 하신 것은 갑자기 나타난 것이 아닙니다. '창세전' 에 하나님께서 우리를 구원하시려고 계획하신 것입니다. 우리 인간 구원을 위해 예수님을 보내실 것이라는 것은 구약의 선지자들이 끊임없이 예언한 것입니다. 그리고 성경의 예언대로 예수님께서 오셔서, 우리의 속죄제물이 되시고 우리를 구원하셨습니다. '말세' 는 예수님의 초림부터의 재림까지를 가리킵니다.

자, 이제 **베드로전서 1장 21절**입니다.

[21] 너희는 그를 죽은 자 가운데서 살리시고 영광을 주신 하나님을 그리스도로 말미암아 믿는 자니 너희 믿음과 소망이 하나님께 있게 하셨느니라

하나님은 거룩하신 분이시므로 죄인 된 인간은 하나님을 뵙는 순간 죽을 수밖에 없습니다. 그래서 죄인과 하나님은 직접 만날 수 없습니다. 그런데 하나님과 인간 사이를 이어주는 분이 계십니다. 중보자라고 합니다. 이 분은 하나님이시고 동시에 사람이십니다. 바로 예수 그리스도를 통해 우리는 구원을 받을 수 있고, 하나님께 나아갈 수 있습니다. 그러므로 우리는 그리스도로 말미암아 하나님을 믿을 수 있습니다. 그리스도를 통하지 않고는 구원이 없습니다.

예수님께서는 **요한복음 14장 6절**을 통해 이렇게 말씀하셨습니다.

[6] 예수께서 이르시되 내가 곧 길이요 진리요 생명이니 나로 말미암지 않고는 아버지께로 올 자가 없느니라

사랑하시는 성도 여러분! 말로 표현할 수 없는 박해 속에서도 예수님의 피로 구원 받은 은혜를 감사하며 거룩한 삶을 살았던 1세기의 그리스도인들처럼, 혼돈된 오늘의 시대 속에서 거룩의 영성을 가지고 세상을 변화시키는 성도들이 되시기를 축원합니다.

<2020년 10월 4일 주일 대예배 낮 설교>

Chapter 6

서로 사랑하라 (벧전 1:22-25)

22 너희가 진리를 순종함으로 너희 영혼을 깨끗하게 하여 거짓이 없이
형제를 사랑하기에 이르렀으니 마음으로 뜨겁게 서로 사랑하라
23 너희가 거듭난 것은 썩어질 씨로 된 것이 아니요 썩지 아니할 씨로
된 것이니 살아 있고 항상 있는 하나님의 말씀으로 되었느니라
24 그러므로 모든 육체는 풀과 같고 그 모든 영광은 풀의 꽃과 같으니
풀은 마르고 꽃은 떨어지되
25 오직 주의 말씀은 세세토록 있도다 하였으니 너희에게 전한 복음이
곧 이 말씀이니라

베드로전서 강해를 계속하려고 합니다. 베드로전서 강해를 들을 때 베드로전서의 기록목적을 분명히 알고 들어야 성령의 감동과 은혜가 있다고 말씀을 드렸습니다. 베드로전서의 기록목적은 무엇입니까? 1세기의 흩어진 나그네, 그리스도인들에게 다가올 박해에 직면하여 격려와 소망을 주기 위해서 기록되었습니다. 참된 소망은 예수님의 십자가 죽음과 부활로 말미암아, 예수님을 믿는 우리도 장차 부활하여 영원한 천국의 복락을 누린다는 것입니다. 이것이 산 소망입니다.

그러면 오늘의 고통스러운 현실 속에서 그리스도인들은 어떤 태도로 살아가야 할까요? 지난주 설교 때 말씀드렸습니다. 거룩하신 하나

님을 본받아 거룩한 삶을 살아야 한다는 것입니다. 자신을 향해서는 거룩한 삶을 추구해야 하지만, 다른 사람과의 관계에서는 사랑의 삶을 살아야 합니다. 그래서 오늘은 <서로 사랑하라!>라는 제목으로 말씀을 전하고자 합니다.

하나님의 속성은 거룩일 뿐만 아니라 사랑입니다. 오늘날 교회와 그리스도인들을 보면 참 답답하고 마음이 아픕니다. 기독교를 향해 욕하고 돌을 던지는 사람들이 많아졌는데, 참으로 가슴 아픈 일입니다. 오늘날 한국 교회를 보십시오. 서로 사랑하고 있습니까? 부끄럽게도 한국 교회는 서로 헐뜯고 비판하고 논쟁적이고 파벌적입니다. 남을 세워주기보다, 남을 짓밟고 내가 올라가려고 하는 잘못된 습성을 보게 됩니다. 목회자들 간에도 마찬가지입니다. 사랑이 없습니다. 그래서 누가 직장에서 둘이 싸우는 것을 보고, "여기가 교회인 줄 알아?"라고 했다는 가슴 아픈 이야기를 들은 적이 있습니다. 그리스도인들이 하나가 되어 서로 격려하고 살아갈 때, 고난을 이길 수 있을 뿐만 아니라 세상으로부터의 조롱을 피할 수 있습니다.

예수님께서 최후의 만찬을 베푸시던 저녁, 제자들에게 이렇게 말씀하셨습니다.

요한복음 13장 35절입니다.

[35] 너희가 서로 사랑하면 이로써 모든 사람이 너희가 내 제자인 줄 알리라

남을 사랑하는 이타적인 사랑은 저절로 생기지 않습니다. 우리의 이기적인 옛 본성은 갖은 핑계를 대며 저항합니다. '내게는 사랑의 은사가 없어', '나 자신도 간수 못하면서 누구를 사랑해?', '남에게 신경 쓸 여유 없어' 등 많은 핑계를 댑니다.

그러면 형제를 사랑해야 하는 이유가 무엇일까요? 왜 사랑해야 합니까? 본문을 통해 살펴보겠습니다.

Ⅰ. 왜 사랑해야 하는가?

1. 하나님의 명령이기 때문이다

본문 **베드로전서 1장 22절**을 보십시오.

[22] 너희가 진리를 순종함으로 너희 영혼을 깨끗하게 하여 거짓이 없이 형제를 사랑하기에 이르렀으니 마음으로 뜨겁게 서로 사랑하라

'서로 사랑하라' 는 말씀이 나옵니다. 이것은 명령입니다.

또 **마태복음 22장 37-39절**을 보세요.

[37] 예수께서 이르시되 네 마음을 다하고 목숨을 다하고 뜻을 다하여 주 너의 하나님을 사랑하라 하셨으니
[38] 이것이 크고 첫째 되는 계명이요
[39] 둘째도 그와 같으니 네 이웃을 네 자신 같이 사랑하라 하셨으니

율법사가 예수님에게 "어느 계명이 큰 계명입니까?" 질문했을 때,

예수님께서는 10계명을 한마디로 요약하여, "사랑하라"고 말씀하셨습니다. 서로 사랑해야 하는 이유는 하나님의 명령이기 때문입니다.

2. 복음을 듣고 영혼이 구원받았기 때문이다

오늘 본문은 '형제를 사랑하라' 고 하면서, 다시 성도가 받은 구원에 대해 이야기합니다. 우리가 형제를 사랑할 수 있는 것은 거듭났기 때문이고 구원받았기 때문입니다. 우리가 어떻게 구원받았는가를 다시 생각을 해봅시다.

본문 **베드로전서 1장 23절**을 보세요.

[23] 너희가 거듭난 것은 썩어질 씨로 된 것이 아니요 썩지 아니할 씨로 된 것이니 살아 있고 항상 있는 하나님의 말씀으로 되었느니라

우리가 '거듭난 것', 다시 말해 구원받은 것은 '하나님의 말씀' 을 듣고 거듭난 것이고 구원받은 것입니다. 거듭났다는 말과 구원받았다는 말은 같은 말입니다.

우리가 거듭난 것이 부모로부터 가정교육을 잘 받아서 거듭난 것이 아닙니다. 학교 선생님으로부터 학교 교육을 잘 받아서 거듭난 것도 아닙니다. 책이나 인터넷 등 세상 정보 때문에 거듭난 것도 아닙니다. 목사가 여러분을 구원받게 했나요? 물론 이런 것들은 과정에서 다 도구로 쓰임은 받지만, 정말 우리를 거듭나게 하는 것은 하나님의 말씀입니다. 이 말씀은 '썩지 아니할 씨' 입니다.

세상의 모든 씨앗은 썩습니다.

본문 **베드로전서 1장 24절**을 보세요.

[24] 그러므로 모든 육체는 풀과 같고 그 모든 영광은 풀의 꽃과 같으니 풀은 마르고 꽃은 떨어지되

풀도, 꽃도 썩습니다. 우리 육체도 풀과 같아 썩어 없어집니다. 육체의 영광도 썩어 없어집니다.

하지만 **1장 25절**을 보십시오.

[25] 오직 주의 말씀은 세세토록 있도다 하였으니 너희에게 전한 복음이 곧 이 말씀이니라

'주의 말씀' 은 영원합니다. 우리가 들은 '복음' 이 '하나님의 말씀' 입니다. 우리의 구원은 '썩지 아니할 씨', 곧 살아있고 항상 있는 하나님 말씀으로 이루어졌습니다. 풀처럼 시들어버릴 인간을 구원하기 위해, 썩지 않는 씨앗, 영원한 하나님의 말씀을 주신 것입니다. 바로 우리는 이 복음의 말씀을 듣고 믿음을 얻게 되었고, 그 믿음으로 구원에 이르게 된 것입니다.

로마서 10장 17절을 보세요.

[17] 그러므로 믿음은 들음에서 나며 들음은 그리스도의 말씀으로 말미암았느니라

'믿음' 은 '들음' 에서, '들음' 은 '그리스도의 말씀' 으로 말미암은 것입니다. 우리 모두는 복음의 말씀을 듣고 구원받았습니다.

복음의 말씀을 한번 정리해볼까요? 복음의 내용을 다섯 가지로 정리해보겠습니다.

◎ **복음의 내용**

① 당신은 죄인이다.

② 죄의 값은 사망이다.

③ 죽음 후에 심판이 있다(지옥).

④ 예수 그리스도의 십자가 죽음과 부활로 구원을 이루셨다.

⑤ 당신이 예수 그리스도를 나의 구주, 나의 하나님으로 영접하면 구원받아 하나님의 자녀가 된다.

우리는 모두 이 복음의 말씀을 듣고 예수님을 영접함으로 구원받아 하나님의 자녀가 된 것입니다.

다시 본문 **베드로전서 1장 22절**을 보세요.

[22] 너희가 진리를 순종함으로 너희 영혼을 깨끗하게 하여 거짓이 없이 형제를 사랑하기에 이르렀으니 마음으로 뜨겁게 서로 사랑하라

진리의 말씀(복음)을 듣고 순종함으로 영혼이 깨끗(구원)해졌다는 말씀입니다. 그러므로 복음 듣고 하나님의 자녀 된 성도는 자신을 향해서는 거룩해야 하고, 다른 사람을 향해서는 형제애를 가지고 사랑해야 합니다. 만일 우리가 형제를 사랑하지 않으면, 내가 구원받은 하나님의 자녀라는 사실을 의심해 보아야 합니다.

요한일서 3장 10절을 봅시다.

[10] 이러므로 하나님의 자녀들과 마귀의 자녀들이 드러나나니 무릇 의를 행하지 아니하는 자나 또는 그 형제를 사랑하지 아니하는 자는 하나님께 속하지 아니하니라

구원받았다는 증거가 형제 사랑입니다. 우리는 복음을 듣고 구원받았기 때문에 서로 사랑해야 합니다.

3. 아버지 하나님의 형상을 가진 가족이기 때문이다

형제를 사랑해야 하는 세 번째 이유는 같은 아버지 하나님의 형상을 가진 가족이기 때문입니다. 하나님께서 우리 사람을 만드실 때, 하나님의 형상대로 창조하셨습니다. 그래서 최초의 인간이었던 아담과 하와는 하나님의 거룩한 형상을 지니고 있었습니다. 그러나 첫 사람 아담의 범죄로 하나님의 형상이 파괴되었습니다. 그러나 우리가 예수님 믿고 우리의 모든 죄가 깨끗해져서, 하나님의 형상이 회복된 것입니다.

고린도후서 5장 17절을 보세요.

[17] 그런즉 누구든지 그리스도 안에 있으면 새로운 피조물이라 이전 것은 지나갔으니 보라 새 것이 되었도다

우리는 '새로운 피조물' 입니다. 첫 사람 아담의 후손으로 하나님의 형상이 파괴된 존재가 아니라, 예수님을 믿고 거듭나서 새로운 피조물, 즉 새것이 된 것입니다.

또, 골로새서 3장 10절을 보십시오.

[10] 새 사람을 입었으니 이는 자기를 창조하신 이의 형상을 따라 지식에까지 새롭게 하심을 입은 자니라

예수님 믿고 하나님의 자녀 된 성도들은 하나님의 형상이 회복된 '새 사람' 이라는 말씀입니다.

다시 오늘 본문 베드로전서 1장 22절을 봅시다.

[22] 너희가 진리를 순종함으로 너희 영혼을 깨끗하게 하여 거짓이 없이 형제를 사랑하기에 이르렀으니 마음으로 뜨겁게 서로 사랑하라

우리가 복음의 진리의 말씀을 듣고 영혼이 구원받아 한 분 하나님의 자녀가 되었습니다. 복음을 듣고 하나님의 자녀 된 사람도 예수님 믿고 깨끗해졌습니다. 비록 육신적인 피가 섞이지 않았으나, 하나님의 자녀 된 우리는 같은 한 하나님을 아버지로 섬기는 형제, 자매입니다. 그러므로 우리는 형제애를 가지고 서로 사랑해야 합니다. 그리스도 안에 있는 자는 빈부귀천이 없습니다. 모두 동일한, 거룩한 존재요, 하나님의 자녀입니다.

전북 김제에 가면 금산교회라는 기독교역사에 유명한 교회가 있습니다. 금산교회에 얽힌 아름다운 이야기가 있어서 소개하려고 합니다. 조덕삼 장로의 이야기입니다. 1904년 봄, 김제 용화마을에 테이트(Tate) 선교사(1862년~1929년)가 머물게 되었는데, 이 선교사의 영향을 받아서 용화마을의 최고부자 '조덕삼' 이라는 사람이 예수님을 믿게 됩니다. 조덕삼은 예수님을 믿고 자기 집 사랑채를 내주어 예배를 드릴 수 있게 했습니다. 이것이 금산교회가 출발하게 되는 계기가 되었습니다.

그런데 이 교회에서 놀라운 사건이 발생되었습니다. 조덕삼이라는 주인집에 머슴 겸 마부로 일하는 '이자익' 이라는 청년이 있었습니다. 이 청년은 너무 가난한 집안에 태어나 공부도 제대로 하지 못했습니다. 이자익은 어깨너머로 천자문을 배웠는데, 열심히 공부하여 천자문을 줄줄 외웠습니다. 이를 지켜본 주인 조덕삼은 비록 자신의 머슴이었지만, 자신의 아들 '조용호' 와 함께 공부할 수 있도록 도와주고 신앙생활도 같이 할 수 있도록 배려했습니다.

조덕삼과 이자익이 함께 금산교회에서 신앙생활을 하면서, 두 사람 모두 집사가 되고 '영수' 가 되었습니다. 그리고 1907년, 금산교회에서 장로 한 사람을 선출해야 했습니다. 그래서 장로 장립 투표를 실시했는데, 그때 조덕삼과 이자익 두 사람이 장로 투표 후보에 올랐습니다. 그 당시만 해도 우리나라는 양반과 상놈을 따질 때입니다. 주인과 종이 함께 경쟁한다는 것은 있을 수가 없는 일이었습니다. 그런데 주인과 머슴이 경쟁상대가 된 것입니다.

투표 결과가 어떻게 됐을까요? 놀라운 결과가 나왔습니다. 머슴 이자익이 주인 조덕삼을 누르고 장로로 선출된 것입니다. 성도들도 놀랐습니다. 그런데 조덕삼 영수는 이러한 인사말을 합니다. "성도 여러분, 우리 금산교회 성도님들은 참으로 훌륭한 일을 해냈습니다. 저희 집에서 일하는 이자익 영수는 저보다 신앙의 열의가 훨씬 높습니다. 그를 장로로 뽑아주셔서 참으로 감사합니다."라며 인사말을 전했습니다.

이자익 영수가 장로가 되었고, 테이트 선교사가 설교를 하지 못할 때에는 테이트 선교사를 대신해 이자익 장로가 설교를 하였습니다. 이자익 장로가 강단에서 설교를 할 때면, 주인 조덕삼은 교회 바닥에 무릎을 꿇어앉아 이자익 장로의 설교를 열심히 들었다고 합니다.

집에 가면 이자익이 조덕삼을 주인으로 깍듯이 섬기고, 교회에 오면 주인 조덕삼이 장로 이자익을 섬겼습니다. 뿐만 아니라 조덕삼은 이자익이 평양에서 신학을 공부할 수 있도록 추천하고 지원을 아끼지

사진 ① 금산교회 명패

사진 ② 금산교회 입구

사진 ③ 금산교회 입구

사진 ④ 금산교회 내부

*금산교회는 'ㄱ' 자 교회라는 이름으로 불린다. 우리 교회 제자훈련팀이 방문한 적이 있다.

않았습니다. 조덕삼은 그로부터 3년 뒤에 비로소 금산교회의 장로가 되었습니다. 조덕삼 장로는 교회를 신축할 수 있도록 자신의 땅을 헌납을 했습니다.

훗날 이자익은 조덕삼의 배려로 신학교를 졸업하여 목사가 되었고, 1915년 금산교회 선교사에 이어 2대 목사로 부임했습니다. 이자익을 담임목사로 적극적으로 청빙한 사람이 조덕삼 장로였습니다. 조덕삼 장로는 이자익을 담임목사로 깍듯이 예우했고, 조덕삼은 많은 사람에게 존경을 받았습니다.

이자익 목사 역시 사랑으로 성도들을 돌보았고, 교단에서 3번씩이나 총회장을 지내는 등 한국 교회사의 거목이 되었습니다. 참으로 아름다운 이야기입니다. 금산교회를 세운 조덕삼 장로는 아들과 손자까지 3대째 장로로 섬긴 기독교 명문가정으로 알려져 있습니다.

우리가 예수님을 믿으면 빈부귀천이 없습니다. 모두 하나님의 형상을 지닌 하나님의 자녀요, 형제, 자매입니다. 그러므로 그리스도 안에서 서로 사랑하는 것이 마땅합니다.

Ⅱ. 어떻게 사랑해야 하는가?

1. 거짓 없이 사랑하라

다시 **베드로전서 1장 22절**을 봅시다.

[22] 너희가 진리를 순종함으로 너희 영혼을 깨끗하게 하여 거짓이 없이 형제를 사랑하기에 이르렀으니…

누군가를 사랑한다고 할 때, 거짓으로 사랑하는 자가 있습니다. 거짓 사랑처럼 가증한 것이 없습니다. 거짓 사랑은 미움보다 더 악한 것입니다. 돈 때문에 사랑하고, 누구를 이용해서 내 이익을 챙기려고 사랑하는 것은 모두 거짓 사랑입니다. 약자들을 사랑하는 척하면서 이용하는 사람들도 있습니다.

예를 들어 고아원 원장이 성폭행하는 사건, 사회복지를 한다고 하면서 약자들을 이용해 자기 잇속을 챙기는 사람입니다. 최근에는 위안부 할머니를 돕는 기관에서 나타난 비리(윤ㅇㅇ 사건)와 같은 것들은 다 거짓 사랑입니다.

'거짓이 없는 사랑'은 마음 깊은 곳에서부터 우러나오는 사랑입니다. 주 안에서 하나된 형제, 자매들을 진심으로 사랑하는 여러분 모두가 되기를 축원합니다.

2. 뜨겁게 사랑하라

베드로전서 1장 22절을 또 보세요.

[22] …뜨겁게 서로 사랑하라

형제를 사랑하되, 서로 뜨겁게 사랑해야 합니다. 서로 뜨겁게 사랑한다는 것은 상대방을 자기 몸처럼 사랑한다는 것입니다. 아가페적 사랑을 일컫는 말입니다. 주님께서 우리를 위해 십자가의 저주를 받으셨습니다. 나를 향한 사랑이 너무 뜨거웠기에, 자신의 목숨을 내어줄 수가 있었던 것입니다. 이것이 아가페의 사랑입니다.

'사랑' 이라는 단어가 우리말은 한 가지이지만, 헬라어에는 '사랑' 이라는 단어가 4가지입니다.

◎ **사랑의 종류(4가지)**

① **에로스** - 남녀 간의 성적인 사랑입니다.
② **스토르게** - 부모가 자녀에게 베푸는 사랑입니다.
③ **필로스(또는 휠리아)** - 형제 간의 사랑, 친구 간의 우정입니다.
④ **아가페** - 조건 없는 사랑, 하나님의 사랑입니다.

하나님의 사랑은 아가페의 사랑입니다. 조건 없는 사랑입니다. 우리를 구원할 조건이나 이유가 없음에도 불구하고 하나님은 우리를 사랑하여 독생자 예수님을 이 땅에 보내셨습니다. 독생자 예수님은 우리를 위해 십자가에 못 박혀 죽으셨습니다. 우리는 예수님을 믿기만 하면 구원받는 조건 없는 사랑을 받은 것입니다.

다시 **베드로전서 1장 22절**을 보세요.

[22] 너희가 진리를 순종함으로 너희 영혼을 깨끗하게 하여 거짓이 없이 형제를 사랑하기에 이르렀으니 마음으로 뜨겁게 서로 사랑하라

앞의 사랑(형제를 사랑하기에)은 '필로스', 뒤의 사랑(서로 사랑하라)은 '아가페'라는 단어입니다. 우리 그리스도인들은 형제애를 가지고 인간적으로도 진심으로 사랑해야되지만, 한걸음 더 나아가 이전에 전혀 모르던 남이지만, 그리스도 안에서 한 가족이 되었으니 조건 없이, 의지적으로 뜨겁게 사랑해야 한다는 말입니다. 인간적인 사랑으로 시작해서 아가페 사랑으로까지 나아가야 합니다. 예수님을 믿기 전에는 기독교인들을 욕하던 사람이, 예수님 믿고 난 후 어려움을 겪는 형제자매들을 지극정성으로 돕고 헌금하는 분들을 많이 보게 됩니다.

사랑하는 성도 여러분! 우리는 영원한 천국을 함께 누릴, 이 땅에서 나그네요 순례자입니다. 그리고 한 가족입니다. 서로를 돌보고, 격려하고, 사랑함으로 이 광야 같은 인생길을 잘 통과하고, 영광스러운 천국에서 영원한 복락을 함께 누릴 수 있기를 축원합니다.

<2020년 10월 11일 주일 대예배 낮 설교>

Chapter 7
영적 성장을 이루라! (1) (벧전 2:1-3)

1 그러므로 모든 악독과 모든 기만과 외식과 시기와 모든 비방하는 말을
버리고
2 갓난 아기들같이 순전하고 신령한 젖을 사모하라 이는 그로 말미암아
너희로 구원에 이르도록 자라게 하려 함이라
3 너희가 주의 인자하심을 맛보았으면 그리하라

베드로전서 강해를 계속하겠습니다. 베드로전서는 고난과 박해에 직면해 있는 1세기의 흩어진 그리스도인들에게 격려와 소망을 주기 위해 베드로를 통해 기록한 하나님의 말씀입니다. 고난과 박해가 앞에 놓여 있는 힘든 나그네 인생길에서, 그리스도인들은 어떻게 살아야 할까요? 힘들고 고통스러우니, 스스로 목숨을 끊고 세상을 등져야 할까요?

그렇다면 이 타락한 세상을 누가 변화시킬 수 있겠습니까? 그리스도인들은 고통스럽고 어두운 세상을 살면서, 하나님이 어떤 분이신지를 보여주어야 합니다. 그래서 베드로전서 1장을 통해 구원받은 그리스도인이 거룩하게 살고, 서로 사랑하며 살 것을 권면했습니다. 거룩과 사랑은 하나님의 속성이기 때문입니다.

이제부터 베드로전서 2장을 통해 영적 성장을 이루어나갈 것을 권면하고 있습니다. 아니, 고난과 박해가 다가오는데 무슨 영적 성장을 이루라고 합니까? 박해 생각만 해도 정신이 아찔한데?

그러나 여러분! 고난이 없이는 영적 성장이 이루어지지 않는다는 사실을 아십니까? 구원받은 성도는 고난 속에서 더욱 순수한 믿음으로 주님을 의지하고, 영적 성장을 이루게 됩니다. 이것을 구원의 서정 가운데 성화라고 부릅니다.

영적 성장을 이루기 위해서는 버려야 할 것이 있고, 취해야 할 것이 있습니다. 오늘 베드로전서 본문을 중심으로 영적 성장을 이루라!(Ⅰ)라는 제목으로 말씀을 전하려고 합니다.

첫째, 버리라

본문은 영적 성장을 이루기 위해 버리라고 이야기합니다.

베드로전서 2장 1절을 보세요.

[1] 그러므로 모든 악독과 모든 기만과 외식과 시기와 모든 비방하는 말을 버리고

말씀에 보니까 '그러므로…버리고' 라고 기록되어 있습니다.

'그러므로' 라는 말씀을 이해하기 위해서는 앞부분의 말씀을 보아야 합니다.

1장 23절입니다.

[23] 너희가 거듭난 것은 썩어질 씨로 된 것이 아니요 썩지 아니할 씨로 된 것이니 살아 있고 항상 있는 하나님의 말씀으로 되었느니라

우리는 하나님의 말씀으로 거듭났으므로, 이제는 거듭난 자에게 합당치 못한 것들을 버리라는 것입니다. 무엇을 버리라는 말일까요?

1절 말씀을 보면, 다섯 가지를 버리라고 말씀합니다.

'악독', '기만', '외식', '시기', '비방' 입니다.

이 다섯 가지 성품들은 모두 예수님 믿기 전 옛 사람에게 나타나는 속성들입니다. 이 다섯 가지는 거룩, 사랑과 반대되는 것들입니다. 이제 거듭난 자들은 옛 사람의 특성을 벗어버리고, 새롭게 살아가는 방식을 추구해야 한다는 말입니다.

1. 악독

'악독' 은 의도적으로 남을 해치려는 악한 생각과 뜻을 가리킵니다. 부당한 방법을 동원해서 남을 해치려는 무자비한 행동의 악을 가리킵니다.

2. 기만

'기만' 은 헬라어 원어로 '돌론' 이라는 단어인데, 미끼, 덫, 올가미, 유혹 등의 의미를 가지고 있습니다. 즉 기만은 개인적인 이익을 위해 다른 사람을 거짓으로 속이는 것을 말합니다. 기만에는 내 목적 달성을 위해 다른 사람을 간사한 거짓말로 속여 해치려는 동기가 숨어 있

습니다.

3. 외식

외식이란 말은 '마스크', '가면' 이란 말에서 유래된 말입니다. 가면을 쓴 배우들의 태도를 가리킬 때, 외식이라는 말을 썼습니다. '외식'은 속에는 악독이 가득하면서, 겉으로는 선하게 보이는 언행으로 속이는 것을 말합니다.

제가 중학교 3학년때 '네다바이' 를 당했습니다. 네다바이를 하는 사람들은 겉과 속이 다릅니다. 제가 청계천인가 삼일빌딩 앞에서 횡단보도로 건너가려고 서있는데, 누군가 나를 따라오면서, "아이고, 저를 좀 도와주세요. 나는 미군 부대에서 탈출했는데, 먹지도 못하고 사람 취급도 못받고 살아왔어요"라고 하며, 골목으로 데려갑니다. 그리고 시계를 보여주는데, "굉장히 비싼 시계입니다."라고 하더라구요.

그러면서 이 시계를 줄 테니까, 내 시계하고 바꾸자는 거에요. 나는 그때 좋은 시계를 차고 있었거든요. 그래서 나는 시계가 필요 없다고 하니까, 자기는 시계를 팔지 못하니까 바꿔달라고 합니다. 그리고 시계방 앞으로 갔습니다. 시계방 앞에는 어떤 사람이 서있었는데, 시계방 주인이냐고 물으니까, "그렇다"고 했습니다. 그 사람이 시계를 보더니, 이 시계는 어마어마하게 비싼 것이라고 이야기합니다.

나는 그 시계를 별로 가질 생각은 없었는데, 이 시계를 주면 이 사람도 밥을 먹고 나도 득을 볼 수 있겠다는 생각으로 시계를 바꿔 주었습니다.

나중에 시계방을 가보니, 그때 만났던 사람이 시계방 주인이 아닙니다. 사장이 말하기를, 네다바이를 당한 것 같다고 합니다. 안에서 보았을 때, 쫓아갈까 하다가 말았다는 거에요. 외식하는 사람들에게 속은 것입니다.

또, 이런 일도 있었습니다. 제가 안양대학교에서 강의를 하고 돌아오는데 전화가 왔습니다. 누가 우리 교회에 등록하려고 교회에서 기다린다는 것이었습니다. 그 사람은 KAL에 근무하는 사람이고, 부인은 학교 교사인데, 이사를 와서 우리 교회에 등록하겠다는 것이었습니다. 그래서 교회에서 만났더니, "공항성산교회가 참 좋다고 소문이 나서 등록을 하려고 합니다."라고 말했습니다. 그래서 등록카드를 쓴다고 하는데, 손을 다쳐서 대신 써달라고 하는 것입니다.

그러면서, 자기는 KAL에 방송을 담당하는 국가 1급 자격증을 갖고 있는 사람이라고 소개합니다. 그래서 '그렇지 않아도 방송, 음향이 중요한데 이런 사람이 교회에 등록되면 얼마나 좋을까? 또 부인이 학교 교사면 아이들도 전도되고 얼마나 좋을까?' 생각을 했습니다.

그리고 그 사람이 방송실에 가서 음향을 테스트한다고 하더니, 방송 음향을 전부 갈아야 한다고 말하는 것입니다. 그런데 방송 음향을 제대로 교체하려면 수억이 들어가는데, 자기는 1급 국가 자격증을 가진 사람이기 때문에, 몇 십 만원을 가지고도 몇 천 만원의 효과를 낼 수 있다는 것입니다. 그래서 재정부장인 권사님께 이야기해서 50만원을 가져다주었습니다.

그러더니 이 사람이 휴대폰 배터리를 빼라는 것입니다. 그리고 배터리를 빼서 방송실 음향을 조정하더니 소리가 좋아지는 것입니다. 그리고 배터리를 끼어놓고 있으라고 합니다. 그리고 아내와 재정부장님은 차를 타고 음향기기를 사려고 인천을 향해 가고 있었습니다. 날 더러는 계속해서 마이크에 말을 하라고 했습니다. 10분, 20분을 하다가 사기당한 것 같은 생각이 들어 아내와 재정부장 권사님께 전화를 해보았습니다. 그런데 전화가 안 되었습니다. 후에 왜 전화가 안 되었냐고 물어봤더니, 그 사람이 차에서 배터리를 빼야 한다고 해서 두 사람의 배터리를 빼 놓은 것입니다. 결국 50만원을 사기 당한 것입니다. 그래서 교회 재정에 내 돈 50만원을 다시 채워 넣었습니다.

이것이 겉과 다른 외식입니다. 예수님 당시에 대표적으로 외식하는 자들이 서기관들과 바리새인들이었습니다. 그래서 예수님은 그들을 향해 "외식하는 서기관들과 바리새인들이여"라고 꾸짖으셨습니다. 그들은 속은 썩었으면서도 겉은 화려하고 거룩하게 보였습니다. 거룩한 예복을 입고, 많은 사람들 보는 앞에서 거룩한 모습으로 기도를 하였습니다. 그러나 예수님께서는 그들을 향해 "회칠한 무덤 같다"라고 하셨습니다. 그러므로 우리는 외식을 버려야 합니다.

4. 시기

'시기' 는 다른 사람이 잘되는 것을 싫어해서, 그를 깎아내리고 미워하는 것을 가리킵니다. 노골적으로 남이 잘되는 것을 방해합니다. 시기는 주로 열등감에서 나오는 행위입니다. 남을 부러워하다 못해, 미워하기까지 하는 것입니다. 요셉의 형들이 요셉에 대한 아버지의 사랑을 시기하여 죽이려고 모의한 것이 좋은 예입니다.

5. 비방

'비방' 은 다른 사람을 악평하거나 중상모략하는 것을 가리킵니다. 다른 사람의 인격이나 지위, 명성을 해치는 것입니다.

강원도 양양에 나이가 많은 목사님이 혼자 살고 있었습니다. 목사님은 목회를 열심히 했는데, 혼자 사는 것이 쓸쓸해 보인 장로들이 부모가 없는 여자 어린아이를 데려다가 키우도록 목사님에게 권면했습니다. 그래서 목사님은 여자아이를 데려다가 친딸처럼 공부를 시키며 키웠습니다. 어느덧 여자아이는 성장해서 예쁜 숙녀가 되었습니다.

그런데 그 딸아이가 예쁜 숙녀가 되었을 때, 그 마을 뱃사공이 그 처녀를 꾀어 임신을 시켰습니다. 배가 점점 불러오자 교회의 어느 과부 집사님이 눈치를 채게 되었습니다. 그런데 이 과부 집사는 평소에 목사님을 굉장히 사모하던 사람인데, 목사님이 그 과부 집사를 거부했

거든요. 그래서 목사님에게 악감을 품고 배가 불러오는 처녀를 불러다가 어떻게 불러왔냐고 물었습니다. 그러자 목사님은 "뱃사공에게 성폭행을 당해서 배가 불러오게 되었다"고 이야기 했습니다.

그런데 이 과부 집사는 목사님을 매장시키려고 교회에 거짓 소문을 퍼뜨렸습니다. 목사님이 처녀를 임신시켰다는 거짓말이었습니다. 목사님이 아무리 아니라고 이야기해도 사람들이 듣지를 않았습니다. 결국 당회가 열렸고, 목사님은 목회지를 떠나야만 했습니다. 그리고 새로운 목사님이 오시게 되었습니다.

3년이 지난 후에, 그 교회에서 부흥회를 하는데 은혜를 받고 방언이 열리기 시작했습니다. 이때 과부 집사님을 보니까, 이상한 방언을 하는 거예요. "목사새끼, 뱃놈새끼" 이렇게 방언을 하길래, 목사님이 과부 집사님을 불러서 물었습니다. "집사님, 방언이 꼭 욕하는 것 같습니다. 방언을 고쳐야 할 것 같아요."

이렇게 말하니까 회개의 영이 임해서 목사님에게 고백하기를, "목사님, 사실은 제가 죽을 죄를 지었습니다. 목사님 오시기 전에 계시던 목사님을 제가 쫓아냈습니다. 목사님이 한 것이 아니고 뱃사람이 처녀를 임신시켰는데, 내가 일부러 목사님을 비방하려고 거짓 소문을 내었습니다. 그렇게 해서 목사님이 교회를 떠나게 되었습니다."

이 이야기를 듣고 새로운 목사님이 말했습니다. "집사님이 죄를 지었네요. 죄는 해결해야 합니다. 나가신 목사님을 다시 모셔 오십시오.

나는 여기를 떠나겠습니다. 죄가 있는 곳에 성령님이 역사하시지 않습니다."

그래서 장로님들이 오색 약수터 쪽에 가계신 목사님을 찾아가서 잘못했다고 빌었다는 실화가 있습니다.

우리는 앞서 베드로전서 1장을 통해 고난과 박해에 직면해 있는 그리스도인들이 어떤 태도로 살아가야 하는가를 살펴보았습니다.

주님의 속성을 닮아 거룩하게 살아야 합니다. 또한, 함께 구원받은 하나님의 자녀들은 서로 한 가족 형제이므로, 서로 사랑해야 합니다. 거듭난 성도는 예수님 믿기 전의 생활태도를 벗어버려야 거룩과 사랑을 이룰 수 있습니다. 그리고 영적 성장을 이룰 수 있습니다. '예수님 믿기 전의 생활태도'가 베드로전서 2장 1절에 나타난 5가지 태도입니다.

둘째, 사모하라

거듭난 하나님의 자녀들은 옛사람의 성품들을 버려야 함을 말씀드렸습니다. 이제 버리고 비웠으면, 채워야 합니다. 그래서 "사모하라"는 말씀을 하고 있는 것입니다. 그렇다면 무엇을 사모해야 할까요?

베드로전서 2장 2절 말씀을 보세요.

[2] 갓난 아기들 같이 순전하고 신령한 젖을 사모하라 이는 그로 말미암아 너희로 구원에 이르도록 자라게 하려 함이라

'순전하고 신령한 젖' 은 무엇일까요? '하나님의 말씀' 을 가리킵니다. 이제 영적으로 갓 거듭난 자는 영적으로 갓난아이입니다. 아이는 자라야 합니다. 육신적인 갓난 아이가 엄마의 젖을 먹고 자라는 것처럼, 영적으로 거듭난 갓난 아이도 순전하고 신령한 젖인 하나님의 말씀을 먹고 자라야 합니다.

이 세상에 육신적으로 태어난 어린아이들은 본능적으로 엄마의 젖을 사모합니다. 배고플 때 젖을 먹지 못하면 마구 울어댑니다. 이렇게 아기들은 엄마의 젖을 잘 먹어야만 건강하게 자랄 수 있습니다. 거듭난 성도들도 젖, 하나님의 말씀을 사모해야 합니다.

"사모하라"는 말은 '간절히 바라라' 는 의미입니다. 강렬한 욕구를 가리킵니다. '순전하다' 는 것은 거짓이 없고 다른 것이 섞이지 않았다는 뜻입니다. 하나님의 말씀은 거짓이 없는 진리의 말씀, 다른 인간의 생각이나 철학이 섞여있지 않는 순수한 하나님의 말씀입니다. '신령한 젖' 이란 말은 육신적인 젖과 구별해서 사용하는 말입니다. 순전하고 영적인 젖은 하나님의 말씀을 가리킵니다.

육신적인 갓난 아기가 엄마의 젖을 간절히 찾고 그 젖을 먹고 영양분을 섭취하고 육체적으로 성장하는 것처럼, 영적으로 거듭난 성도도 신령한 젖인 말씀을 간절히 사모해서, 그 말씀을 통해 영적 영양분을 섭취하고 영적으로 성장해야 합니다. 만일에 여러분들이 말씀의 젖을 사모하는 본능적 욕구가 없다면, 심각하게 자신을 돌아보아야 합니다.

만약 육신적 갓난 아기가 식욕이 없다고 한다면, 문제가 있는 것입니다. ① 그 아이가 병들었거나 ② 다른 것을 먹어서 입맛이 없거나, 둘 중에 하나입니다.

마찬가지로 영적으로 거듭난 갓난 아기가 말씀에 대한 관심도 없고 말씀을 사모하는 욕구가 전혀 없다면, ①영적으로 병들었거나 ②다른 것들을 많이 먹었거나입니다. 예를 들어, 세상 철학, 세상 재미, 세상 죄 등에 빠져 있으면 하나님의 말씀에 대한 사모함이 사라집니다.

또 하나, 말씀에 대한 욕구가 전혀 없이 교회 다니는 사람 중에는 ③ 거듭나지 않았기 때문입니다. 태어나지 않은 아기가 엄마 젖을 그리워할 이유도 없고 먹을 수도 없습니다. 마찬가지로, 예수님을 믿지 않고 거듭나지 않은 사람은 오랫동안 성경 듣고 교회에 다닐지라도 구원받은 하나님의 자녀는 아닙니다. 재미로 교회 다니고, 교양강좌 듣듯이 말씀을 듣고, 그 외에 사업상 교회 다니고, 다른 이유로 교회 다니는 사람이지, 구원받은 하나님의 자녀는 아닙니다.

그래서 성경에도 교회 속에는 알곡과 쭉정이가 있다고 말씀하고 있습니다. 마지막 심판 때 알곡 성도는 천국 창고에, 쭉정이 성도는 불타는 지옥에 던져질 것이라고 말씀합니다.

사랑하시는 여러분! 여러분은 모두 하나님의 말씀, 복음을 듣고 거듭나서 하나님의 말씀을 사모하시는 분들이 다 되시기를 축원합니다. 코로나로 우리가 오랫동안 인터넷을 통해 예배드리고 말씀을 들었습니다. 그래도 인터넷을 통해 말씀을 듣는 분들은 다행인데, 그나마도 하지 않고, 말씀을 전혀 듣지 않고도 즐겁게 지내는 분이 있나요? 그런 분들은 자신들을 돌아보아야 합니다. '내가 정말 거듭난 그리스도인인가? 아니면 세상의 재미들로 가득 채워서 영적 식욕이 상실된 것은 아닌가?'

거듭난 성도, 구원받은 성도는 하나님의 말씀을 사모해야 합니다.

하나님의 말씀을 사모해야 되는 이유가 무엇일까요?

베드로전서 2장 2절을 보세요.

[2] 갓난아기들 같이 순전하고 신령한 젖을 사모하라 이는 그로 말미암아 너희로 구원에 이르도록 자라게 하려 함이라

영적 성장을 위해서입니다. "구원에 이르도록"이라는 말씀을 오해하면 안 됩니다. 이 말씀은 우리가 구원받지 못했기 때문에, 구원을 받으려면 말씀을 사모하라는 말이 아닙니다. 거듭남과 구원은 일순간적인 일로서, 우리가 예수님을 믿을 때 이미 구원을 받습니다. 여기 "구원에 이르도록"이라는 말은 마지막 날에 있게 될 그리스도인의 최종적 구원을 의미하는 것입니다. 우리는 현재 구원을 소유하고 있지만, 구원받은 성도는 일생동안 영적 성장을 이루어야 합니다. '그리스도의 장성한 분량'까지 자라는 것이 거듭난 성도의 목표여야 합니다.

에베소서 4장 13절을 보십시오.

[13] 우리가 다 하나님의 아들을 믿는 것과 아는 일에 하나가 되어 온전한 사람을 이루어 그리스도의 장성한 분량이 충만한 데까지 이르리니

우리가 "구원에 이르도록"이라는 말을 이해하기 위해서는 구원의 3단계를 이해해야 합니다.

◎ 구원의 3단계

1단계 : 중생. 칭의의 구원 (과거)

중생, 칭의의 구원입니다. 예수님 믿는 자는 이미 구원을 받은 것입니다. 에베소서 2장 8-9절을 봅시다.

[8] 너희는 그 은혜에 의하여 믿음으로 말미암아 구원을 받았으니 이것은 너희에게서 난 것이 아니요 하나님의 선물이라
[9] 행위에서 난 것이 아니니 이는 누구든지 자랑하지 못하게 함이라

예수님을 믿는 우리는 모든 죄를 용서받고 구원받는 것입니다. 이것이 칭의, 중생입니다. 이것은 이미 예수님을 믿는 사람에게는 과거의 사건입니다.

그런데 구원의 단계는 1단계만 있는 것이 아니라 2단계가 있는데, 2단계는 성화의 단계입니다.

2단계: 성화의 구원 (현재)

성화는 구원받은 사람이 주님을 닮아가는 것입니다. 이것은 현재 진행형입니다.

3단계: 영화의 구원 (미래)

영화의 구원은 예수님 재림 시에 우리에게 이루어질 것입니다. 미래의 일입니다. 주님 재림 시에 이루어질 구원입니다.

베드로전서 1장 5절을 보세요.

[5] 너희는 말세에 나타내기로 예비하신 구원을 얻기 위하여 믿음으로 말미암아 하나님의 능력으로 보호하심을 받았느니라

우리의 구원은 예수 그리스도로 말미암아 우리에게 주어진, 전적으로 하나님의 은혜입니다. 예수님 믿고 의롭다 함을 받은 자들은 장차 구원의 완성으로 영화롭게 될 것입니다. 이것이 본문의 '말세에 나타내기로 예비하신 구원' 입니다.

로마서 8장 30절을 보십시오.

[30] 또 미리 정하신 그들을 또한 부르시고 부르신 그들을 또한 의롭다 하시고 의롭다 하신 그들을 또한 영화롭게 하셨느니라

우리는 이미 법적으로 의롭다고 칭함을 거듭난 자이지만, 영화롭게 될 구원의 완성에 이르기까지 계속 자라가야 합니다. 이것이 성화의 과정입니다. 순수한 말씀을 통해 성도는 자라는 것입니다. 그러므로 하나님의 말씀을 간절히 사모해야 합니다.

이제 마지막으로 **베드로전서 2장 3절**을 봅시다.

[3] 너희가 주의 인자하심을 맛보았으면 그리하라

'주의 인자하심'은 구원의 은혜입니다. 여러분은 나 같은 죄인을 위해 죄 없으신 예수님께서 십자가에 피 흘려 돌아가심으로, 내가 구원받았다는 것을 믿습니까? 주의 인자하심을 맛본 자는 하나님의 말씀을 사모하지 않을 수 없는 것입니다.

시편 34편 8절을 보세요.

[8] 너희는 여호와의 선하심을 맛보아 알지어다 그에게 피하는 자는 복이 있도다

여러분은 주님의 선하심을 맛보았습니까? TV에 아무리 맛있는 요리가 나와도, 맛을 보지 않으면 그 맛은 알 수 없습니다. 이론적으로나 지식적으로만 아는 것은 참된 신앙이 아닙니다. 우리는 체험적인 신앙이 되어야 합니다.

사랑하는 성도 여러분! 주님의 인자하심을 맛보셨나요? 하나님의 은혜를 참으로 경험한 사람은 마음대로 살지 않습니다. 이제는 주님 닮은 온전한 자가 되어지기까지 하나님의 말씀을 사모하고 섭취해야 합니다. 하나님의 말씀을 사모함으로 계속 자라가는 여러분들 다 되시기를 축원합니다!

<2020년 10월 18일 주일 낮 대예배 설교>

Chapter 8

영적 성장을 이루라! (11) (벧전 2:4-10)

4 사람에게는 버린 바가 되었으나 하나님께는 택하심을 입은 보배로운
산 돌이신 예수께 나아가
5 너희도 산 돌 같이 신령한 집으로 세워지고 예수 그리스도로 말미암아
하나님이 기쁘게 받으실 신령한 제사를 드릴 거룩한 제사장이 될지니라
6 성경에 기록되었으되 보라 내가 택한 보배로운 모퉁잇돌을 시온에 두
노니 그를 믿는 자는 부끄러움을 당하지 아니하리라 하였으니
7 그러므로 믿는 너희에게는 보배이나 믿지 아니하는 자에게는 건축자
들이 버린 그 돌이 모퉁이의 머릿돌이 되고
8 또한 부딪치는 돌과 걸려 넘어지게 하는 바위가 되었다 하였느니라 그
들이 말씀을 순종하지 아니하므로 넘어지나니 이는 그들을 이렇게 정
하신 것이라
9 그러나 너희는 택하신 족속이요 왕 같은 제사장들이요 거룩한 나라요
그의 소유가 된 백성이니 이는 너희를 어두운 데서 불러 내어 그의 기
이한 빛에 들어가게 하신 이의 아름다운 덕을 선포하게 하려 하심이라
10 너희가 전에는 백성이 아니더니 이제는 하나님의 백성이요 전에는 긍
휼을 얻지 못하였더니 이제는 긍휼을 얻은 자니라

우리는 베드로전서 1장을 통해 '거듭난 성도는 거룩하게 살아야 한다. 또 서로 사랑하며 살아야 한다.' 는 것을 배웠습니다.

이제 2장에서는 '하나님의 거룩한 백성으로서 거듭난 성도는 어떻게 살아야 하는가?' 에 대해, 영적 성장을 이루며 살아야 한다는 말씀을 드리겠습니다.

그러기 위해서, 지난주의 말씀을 잠시 복습해보겠습니다.

첫째, 버리라

베드로전서 2장 1절을 보세요.

[1] 그러므로 모든 악독과 모든 기만과 외식과 시기와 모든 비방하는 말을 버리고

영적으로 성장하기 위해서는 악독, 기만, 외식, 시기, 비방하는 말을 버려야 한다고 배웠습니다.

둘째, 사모하라

2장 2절을 봅시다.

[2] 갓난아기들 같이 순전하고 신령한 젖을 사모하라 이는 그로 말미암아 너희로 구원에 이르도록 자라게 하려 함이라

'신령한 젖' 인 하나님의 말씀을 사모하고, 하나님의 말씀을 먹고 자라야 한다는 것을 배웠습니다. 여기까지가 지난주에 전한 말씀의 내용입니다.

이제 영적 성장을 이루기 위한 세 번째 말씀을 드리겠습니다.

셋째, 예배를 드리라

예수님을 믿고 성도가 된다는 것은 나 개인의 평안과 행복의 추구만을 의미하는 것은 아닙니다. 성도는 나 홀로 존재하는 것이 아니라, 내가 예수님을 믿고 구원받는 순간, 그리스도와 연합하여 하나가 될 뿐만 아니라, 또한 그리스도를 중심으로 하여 생겨난 교회 공동체의 일원이 되는 것입니다. 이제 구원받은 성도들이 함께 모여, 우리를 구원하신 하나님을 찬양하며 예배를 드려야 합니다. 예배를 드림으로 하나님과 더욱 깊은 영적 교제가 이루어지며, 영적 성장을 이루게 되는 것입니다.

베드로전서 2장 4절 말씀을 보겠습니다.

[4] 사람에게는 버린 바가 되었으나 하나님께는 택하심을 입은 보배로운 산 돌이신 예수께 나아가

여기 '보배로운 산 돌'은 예수님을 가리킵니다. '사람에게는 버린 바 되었다'는 말씀은 예수님께서 인류를 구원하려고 이 땅에 오셨지만, 유대 교권자들은 예수님을 십자가에 못 박아 버렸습니다. 그러나 예수님께서는 '보배로운 산 돌'이 되어 교회의 영원한 기초석이 되었습니다.

성경에는 예수님을 돌로 비유하는 표현이 많습니다.

마태복음 21장 42절을 보세요.

[42] 예수께서 이르시되 너희가 성경에 건축자들이 버린 돌이 모퉁이의 머릿돌이 되었나니…

예수님을 '모퉁이의 머릿돌' 이라고 표현하고 있습니다.

또 **고린도전서 10장 4절**에 보면

[4] 다 같은 신령한 음료를 마셨으니 이는 그들을 따르는 신령한 반석으로부터 마셨으매 그 반석은 곧 그리스도시라

예수님을 '신령한 반석' 이라고 표현하고 있습니다. 베드로전서 2장 4절에서 예수님을 '산 돌' 이라고 표현한 것은 예수님은 죽은 돌이 아니라, 부활하셔서 영원히 살아계시는 분이라는 말입니다. 예수님께서는 영원한 생명을 소유하시고, 그 생명을 우리에게 주시는 분임을 뜻하는 것입니다. 예수님께서는 지금도 살아 역사하시는 생명의 주님이십니다.

자, 다시 한번 **베드로전서 2장 4-5절**을 보십시오.

[4] 사람에게는 버린 바가 되었으나 하나님께는 택하심을 입은 보배로운 산 돌이신 예수께 나아가
[5] 너희도 산 돌 같이 신령한 집으로 세워지고 예수 그리스도로 말미암아 하나님이 기쁘게 받으실 신령한 제사를 드릴 거룩한 제사장이 될지니라

'산 돌' 이신 예수님께 나아가는 자는 '산 돌 같이 신령한 집' 으로 세워지고, '신령한 제사' 를 드릴 '거룩한 제사장' 이 된다고 합니다.

먼저, '산 돌' 이신 예수님께 나아가면, 그 사람이 '산 돌' 이 된다는 말은 무슨 뜻입니까? '산 돌', 즉 영원한 생명을 소유하신 예수님께 나아가, 예수님을 믿는 자는 예수님의 영원한 생명에 연결되므로, 역시 우리 예수님 믿는 사람도 '산 돌' 이 된다는 것입니다. 우리가 예수님을 믿는 순간, 신령한 집을 짓고 있는 신령한 집의 하나의 돌이 되는 것입니다. 그래서 예수님을 모퉁잇돌로 하여, 우리 그리스도인들이 이어서 '신령한 집', 하나님의 성전, 하나님의 교회를 완성해 나가는 것입니다.

또한, 예수님께 나아온 우리는 이 '신령한 집', 즉 교회에서 신령한 제사를 드리는 '거룩한 제사장' 이 되어야 합니다. 구약시대에서는 제사장을 통하지 않고는 하나님 앞에 나아갈 수 없었습니다. 모든 거듭난 성도들은 하나님께서 기뻐 받으실 신령한 제사를 드리는 거룩한 제사장입니다. 우리는 예수님을 통해서 하나님 앞에 나아갈 수 있는 제사장이 되었습니다.

그러면, '신령한 제사' 는 무엇일까요? 제사를 드릴 때에는 제물이 필요합니다. 구약시대에는 양이나 짐승을 잡아 피 흘려 죽이는 제사를 드렸습니다. 신약시대의 제물은 무엇일까요? 구원받은 당신이 산 제물이 되어야 합니다.

로마서 12장 1절을 보세요.

[1] 그러므로 형제들아 내가 하나님의 모든 자비하심으로 너희를 권하노니 너희 몸을 하나님이 기뻐하시는 거룩한 산 제물로 드리라 이는 너희가 드릴 영적 예배니라

'산 제물로 드리라' 는 말은 이 몸을 죽여서 바치라는 말이 아니고, '신령한 제사' 는 성령으로 말미암아 성도의 육의 부패성을 죽이는 것을 가리킵니다. '신령한 제사', 즉 '영적 예배' 는 우리가 함께 모여서 드리는 예배, 하나님을 찬양하고, 기도하고, 감사하고, 말씀을 듣고, 하나님께 물질을 드리는 모든 부분을 포함하는 것입니다. 뿐만 아니라, 다른 사람을 사랑으로 섬기고, 선을 행하는 것까지의 일체의 헌신을 두고, '신령한 제사', '영적 예배' 라 할 수 있습니다.

히브리서 13장 15-16절을 보면, 신령한 제사가 무엇인지를 좀 더 이해할 수 있습니다.

[15] 그러므로 우리는 예수로 말미암아 항상 찬송의 제사를 하나님께 드리자 이는 그 이름을 증언하는 입술의 열매니라
[16] 오직 선을 행함과 서로 나누어 주기를 잊지 말라 하나님은 이 같은 제사를 기뻐하시느니라

하나님을 '찬양' 하고 감사하는 것, '선을 행하고 나누어주는 것', 이런 것들이 하나님을 기쁘시게 하는 제사라고 합니다. 그런데 우리 신약시대 성도들은 구약시대 성도와는 달리, 하나님의 은혜와 예수 그리스도의 완전한 속죄 사역으로 말미암아, 더 이상 하나님과 우리 사이의 인간 제사장을 통하지 않고, 직접 하나님께 제사를 드리는 '거룩한 제사장' 이 되었습니다.

베드로전서 2장 5절을 다시 보세요.

[5] 너희도 산 돌 같이 신령한 집으로 세워지고 예수 그리스도로 말미암아 하나님이 기쁘게 받으실 신령한 제사를 드릴 거룩한 제사장이 될지니라

또, **1장 9절**을 보세요.

[9] 그러나 너희는 택하신 족속이요 왕 같은 제사장들이요 거룩한 나라요 그의 소유가 된 백성이니…

우리를 '왕 같은 제사장' 이라고 이야기합니다. 이제 우리는 우리의 죄 문제를 직접 해결할 수 있는 제사장이 되었습니다. 이것을 '만인제사장' 이라는 용어로 표현하기도 합니다. 모든 성도는 다 제사장이라는 말입니다. 이는 종교개혁의 산물입니다.

구약시대에는 제사장을 통해 죄의 문제를 해결했습니다. 그러나 신약시대에는 그리스도께서 완전한 대제사장으로 십자가에서 운명하실 때, 성소와 지성소를 가로막고 있던 휘장이 위에서 아래로 찢어졌습니다. 이것은 그리스도의 몸이 찢어진 것입니다. 그래서 그리스도 안에 있는 성도는 하나님께서 계시는 지성소에 직접 나아갈 수 있는 길이 열린 것입니다. 구약시대에는 하나님께서 계신 지성소에 아무나 들어가지 못하고, 제사장만 짐승의 피를 가지고 들어갈 수 있었습니다. 그러나 우리는 예수님의 피로 말미암아 하나님께 직접 나아갈 수 있는 거룩한 제사장이 된 것입니다.

그렇다면 제사장의 역할은 무엇일까요?

① 하나님의 보좌 앞으로 직접 나아갈 수 있다.

우리는 죄 문제를 해결할 때, 제사장을 통하지 않고 내가 직접 하나님 앞에 나아가 죄의 문제를 해결할 수 있습니다. 교황을 통하지 않고, 직접 죄를 고백하고 해결 받을 수 있습니다. 구약에는 제사장 그룹인 레위인들이 찬양대를 했지만, 우리는 누구나 직접 하나님을 마음껏 찬양할 수 있습니다.

종교개혁자 마틴 루터가 종교개혁을 할 때, 한 일이 무엇인 줄 아십니까? 성경을 전부 번역한 것입니다. 그래서 라틴어 성경으로 성경을 읽을 수 있도록 했습니다. 교황을 통하지 않고, 직접 말씀을 읽고 기도를 할 수 있도록 한 것입니다. 이것이 종교개혁의 산물입니다.

히브리서 4장 16절을 보세요.

[16] 그러므로 우리는 긍휼하심을 받고 때를 따라 돕는 은혜를 얻기 위하여 은혜의 보좌 앞에 담대히 나아갈 것이니라

우리는 예수님의 보혈로 하나님을 아버지라 부르며 담대히 은혜의 보좌 앞에 나아갈 수 있게 된 것입니다.

② 다른 사람을 위해 제사장 역할을 감당할 수 있다.

이제 내가 다른 사람과 하나님 중간에서, 그 사람을 위해 제사장 역할을 감당할 수 있게 되었습니다.

야고보서 5장 16절 말씀을 보세요.

[16] 그러므로 너희 죄를 서로 고백하며 병이 낫기를 위하여 서로 기도하라 의인의 간구는 역사하는 힘이 큼이니라

서로에게 자신의 죄를 고백할 수 있고, 또 병든 자가 있으면 도고기도 할 수 있습니다. 또, 불신자들에게는 우리가 직접 전도해서 하나님께로 인도하는 중보역할, 제사장 역할을 감당할 수 있게 되었습니다. 불신자와 하나님 중간에서, 제사장 역할을 감당하며 전도할 수 있게 된 것입니다.

성도 여러분, 영적 성장은 하나님과의 영적 교제인 예배를 통해 이루어짐을 기억하시기를 축원합니다.

넷째, 교제하라

베드로전서 2장 4-5절 말씀을 보세요.

[4] 사람에게는 버린 바가 되었으나 하나님께는 택하심을 입은 보배로운

산 돌이신 예수께 나아가

[5] 너희도 산 돌 같이 신령한 집으로 세워지고 예수 그리스도로 말미암아 하나님이 기쁘게 받으실 신령한 제사를 드릴 거룩한 제사장이 될지니라

4절의 '보배로운 산 돌'이신 예수님에게 나아와서, 5절에 우리도 영원한 생명이신 예수님에게 접붙인바 되어 '산 돌'이 되었다는 것입니다. 그런데 원어를 보면 4절 '산 돌'은 단수이고, 5절의 '산 돌'은 복수입니다. 이것은 신자는 홀로 집이 될 수 없다는 말입니다. 모퉁잇돌인 예수님과 연결되어 있지 않으면 안 되고, 다른 돌들인 성도들과 연결되어 있지 않으면 우리는 성전이 될 수 없습니다. 즉 신자는 생명의 모체이신 주님과 합하여 하나가 되고, 다른 신자들과 더불어 연결되어야 합니다.

'신령한 집'은 교회를 가리키지만, 우리가 생각하는 보이는 교회 건물이 아닙니다. 이 '신령한 집'은 영적인 교회로, 예루살렘 성전처럼 무너지지 않습니다. 이 집은 종말까지의 모든 세대, 모든 성도들이 산 돌이 되어 완성될 영원한 집이요, 보이지 않는 교회의 영광스러운 모습입니다. 이 집은 2천여 년 전, 예수님께서 오신 이후로 계속 지어지고 있는 집입니다. 오늘 성경은 이 집을 건축물에 비유하여 설명하고 있는 것입니다.

자, **베드로전서 2장 6절**을 보십시오.

[6] 성경에 기록되었으되 보라 내가 택한 보배로운 모퉁잇돌을 시온에 두노니 그를 믿는 자는 부끄러움을 당하지 아니하리라 하였으니

'모퉁잇돌' 은 집을 지을 때, 그 집을 지탱해주는 주춧돌을 말합니다. 건축할 때 초석으로 쓰이는 큰 돌을 가리킵니다. 즉 건축물의 무게가 그 힘받이 되는 모퉁잇돌에 의지하고 있음과 같이, 진정한 성도들은 오직 그리스도 위에 의지하여 서는 것입니다.

그런데 여러분, **베드로전서 2장 7절**을 보세요.

[7] 그러므로 믿는 너희에게는 보배이나 믿지 아니하는 자에게는 건축자들이 버린 그 돌이 모퉁이의 머릿돌이 되고

'건축자들이 버린 그 돌' 이라고 합니다. 건축자들은 이 돌이 필요 없다고 생각하여 버렸습니다. 유대인들이 예수님을 십자가에 버린 것입니다. 그런데 이 돌이 하나님의 성전의 모퉁이의 머릿돌이 되어 거대한 하나님의 성전, 하나님의 나라가 2천여 년 동안 지어져가고 있다는 것입니다.

그런데 이 건축자들이 버린 돌이 믿지 않는 자에게는 어떤 돌이 될까요?

2장 8절을 보세요.

[8] 또한 부딪치는 돌과 걸려 넘어지게 하는 바위가 되었다 하였느니라 그들이 말씀을 순종하지 아니하므로 넘어지나니 이는 그들을 이렇게 정하신 것이라

건축자들이 버린 돌이 '부딪치는 돌', 심판의 돌이 되었다는 것입니다. '정하신 것' 은 하나님의 예정을 가리키는 말입니다. 그러나 예수님을 믿는 성도는 모퉁잇돌인 예수님에게 붙어서 신령한 집으로 지어지고 있는 것입니다. 수많은 사람들이 예수님을 믿고 산 돌이 되어 함께 연합하여 거대한 집을 지어가고 있는 것입니다. 그러므로 산 돌인 우리 성도들이 연합하지 않고, 함께 교제하지 않으면, 이 집은 구멍이 날 것이고 균열이 될 것이며 온전하게 지어지지 못할 것입니다.

이 집의 완성은 하나님께서 예정한 마지막 사람이 예수님을 믿고 돌아올 때, 마지막 산 돌이 되고 건축물은 완성될 것입니다.

에베소서 2장 20-22절을 보세요.

[20] 너희는 사도들과 선지자들의 터 위에 세우심을 입은 자라 그리스도 예수께서 친히 모퉁잇돌이 되셨느니라
[21] 그의 안에서 건물마다 서로 연결하여 주 안에서 성전이 되어가고
[22] 너희도 성령 안에서 하나님이 거하실 처소가 되기 위하여 그리스도 예수 안에서 함께 지어져 가느니라

이 '신령한 집'의 완성을 위해 성도의 교제가 얼마나 중요한지를 알 수 있습니다. 성도의 교제를 통해 영적 성장이 이루어지는 것입니다.

또, **골로새서 1장 18절**과 **고린도전서 12장 27절**을 보세요.

[18] 그(예수님)는 몸인 교회의 머리시라 그가 근본이시오 죽은 자들 가운데서 먼저 나신 이시니 이는 친히 만물의 으뜸이 되려 하심이요

[27] 너희는 그리스도의 몸이요 지체의 각 부분이라

이 본문에서 사도 바울은 교회를 그리스도의 몸으로 비유하면서 예수 그리스도는 그 '몸의 머리' 요, 구원받은 성도들은 '그 몸의 지체' 라고 말합니다. 구원받은 성도들이 지체의 각 부분이라는 말씀도 성도들의 연합과 교제를 강조하는 말씀입니다. 성도들의 연합과 교제가 잘 이루어질 때, 그리스도의 몸된 교회가 건강하게 성장하고, 성도들 개개인도 영적 성장을 이룰 수 있는 것입니다.

다섯째, 전도(선교)하라

영적 성장을 위해서는 전도(선교)해야 합니다.

베드로전서 2장 9절 말씀을 보세요.

[9] 그러나 너희는 택하신 족속이요 왕 같은 제사장들이요 거룩한 나라요 그의 소유가 된 백성이니 이는 너희를 어두운 데서 불러 내어 그의 기이한 빛에 들어가게 하신 이의 아름다운 덕을 선포하게 하려 하심이라

베드로는 소아시아 지방에 흩어진 나그네 그리스도인들에게, '너희는 택하신 족속이요 왕 같은 제사장들이요 거룩한 나라요 그의 소유된 백성' 이라고 말하면서, 이러한 특권을 주신 목적을 설명합니다. 이는 하나님의 아름다운 덕을 선포하게 하기 위함이라고 말합니다.

'하나님의 아름다운 덕' 이 무엇입니까? 하나님께서 죄악 가운데 멸망 받아야 마땅한 우리를 위해 독생자 예수 그리스도를 보내셨습니다. 그에게 우리의 모든 죄를 지우고 우리 대신 십자가에 내어주셨습니다.

우리는 예수님을 믿기만 하면 하나님의 은혜로 모든 죄 용서받고 구원받아 영생을 누립니다. 하나님은 이러한 사랑을 우리에게 베푸셨습니다. 이것이 하나님의 아름다운 덕을 선포하는 것입니다.

전도(선교)는 교회의 사명이요, 하나님의 지상명령입니다. 전도하면 다른 사람이 구원받지만, 전도하는 나는 영적으로 성장합니다.

'택하신 족속'은 그리스도의 보혈로 죄 씻음 받은 성도들을 가리킵니다. 하나님께서 예정하시고 선택하셨습니다.

'왕 같은 제사장'은 원어로 바실레이오스, '높은 특권을 가진'이라는 뜻입니다. 성도는 왕이신 하나님의 보좌 앞에 담대히 나아가 하나님을 섬기는 높은 특권이 있다는 것입니다.

'거룩한 나라'는 무엇일까요? 이스라엘은 하나님을 섬기는 나라로 성별되었습니다. 그러나 그들의 내적 불결 때문에 그 직책을 빼앗겼던 것입니다. 이제는 그리스도인들이 거룩한 나라가 되었습니다. 부정과 불법이 가득한 세상나라가 아니라, 하나님을 왕으로 섬기는 영적 왕국입니다.

'그의 소유된 백성'는 무엇일까요? 성도는 예수 그리스도의 피값으로 얻은 보배로운 소유입니다.

이제 마지막으로 **베드로전서 2장 10절**을 봅시다.

[10] 너희가 전에는 백성이 아니더니 이제는 하나님의 백성이요 전에는

긍휼을 얻지 못하더니 이제는 긍휼을 얻은 자니라

사랑하는 성도 여러분, 이제는 '긍휼을 얻은 자'라고 합니다. 우리는 하나님의 택함을 받아 구원받았고, 왕 같은 제사장으로 삼아주셔서 하나님 앞에 담대히 나아갈 수 있는 특권을 주셨습니다. 또, 거룩한 나라로 삼으시고, 하나님의 보배로운 백성으로 삼아 주셨습니다.

전에는 어두운 죄악 가운데 머물러 심판받아 마땅한 존재였는데, 하나님께서 긍휼을 베푸셔서, 이제는 찬란한 빛의 세계인 천국에 들어가는 존재가 되었습니다. 그러므로 이제 우리는 이 하나님의 '아름다운 덕'을 선포하는 것(전도)이 마땅합니다. 영적으로 성장한 자는 다른 사람을 구원하는 일에 헌신하게 됩니다. 우리 모두 영적 성장을 이루어나가기를 축원합니다.

<2020년 10월 25일 주일 낮 대예배 설교>

Chapter 9

육체의 정욕을 제어하라! (벧전 2:11-12)

11 사랑하는 자들아 거류민과 나그네 같은 너희를 권하노니 영혼을 거
슬러 싸우는 육체의 정욕을 제어하라
12 너희가 이방인 중에서 행실을 선하게 가져 너희를 악행한다고 비방
하는 자들로 하여금 너희 선한 일을 보고 오시는 날에 하나님께 영
광을 돌리게 하려 함이라

베드로전서 강해를 계속하려고 합니다. 베드로전서의 복습을 해볼까요? 베드로전서의 기록목적이 무엇이라고 했나요? 베드로전서의 기록목적은 1세기, 소아시아 지방에 흩어져 있는 그리스도인들에게 다가올 고난과 박해를 이길 수 있도록 격려하고, 소망을 주기 위한 것이라고 말씀드렸습니다.

고난과 핍박을 이기기 위해서는 산 소망을 가져야 합니다. 산 소망은 예수님의 십자가 죽음과 부활로 말미암아 우리에게 주어진 영원한 천국을 유업으로 받는 소망입니다. 그러므로 어떠한 고난이 와도 이길 수 있는 것은 고난 후에 펼쳐질 영원한 영광 때문입니다. 그러면 산 소망을 가진 그리스도인들은 이 고난과 핍박의 현실 속에 어떤 태도로

살아야 할까요?

거룩하게 살아야 합니다. 또한, 서로 사랑하며 살아야 합니다. 이것이 1장의 내용입니다. 그리고 2장에서는 영적 성장을 이루며 살아야 한다는 말씀을 드렸습니다. 그러기 위해서는 버릴 것은 버리고, 하나님의 말씀을 사모하며 살아야 한다고 했습니다. 또, 영적 성장을 위해서 예배를 드리고, 성도들과 교제하고, 전도(선교)의 삶을 살아야 한다는 말씀을 드렸습니다.

오늘은 계속해서, 구원받은 그리스도인들은 이 세상에서 어떻게 살아야 하는가? '육체의 정욕을 제어하라' 라는 제목으로 말씀을 전하려고 합니다.

첫째, 육체의 정욕을 제어하라

베드로전서 2장 11절을 보십시오.

[11] 사랑하는 자들아 거류민과 나그네 같은 너희를 권하노니 영혼을 거슬러 싸우는 육체의 정욕을 제어하라

'육체의 정욕을 제어하라' 는 말은, 이 육체가 악하다는 말이 아닙니다. 이 '육체' 란 말은 우리 몸을 가리키는 것이 아니고, 우리 육체 속에 있는 부패성(죄악성)을 가리킵니다. 우리는 우리 몸을 귀하게 여기고, 건강하게 잘 관리해야 합니다. 그러나 아담 이후로 타락한 인간의

육체 속에 있는 죄의 본성과는 끊임없이 싸워 이겨야 합니다.

여기서 우리가 분명히 알아야 할 것은 우리 육체의 욕구가 모두 죄는 아니라는 점입니다. 예를 들어, 식욕, 성욕, 피곤할 때 쉬고 싶은 욕구, 더울 때 시원한 바람을 맞고 싶은 욕구 등등 이런 욕구는 죄악이 아니라, 자연스러운 욕구입니다. 이런 욕구 자체가 잘못된 것은 아닙니다.

오늘 본문이 가리키는 '육체의 정욕'은 '영혼을 거스르는 육체의 정욕'입니다. 이 '육체의 정욕'은 하나님의 말씀과 반대되는 방식으로 그 욕구를 충족하려고 하는 그릇된 욕구, 죄악된 욕구들입니다. 이런 욕구들은 성도들의 영혼을 해칩니다. 그래서 이런 욕구들은 끊어야 합니다.

그러면 이 욕구들은 구체적으로 어떤 것일까요?

베드로전서 4장 3절을 보세요.

[3] 너희가 음란과 정욕과 술취함과 방탕과 향락과 무법한 우상숭배를 하여 이방인의 뜻을 따라 행한 것은 지나간 때로 족하도다

음란, 정욕, 술취함, 방탕, 향락, 우상숭배의 욕구를 가리킵니다.

또, **갈라디아서 5장 19-21절**을 보십시오.

[19] 육체의 일은 분명하니 곧 음행과 더러운 것과 호색과
[20] 우상숭배와 주술과 원수 맺는 것과 분쟁과 시기와 분냄과 당 짓는 것과 분열함과 이단과

[21] 투기와 술취함과 방탕함과…

음행, 더러운 것, 호색, 우상숭배, 주술, 원수 맺는 것, 분쟁, 시기, 분냄, 당 짓는 것, 분열, 이단, 투기, 술취함, 방탕함 등 하나님의 말씀을 거스르는 죄악된 욕구입니다. 이런 죄들은 하나님을 대항하는 자들에게 나타나는 죄들입니다. 이런 것들은 모두 하나님의 나라를 유업으로 받지 못합니다.

성욕 자체가 나쁜 것이 아닙니다. 부부간의 성생활은 하나님의 복입니다. 그러나 하나님의 말씀과 반대되는 방식으로 욕구를 충족시키고자 하는 것이 잘못된 것입니다. 동성애, 동성 간의 항문을 통한 성교, 군대 내 동성애와 같은 것들입니다.

또, 정치인들이 국회에서 간통죄를 폐지함으로, 남의 남편, 남의 아내와 성적인 문란이 일어나도록 방조하는 것, 이런 것들이 본문이 말하는 '육체의 정욕' 입니다. 그러므로 이 '육체의 정욕' 은 자연적 본성으로 인한 욕구 너머에 있는 죄에 대한 강한 집착을 의미합니다.

NIV에는 sinful desires(죄악된 욕구들)이라고 번역했습니다. 우리 구원받은 성도들은 영혼은 구원받았으나, 육신을 입고 있기 때문에, 육신의 죄악된 욕망들과 끊임없이 싸워야 하는 것입니다. 이것이 성도의 성화의 과정입니다.

그렇다면, 우리가 육체의 정욕을 죽이고, 하나님의 뜻대로 살기 위해서는 어떻게 해야 할까요? 결심한다고 정욕을 제거할 수 있을까요?

인격 수양으로 가능한 일일까요? 어떻게 육체의 정욕을 죽일 수 있을까요?

갈라디아서 5장 16절을 보세요.

[16] 내가 이르노니 너희는 성령을 따라 행하라 그리하면 육체의 욕심을 이루지 아니하리라

육체의 정욕을 죽이기 위해선, 날마다 말씀과 기도로, '성령을 따라' 행해야 합니다. 그렇게 할 때, 우리는 거룩하신 하나님의 성품을 덧입게 되고, 성화가 이루어지게 됩니다. 우리가 이 세상에 육체를 가지고 살면서, 육체의 정욕을 이기고 성화를 이루며 살아가기 위해서는 꼭 기억해야 될 사실이 있습니다. 그것은 우리 예수님 믿는 성도의 신분과 정체성을 알아야 하는 것입니다. 우리는 어떤 존재입니까?

지난 주 말씀 **베드로전서 2장 9절**을 봅시다.

[9] 그러나 너희는 택하신 족속이요 왕 같은 제사장들이요 거룩한 나라요 그의 소유가 된 백성이니…

성도들은 '하나님의 소유'로서, '왕 같은 제사장'이 되어 이 땅에서 하나님의 성품을 닮아가는 삶을 살아가는 자들입니다.

또한, **2장 11절**에 보세요.

[11] 사랑하는 자들아 거류민과 나그네 같은 너희를 권하노니 영혼을 거슬러 싸우는 육체의 정욕을 제어하라

우리는 이 땅에서 '거류민과 나그네' 라는 사실을 꼭 기억해야 합니다. '거류민' 은 타향에 사는 자, 자신의 고향이 아닌 다른 나라에 일시적으로 거주하는 자입니다. '나그네' 는 지나가는 길손으로 일시적으로 그 곳에 머물고 있는 사람입니다. 그러므로 '거류민' 이나 '나그네' 는 둘 다 자기 모국이 아닌 다른 나라에 일시적으로 거주하고 있는 사람을 묘사합니다. 성도는 이 세상이 본향이 아닙니다. 성도의 본향은 천국입니다. 우리의 시민권도 천국 시민권입니다.

빌립보서 3장 20절을 보세요.

[20] 그러나 우리의 시민권은 하늘에 있는지라…

우리는 이 세상(이 땅)이 영원히 머물 곳이 아닙니다. 우리의 목적지는 찬란한 천국입니다. 이 세상은 잠시 지나가는 곳인데, 우리가 목적지를 망각하고, 이 세상의 현란한 조명에 넋을 잃고 머물러서, 이 세상의 죄악된 욕망에 푹 빠져 있다면, 어떻게 목적지에 도달할 수 있겠습니까?

우리는 한순간도 우리가 '거류민과 나그네' 라는 사실을 잊지 말고, 죄악된 세상에 빠져 살 것이 아니라, 우리의 목적지인 영광스러운 천국을 향해 순례의 발걸음을 계속해야 할 것입니다.

그러나 우리가 천국 시민권을 가진 구원받은 하나님의 백성이지만, 그리스도의 재림 때까지는 잠정적으로 이 땅에 거할 수밖에 없는 존재들입니다. 그러므로 성도는 내가 이 땅에서 거류민이요, 나그네라는 사실을 잊지 말고, 영혼을 거슬러 싸우는 육체의 정욕에 대항하여야만 합니다. 마지막 날 하나님 앞에 설 때까지, 육체의 정욕, 죄성과 싸워 이기시고, 성령으로 충만하시기를 바랍니다.

둘째, 선을 행하라

'고난과 박해에 직면한 그리스도인들이 어떻게 살아야 하는가?' 라는 질문에, 하나님께서는 육체의 정욕과 싸우고, 성화를 이루면서 살라고 말씀하셨습니다. 그리고 한걸음 더 나아가, 선을 행하며 살라고 말씀하십니다.

베드로전서 2장 12절을 보세요.

[12] 너희가 이방인 중에서 행실을 선하게 가져 너희를 악행한다고 비방하는 자들로 하여금 너희 선한 일을 보고 오시는 날에 하나님께 영광을 돌리게 하려 함이라

예수님을 믿지 않는 사람들은 자기들은 예수님을 안 믿어도, 예수님 믿는 사람들은 뭔가 달라야 한다고 생각합니다. 그래서 일반 사람들이 평범하게 하는 행동도, 예수님 믿는 사람이 그런 행동을 하면 '비방' 합니다. "예수 믿는 것들이!" 라고 하며 비방합니다. 그들은 자기들이 잘못하면 실수라고 합리화하지만, 그리스도인이 실수하면 심하게 비판합니다. 불신자들은 신자들을 대할 때, 도덕적 기준을 높이 세우고 평가하기 때문에, 예수님 믿는 성도들의 삶은 쉽지 않습니다.

코로나가 몇 군데 교회에서 발생했을 때, 세상에서는 교회를 엄청나게 공격했습니다. 천만 명 기독교 인구 중에, 소수가 코로나에 걸렸지만, 교회 전체를 비판했습니다. 코로나에 걸린 기독교인은 아주 소수이지만, 마치 교회 전체가 말을 안 들어서 코로나에 걸린 것처럼 비방하였습니다. 그만큼 예수님을 믿지 않는 자들은 그리스도인들을 세심하게 관찰하고 있습니다.

그러므로 그리스도인들은 손해보고 살아야 하고, 선을 행해야 합니다. 기독교인들이 손해보고 살고 선을 행해야 하는 이유는 무엇입니까? 그 이유는, 기독교인의 선행을 통해 믿지 않는 자들의 영혼이 구원받을 수 있기 때문입니다. 믿지 않는 영혼이 주님 앞에 돌아올 때, 하나님께는 영광이 되는 것입니다.

예를 들겠습니다. 내가 들은 어느 부인의 이야기입니다. 이 부인이 예수님을 믿기 전, 성질이 대단했습니다. 남편과 싸울 때 욕은 보통이고, 남편의 뺨도 때렸다고 합니다. 그런데 어느날 그 부인이 예수님을 믿게 되었습니다. 주일마다 성경을 들고 교회에 갔습니다.

어느 주일, 남편이 교회에 못 가게 강하게 막았습니다. 아내가 교회에 가려고 하자, 남편은 아내의 뺨을 때렸습니다. 그런데 이전 같으면 같이 소리지르고 대들고 남편의 뺨을 때렸을 텐데, 울면서 기도하더니 아무 대항하지 않고 다시 교회에 가는 것 아닙니까? 달라진 아내의 모습을 보고 남편이 생각하기를, '예수님이 누구이길래 내 아내가 변했을까?' 생각했습니다. 그리고 결국 남편도 예수님을 믿고 집사가 되었습니다.

여러분, 최권능(본명 최봉석) 목사님의 일화를 하나 소개해드리겠습니다.

최권능 목사님은 '예수천당 불신지옥'을 외치며 전도하신 분입니다. 하루는 최권능 목사님이 장터에서 전도를 하다가 방탕한 시절의 옛 친구들을 만나게 되었습니다.

그들은 술에 거나하게 취해서 최권능 목사님을 보고 놀려댔습니다. 자리에 앉히고는 술을 권하고, 마시지 않으니까 입을 벌려서 억지로라도 마시게 하려고 했습니다. 그래도 마시지 않자, 한 친구가 그의 얼굴에다 술잔을 부어버리고 말았습니다. 이때, 옆에 있던 친구들은 이제 큰일이 났다고 생각했습니다. 그들이 아는 한 최봉석은 그런 일을 당하고는 가만히 있을 인물이 아니었기 때문입니다.

그래서 그들은 "저 친구, 오늘 장례 치르는 날이겠구먼!" 하고 생각했습니다. 그런데 어찌된 일인지, 최권능 목사님은 자기 옷을 털고는 아무 일도 없다는 듯이 태연히 앉아있는 것이었습니다.

옆에서 보고 있던 친구가 하도 신기해서, "괜찮느냐? 어떻게 그렇게 참고 넘어가느냐?"라고 물었습니다. 그랬더니, 최권능 목사님은 "이전의 최봉석이는 다 죽었다네. 지금 살아 있는 것은 전도하는 최권능이야"라고 말했다고 합니다.

또 한 가지 더 이야기를 할게요.

고구마 전도왕 김기동 목사님을 아시지요? 지금은 목사가 되었지만, 집사 시절, 전도 집회 간증을 하면서 이런 이야기를 했습니다.

어느 날 아침에 출근을 하는데 뒤에서 차가 와서 쾅 박더랍니다. 그래서 김기동 집사님이 차에서 내려서 사고 낸 사람을 보았는데, 그 사람이 얼굴이 새파랗게 질려 있더래요. 그래서 김기동 집사님이 이렇게 말을 했다고 합니다. "할렐루야!"

그랬더니 그 사람이 갑자기 당황을 하더래요. 교회도 아니고, 자동차 사고를 낸 사람에게 "할렐루야!"를 외치다니요. 그러면서 김기동 집사님이 말하기를, "범퍼는 박으라고 있는 게 범퍼 아닙니까? 너무 걱정하지 마세요"라고 말했다고 합니다.

그러면서 말하기를, "우리 형제님, 내가 어느 교회 집사인데, 이번 주일에 교회 온다는 약속만 하면 사고난 것은 내 돈으로 처리할게요."

그랬더니 이 사람이 안심을 하고 교회에 오겠다고 하더랍니다. 그래서 그날 전도를 했다는 거예요.

이것이 우리가 선행을 해야 하는 이유입니다.

예수님 믿는 우리 그리스도인들이 육체의 정욕을 제어하고 선행을 하면, 불신자들은 그리스도인들의 선행을 보고 비로소 정신을 차리고 깨닫게 되며 하나님 앞에 돌아오게 됩니다. 결국 하나님께 영광을 돌리게 되는 것입니다. 교회는 끊임없이 선행을 통해 전도를 해야 합니다. 그래서 예수님께서 말씀하셨습니다.

마태복음 5장 16절을 보세요.

[16] 이같이 너희 빛이 사람 앞에 비치게 하여 그들로 너희 착한 행실을 보고 하늘에 계신 너희 아버지께 영광을 돌리게 하라

사랑하는 성도 여러분! 우리는 이 땅을 살며 고난과 핍박, 그리고 억울한 일을 당할 때가 있습니다. 그러나 기억하십시오. 이 땅이 우리 그리스도인들이 영원히 머물 장소가 아닙니다. 우리는 '거류민과 나그네' 입니다. 길어야 100년 정도의 짧은 이 땅의 삶을 마치고 나면, 영원한 복락의 세계인 우리의 본향 천국에서 거하게 될 것입니다.

우리는 잠시 거쳐가는 이 땅에 살면서, 영원한 복락의 세계를 준비하며 살아야 할 것입니다. 그것은 육체의 정욕과 끊임없이 싸우고, 선행을 통해 불신자들을 주님께로 인도해야 합니다. 그렇게 할 때 우리는 하늘의 스타가 될 것입니다.

다니엘서 12장 3절 말씀보세요.

[3] 지혜 있는 자는 궁창의 빛과 같이 빛날 것이요 많은 사람을 옳을 데로 돌아오게 한자는 별과 같이 영원토록 빛나리라

장차 우리에게 주어질 영광스러운 천국을 바라보며, 이 땅에서 '거류민과 나그네' 의 삶을 살며 승리하기를 축원합니다.

<2020년 11월 8일 주일 낮 대예배 설교>

Chapter 10

위정자에게 순종하라! (벧전 2:13-17)

13 인간의 모든 제도를 주를 위하여 순종하되 혹은 위에 있는 왕이나
14 혹은 그가 악행하는 자를 징벌하고 선행하는 자를 포상하기 위하여 보낸 총독에게 하라
15 곧 선행으로 어리석은 사람들의 무식한 말을 막으시는 것이라
16 너희는 자유가 있으나 그 자유로 악을 가리는 데 쓰지 말고 오직 하나님의 종과 같이 하라
17 뭇 사람을 공경하며 형제를 사랑하며 하나님을 두려워하며 왕을 존대하라

오늘도 복된 주일입니다. 우리는 주일 낮 예배시간을 통해 베드로전서 강해를 1장부터 차례대로 듣고 있습니다. 베드로전서 강해를 들을 때 성령의 감동과 은혜를 경험하려면, 베드로전서를 기록한 목적을 염두에 두고 들어야 한다고 말씀을 드렸습니다.

베드로전서의 기록목적이 무엇입니까? 고난과 박해에 직면한 1세기에 소아시아에 흩어진 그리스도인들에게 격려와 소망을 주기 위해서 기록한 것임을 이미 말씀드렸습니다.

고난과 핍박이 다가올 때, 그리스도인들은 어떻게 살아야하는가?

그리스도인들의 개인생활은 거룩하게 살고, 사랑하며 살고, 영적 성장을 지속적으로 이루며 살아야 한다는 말씀을 들었습니다.

그렇다면 그리스도인의 사회생활은 어떠해야 합니까?

베드로전서에서 우리 그리스도인들을 '거류민과 나그네' 라고 묘사하고 있습니다. 우리 그리스도인들의 본향은 이 세상이 아니고 영원한 천국입니다. 이 세상, 이 땅은 우리가 잠시 머무르고 있는 곳일 뿐입니다. 그러나 우리가 주님 재림 때까지는 잠정적으로 이 땅에 거할 수밖에 없습니다. 잠시지만, 이 땅의 국가에 소속되어야 하고, 이 땅의 직장에 소속되어야 하고, 이 땅에서 가정에 소속되어 살아야 합니다.

그러므로 그리스도인은 이 땅 이 사회에 소속되어 있는 동안, 사회의 일원으로서 책임을 다하여야 합니다. 책임을 다하지 못할 때, 하나님께 욕을 돌리게 되고, 바른 신앙생활은 할 수 없게 됩니다.

오늘은 우리가 국가의 일원인 국민으로서, 어떻게 해야 그리스도인답게 살 수 있는지를 살펴보겠습니다. '위정자에게 순종하라' 라는 제목으로 말씀을 전하려고 합니다.

오늘 제목을 들으면 거부반응이 오는 분들도 계실 것입니다. 어떤 경우에 거부반응이 올까요? 현 정권이 내 마음에 들지 않을 때, 거부반응이 오게 됩니다. 하나님께서 왜 '위정자에게 순종하라' 는 말씀을 하셨는지에 대해, 오늘 말씀을 끝까지 들으면 이해가 될 것입니다.

※ 왜 위정자에게 순종해야 하는가?

첫째, 질서 유지를 위하여 순종해야 한다

하나님께서는 친히 이스라엘 백성들의 왕이 되셔서 그들을 다스리시고 질서를 유지하셨습니다. 하나님께 순종하면 복을 주시고, 불순종하면 벌을 주셨습니다. 그렇게 함으로 질서를 유지하신 것입니다.

그러다가 이스라엘 백성들이 인간 왕을 세워줄 것을 요구하자, 이것이 최선은 아니지만, 하나님께서는 이스라엘 초대 왕으로 사울 왕을 세우도록 허락하셨습니다. 질서를 위해 하나님께서 주권적으로 허락하신 제도입니다. 물론 나중에 사울 왕은 하나님의 뜻을 거역하고 불순종함으로 폐위되었지만, 어쨌든 하나님께서는 국가의 질서를 위해 왕을 세우는 일을 허락하신 것입니다.

고린도전서 14장 33절을 보십시오.

[33] 하나님은 무질서의 하나님이 아니시오 오직 화평의 하나님이시니라

하나님은 질서의 하나님이십니다.

이제 오늘 본문을 봅시다.

베드로전서 2장 13-14절입니다.

[13] 인간의 모든 제도를 주를 위하여 순종하되 혹은 위에 있는 왕이나
[14] 혹은 그가 악행하는 자를 징벌하고 선행하는 자를 포상하기 위하여 보낸 총독에게 하라

'인간의 모든 제도' 에 순종하라고 말씀하십니다. 순종해야 될 인간의 제도에는 어떤 것이 있을까요? 부모(자녀), 직장에서의 직급제도, 교회지도자(교인), 정치적인 권력자(백성), 국회결의, 교육제도, 자치단체의 조직들 등 이 모든 제도에 순종하라고 말씀하십니다.

특별히 13절에서는, '왕' 에게 순종하라고 말씀합니다. 여러분! 베드로가 베드로전서를 기록할 당시의 왕은 누구인가? 악명 높은 로마 황제 네로입니다. 여러분은 하나님의 이 말씀이 이해가 됩니까?

또 14절을 보면, 왕이 세운 '총독' 에게도 순종하라고 말씀합니다. 총독은 왕이 임명해서 어느 지방이나 어느 식민지를 다스리도록 파송한 관원입니다. 당시 총독들은 교회 박해자들이었습니다. 그런데 왜 순종하라고 했을까요?

14절을 보면, 이런 위정자들이 하는 일은 '악행하는 범법자를 징벌' 하고, '선행자를 포상' 하는 직무를 수행했습니다. 그러므로 질서의 하나님께서는 그리스도인들에게 위정자들에게 순종함으로 질서가 유지되기를 원하신 것입니다.

뿐만 아니라, 모든 권세와 권위는 '하나님으로부터' 나왔다고 성경은 가르칩니다.

로마서 13장 1절에 보세요.

[1] 각 사람은 위에 있는 권세들에게 복종하라 권세는 하나님으로부터 나지 않음이 없나니 모든 권세는 다 하나님께서 정하신 바라

이 말씀에 의하면, 인간의 정부는 하나님의 주권 아래에서, 하나님의 허락 가운데 세워진 것입니다. 그러므로 위정자들이 독재자나 전제군주라 할지라도, 성도는 질서유지를 위해 세운 위정자들에게 순종해야 한다고 말씀하신 것입니다.

여러분! 이해하기 쉽지 않지요? 조금만 더 들어보십시오. 베드로가 베드로전서를 쓸 당시에 기독교인들은 어떤 태도로 처신하는 것이 하나님의 뜻인지 혼란스러웠습니다. 박해에 직면하여 사방에 흩어져 있던 그리스도인들은 두 가지 중 한 가지의 태도를 취했습니다. ① 신앙을 버리고 배교하거나, ② 국가에 저항하는 태도를 취했습니다.

어떤 태도로 살아가는 것이 하나님의 뜻인지 혼란스러워하는 그리스도인들에게, 하나님께서는 베드로를 통해 오늘 우리에게 이렇게 가르쳐주고 계시는 것입니다. 성도는 하늘나라 시민이지만, 동시에 국민의 한 사람이므로 국민으로서 지켜야 할 의무에 충실할 것을 권면하는 것입니다. 그리스도인은 근본 하나님 나라의 시민이지만, 이 세상에서 거류하는 동안 국가의 시민으로 협조해야 합니다. (복종이 아니라 협조)

예를 들면, 교회는 코로나 바이러스 확산을 막기 위해 방역, 검역, 마스크를 잘 써야 하고, 소그룹으로 모여 식사하지 말아야 하는 등 우리는 최선을 다해 국가의 제도에 협조해야 합니다.

성도들은 결코 무정부주의자가 아닙니다. 또한, 국가권력에 아부하는 자도 아닙니다. 만약 박해가 오면 성도들은 박해를 감수하며 신앙을 지켜나가야 합니다. 심판의 날을 기다리며, 한 국가의 국민으로서 지켜야 할 의무에 충실해야 합니다.

하나님께서는 세상 권력에 순종할 것을 권면하십니다. 하나님께서 악한 나라와 권력을 방치하시는 것은 분명 하나님의 섭리와 뜻이 있기 때문일 것입니다. 그리스도인들은 폭력으로 항거해서는 안 됩니다. 하나님께 기도함으로 하나님께서 그들에게 필요한 조치를 해주실 것을 바라야 합니다. 그리스도인들은 먼저 권위에 순종하고, 의무를 다함으로 복음전파의 방해를 받지 말아야 합니다. 복음전파의 사명을 잘 감당해야 합니다.

그렇다면, '권세자가 예수님을 믿지 말라고 하거나, 하나님을 거역하는 명령을 할 때도 순종해야 하는가?' 라는 질문이 생깁니다. 그래서 왜 위정자에게 순종해야 하는가? 두 번째 이유를 살펴보려고 합니다.

둘째, 주를 위하여 순종해야 한다

베드로전서 2장 13절을 보세요.

[13] 인간의 모든 제도를 주를 위하여 순종하되 혹은 위에 있는 왕이나

우리가 위정자들에게 순종하는 이유는, '주를 위하여', 즉 주님 때문에 순종하는 것입니다. 우리가 위정자들에게 순종하는 이유는, 하나님께서 질서의 하나님이시기 때문입니다. 우리는 하나님을 위하여 질서를 세우고 위정자들에게 순종하는 것입니다. 그리고 우리가 순종하는 중요한 이유는 이 권세자들(위정자들)을 세우신 분이 하나님이시기 때문입니다.

그렇다면, 이 위정자들을 하나님께서 왜 세우셨을까요? 악행하는 자를 징벌하고, 선행하는 자를 포상함으로 이 땅에 정의로운 사회를 구현하기 위함입니다.

그런데 그 위정자들이 하나님의 뜻을 거역하고, 하나님의 명령에 정면 대치될 때는 어떻게 해야 할까요? 위정자의 명령이 하나님의 명령에 대한 불순종이 될 때에는 더 높은 권위이신 하나님께 순종해야 합니다. 이것이 권위에 대한 순종의 원리입니다. 더 높은 권위에 순종해야 합니다.

만약 권세자가 우리에게 "예배드리지 말라, 전도하지 말라, 찬양하지 말라"고 명령한다면 어떻게 해야 할까요? 하나님을 대항하는 명령을 들을 수 없는 것입니다. 물론 코로나를 주의해야 하지만, 하나님의 명령에 반대되는 명령은 들을 수 없다는 것입니다.

사도행전을 보면, 권력자들이 "전도하지 말라"고 했을 때, 베드로는 이렇게 말했습니다.

사도행전 4장 19절을 보세요.

[19] 베드로와 요한이 대답하여 이르되 하나님 앞에서 너희 말을 듣는 것이 하나님의 말씀을 듣는 것보다 옳은가 판단하라

우리가 위정자들에게 순종하는 것은 '주를 위해서' 입니다. 우리가 질서를 유지하려고 순종하는 것도 주님을 위해서입니다. 그러나 위정자가 하나님의 뜻에 반대되는 행동을 요구할 때는, 사람에게보다 하나님에게 순종해야 합니다. 비록 불순종에 대한 형벌이 가해진다 할지라도, 성도들은 그것을 인내해야 합니다.

코로나로 인해 우리는 교회 식사 금지, 소그룹 모임 금지, 심지어 교회당 예배를 금지하고 온라인으로 예배를 드렸습니다. 이것은 위정자들에 대한 순종이라기보다는 사회의 질서와 안녕을 위한 협조입니다. 그러나 만일 정부(권력자)가 계속 예배를 드리지 말라고 한다면, 그것은 거절하는 것이 하나님께 순종하는 것입니다. 또 하나님을 거역하는 법(낙태, 동성애 등)을 제정하는 것도 그리스도인들은 반대해야 합니다. 국회의원들과 정치인들에게도 끊임없이 이야기해야 합니다. 그리고 우리가 정말 구원받은 하나님의 자녀라면, 신앙의 양심을 갖고 그들을 선거 때 뽑지 말아야 합니다.

내가 어제 어느 목사님께 들은 얘기입니다. 치과 의사가 환자를 치료했는데 그 환자가 코로나 양성이었다고 합니다. 그래서 치과병원에 의사부터 전수검사 했는데 치과병원에 의사와 간호사들은 한사람도 양성인 사람은 없었답니다. 왜 그럴까요? 마스크 때문입니다. 또 이런 얘기도 있었습니다. 누가 온 몸에 침을 놓았는데, 침을 놓는 사람이 양성이었다고 합니다. 그 사람은 마스크를 안 꼈는데 침 맞은 사람은 코로나가 안 걸렸대요. 왜 그랬을까요? 마스크를 꼈대요. 지금 마스크가 참 중요한 것 같아요. 그러니 우리가 마스크를 끼고 예배드리고, 같이 대면해서 식사하지 않으면 코로나에 걸릴 이유가 없는 것입니다. 그러니 예배를 중요시 여겨야 합니다.

왜 위정자들에게 순종해야 하는가? 세 번째 이유를 살펴봅시다.

셋째, 비방을 막기 위하여 순종해야 한다

베드로전서 2장 15절을 보십시오.

[15] 곧 선행으로 어리석은 사람들의 무식한 말을 막으시는 것이라

여기 '어리석은 사람들' 은 하나님을 부인하는 영적으로 무지한 사람들입니다. 이들은 당시 그리스도인들을 근거 없이 비방했습니다. '기독교인들은 다른 왕을 섬긴다', '저들은 반역파당이다', '저들은 사회를 파괴하려는 자들이다', '저들은 정부를 전복시키려 한다', '저들은 어린 아기들을 잡아먹는다(성찬식)' 라며 성도들은 끊임없이 이런 어리석은 자들의 무지에 의해 공격을 받았습니다.

그들의 공격에 대항하는 최선의 방법은 성도들의 거룩한 삶과 선행이었습니다. 여기 '어리석은 사람들' 은 지난주 말씀에서 살펴보았던 '악행한다고 비방하는 자들' 을 가리킵니다.

2장 12절을 보세요.

[12] 너희가 이방인 중에서 행실을 선하게 가져 너희를 악행한다고 비방하는 자들로 하여금 너희 선한 일을 보고 오시는 날에 하나님께 영광을 돌리게 하려 함이라

'악행한다고 비방하는 자들'은 바로 '어리석은 사람들'을 가리키는 것입니다.

이 무지한 자들의 비방을 막는 방법은 선행입니다. 국가를 전복하는 자가 아니라, 그리스도인은 위정자에게 순종하고, 질서를 세우는 자라는 것을 보여주어야 합니다. 위정자에게 순종해야 하는 이유 중 하나는 비방을 막기 위해서입니다.

베드로전서 2장 16절도 보세요.

[16] 너희는 자유가 있으나 그 자유로 악을 가리는 데 쓰지 말고 오직 하나님의 종과 같이 하라

그리스도인들은 자유를 얻은 자입니다. 자유를 얻었으니 권력자나 위정자에게 반항하라는 말이 아닙니다. 그리스도인의 자유는 그러한 자유가 아닙니다. 영적인 자유입니다. 죄로부터의 자유, 율법으로부터의 자유,(우리는 완전한 행위로 구원받은 것이 아닙니다.) 사망 권세로부터의 자유를 얻었습니다.

그러나 그리스도인은 이 자유를 방종의 구실로 삼아서는 안 됩니다. 그리스도인은 주어진 자유를 악을 위해 쓰지 말고, '하나님의 종'으로 하나님께서 원하시는 일을 하는데 사용할 것을 가르쳐 주시는 것입니

다. 그리스도인은 국가 권위의 노예나 종이 아니고, 하나님의 종으로서 하나님의 뜻을 따라 위정자에게 순종해야 합니다. 우리의 이 선행을 보고 그리스도인들을 비방하는 자들의 비방을 막고 하나님 나라가 확장될 것입니다.

갈라디아서 5장 13절을 보세요.

[13] 형제들아 너희가 자유를 위하여 부르심을 입었으나 그러나 그 자유로 육체의 기회를 삼지 말고 오직 사랑으로 서로 종노릇하라

우리 그리스도인들은 죄, 율법으로부터 자유를 얻은 자입니다. 그러나 이 자유로, 자발적으로 오직 사랑으로 종노릇해야 합니다. 그리스도인들은 자유를 얻은 자이지만, 하나님의 종과 같이 사랑으로 종노릇하면서 섬겨야 합니다. 그렇게 할 때, 복음이 효율적으로 전해지고 하나님 나라가 이 땅에 이루어집니다.

그러면 구체적으로 누구를 섬기며, 어떻게 섬겨야 할까요?

베드로전서 2장 17절을 보세요.

[17] 뭇 사람을 공경하며 형제를 사랑하며 하나님을 두려워하며 왕을 존대하라

우리는 '뭇사람', '형제', '하나님', '왕'을 섬겨야 합니다.

어떻게 섬겨야 할까요?

① **뭇사람을 공경하라** – 여기 뭇사람은 신자, 불신자, 친구, 원수를 막론하고 모든 사람에 대해 공경심을 가지라는 것입니다. 불신자라고 할지라도, 그들 또한 하나님의 창조물이므로 차별 없이 사랑받는 존재로서의 가치를 인정하고 공경심을 품어야 합니다.

② **형제를 사랑하라** – '형제'는 예수님 믿는 신자를 가리킵니다. 특별히 그리스도 안에서 한 몸이 된 형제에 대해서는 더욱 돈독한 사랑을 나누어야 합니다.

③ **하나님을 두려워하라** – 성도는 하나님의 종이요, 자녀로서 하나님을 신뢰하고 사랑함으로 경외해야 합니다.

④ **왕을 존대하라** – 하나님처럼 두려워할 필요는 없지만, 하나님의 주권 가운데 세워진 권세자이므로, 위정자를 함부로 대하지 말고 존대해야 합니다.

이것이 그리스도인들이 국가 위정자들을 대하는 태도입니다.

사랑하는 성도 여러분! 우리는 질서유지를 위해 하나님께서 세우신 위정자들에게 순종하되, 주님을 위하여 순종하십시오. 또한 하나님을 알지 못하는 자들의 비방을 막기 위해 권위에 순종하고 선행을 함으로써 이 땅에 하나님 나라를 이루어가는 선한 영향력을 발휘하는 여러분 모두 되시기를 축원합니다.

<2020년 11월 15일 주일 낮 대예배 설교>

Chapter 11

고용주에게 순종하라! (벧전 2:18-25)

18 사환들아 범사에 두려워함으로 주인들에게 순종하되 선하고 관용하
는 자들에게만 아니라 또한 까다로운 자들에게도 그리하라
19 부당하게 고난을 받아도 하나님을 생각함으로 슬픔을 참으면 이는 아
름다우나
20 죄가 있어 매를 맞고 참으면 무슨 칭찬이 있으리요 그러나 선을 행함
으로 고난을 받고 참으면 이는 하나님 앞에 아름다우니라
21 이를 위하여 너희가 부르심을 받았으니 그리스도도 너희를 위하여 고
난을 받으사 너희에게 본을 끼쳐 그 자취를 따라오게 하려 하셨느니라
22 그는 죄를 범하지 아니하시고 그 입에 거짓도 없으시며
23 욕을 당하시되 맞대어 욕하지 아니하시고 고난을 당하시되 위협하지
아니하시고 오직 공의로 심판하시는 이에게 부탁하시며
24 친히 나무에 달려 그 몸으로 우리 죄를 담당하셨으니 이는 우리로 죄
에 대하여 죽고 의에 대하여 살게 하려 하심이라 그가 채찍에 맞음으
로 너희는 나음을 얻었나니25 너희가 전에는 양과 같이 길을 잃었더
니 이제는 너희 영혼의 목자와 감독 되신 이에게 돌아왔느니라

베드로전서 강해를 계속하려고 합니다. 오늘 본문을 강해하면서 먼저 고대 로마시대에 노예(종)에 대한 이해를 할 필요가 있습니다. 역사가들의 기록에 의하면, 그 당시 노예들의 비율이 인구의 25%~40%였

을 것이라고 추정합니다.

그러면 노예가 어떻게 생기게 되었을까요? 여러 가지 경로로 노예가 됩니다. 전쟁에서 지면 잡혀가 노예가 됩니다. 또 노예 자식들은 자동적으로 주인의 노예가 됩니다. 또 버려진 아이들이 노예로 양육되기도 합니다. 심지어는 빚을 해결하기 위해 자신을 노예로 팔기도 합니다. 당시 노예들은 주인의 재산이었고, 인격을 갖지 못한 물건이었습니다. 법률상의 권리도 전혀 없었습니다.

본문 **베드로전서 2장 18절**을 보세요.

[18] 사환들아 범사에 두려워함으로 주인들에게 순종하되…

여기 '사환들' 은 노예(종)를 가리킵니다. 그런데 신약성경에 여러 번 언급되는 종(헬, 둘로스) 과는 약간 다른 부류의 노예(종)를 가리킵니다. '사환들' 은 헬라어로 '오이케타이' 입니다. '둘로스' 와는 다른 단어입니다. 사환들(오이케타이)은 주인의 가정에 고용되어 주로 가사를 돌보는 종들을 가리킵니다. 재봉사, 요리사, 가정교사, 음악선생, 비서 등이 있습니다. 어쨌든 둘로스든 오이케타이든 다 주인에게 예속된 노예(종)들입니다. 베드로가 베드로서를 통해 종들이 주인에게 순종하라고 가르친 것을 보면, 초대 그리스도인들 가운데 많은 사람들이 종의 신분에 있었음을 보여줍니다.

오늘 우리가 다루는 본문은 현대 직장인들의 직장 윤리를 이야기할 때 흔히 적용하는 본문이기도 합니다. 그러나 엄격히 말하면, 고대 노예들과 현대 직장인들은 근로환경이 다릅니다. 그러므로 오늘 본문을 현대 직장 윤리에 적용하는 것은 무리가 있지만, 성경이 가르치는 근본원리는 예나 지금이나 같다고 할 수 있습니다.

다시 **베드로전서 2장 18절**을 보세요.

[18] 사환들아 범사에 두려워함으로 주인들에게 순종하되 선하고 관용하는 자들에게만 아니라 또한 까다로운 자들에게도 그리하라

베드로는 종들이 주인에게 순종하라고 하면서 '까다로운 자들'에게도 순종하라고 합니다. 까다로운 자는 어떤 자일까요? 성품이 좋지 않고 종들에게 함부로 대하는 자입니다.

여러분! 관용으로 대하는 주인에게는 순종할 수 있지만, 부당하게 대우하고, 갑질하고, 사람 무시하고, 가혹하게 대하는 고용주에게도 순종할 수 있나요? 성경은 까다로운 주인에게도 순종하라고 말씀하고 있습니다.

오늘은 <고용주에게 순종하라>는 제목으로 말씀을 전하려고 합니다.

※ 왜 까다로운 고용주에게도 순종해야 하는가?

첫째, 하나님을 생각함으로 받는 고난은 아름답기 때문이다

2장 18절을 다시 봅시다.

[18] 사환들아 범사에 두려워함으로 주인들에게 순종하되 선하고 관용하는 자들에게만 아니라 또한 까다로운 자들에게도 그리하라

베드로는 사환들(종들)이 주인들(고용주)에게 전적으로 두려워함으로 순종하라고 말합니다. 여기 '두려워함' 이라는 단어는 하나님을 경외하라는 것과 같은 의미입니다. 그러므로 그리스도인들은 일할 때, 하나님을 경외하는 마음으로 고용주의 권위를 인정하고 순종하라는 말입니다.

오늘 이 시대의 직장인들에게는 도저히 납득이 안 되는 말입니다. 더군다나 '까다로운 자들', 직원들을 학대하고 이용해먹는 고용주에게 하나님을 두려워하듯이 순종하라는 말이 쉽게 이해되지 않습니다. 그런데 왜 성경은 이렇게 가르칠까요? 그 이유를 살펴봅시다.

베드로전서 2장 19절을 보세요.

[19] 부당하게 고난을 받아도 하나님을 생각함으로 슬픔을 참으면 이는 아름다우나

부당한 고용주에게 학대를 받으면서도, 내가 그리스도인이기 때문에 하나님을 의식하고, 내게 맡겨진 일에 책임을 다할 때, 이것은 아름답다는 말입니다. 그리스도인들이 고용주를 섬기고 순종하는 이유는, 그들의 인격이 훌륭해서 존경하는 것이 아니고, 그리스도인들은 하나님을 공경하고 경외하는 자들이기 때문에 하나님을 생각함으로써 책임을 다한다는 말입니다.

여기 '하나님을 생각함으로' 라는 말은 하나님께서 나의 고난과 슬픔을 다 보고 계시고, 다 판단하고 계시다고 생각하기 때문에 참으라는 말입니다. 그리스도인 직장인들은 엄격히 말해 사람의 종이 아닙니다. 하나님의 종이요, 자녀입니다. 그러므로 경제적으로 좀 어렵다고 해서 돈 많은 고용주를 부러워할 필요가 없습니다. 오히려 내가 하나님의 자녀라는 긍지를 가지고 당당하게 직장 생활을 해야 합니다. 그리고 직장에서도 본을 보이면서 복음을 전하며 전도자의 삶을 살아야 합니다.

우리가 꼭 기억해야 할 것은, 우리는 이 땅이 영원한 고향이 아니라는 것입니다. 우리의 본향은 하나님 아버지 계신 영원한 천국입니다. 우리는 이 땅에서 잠시 거주하는 거류민이요, 나그네라는 사실을 한시도 잊지 말아야 합니다.

물론 고대 로마시대의 종들은 자기 마음대로 주인을 바꿀 수 없으므로, 그대로 순종하면서 그리스도인의 향기를 나타내야 했습니다. 그러나 이것을 현대 직장인들에게 적용한다면, 고용주가 너무 까다롭고 학대하며 부당한 대우를 할 때, 그리스도인으로 품위를 지키면서 정당한 요구를 제안할 수 있다고 생각합니다. 만일 정당한 제안이 받아들여지지 않는다면, 나에게 맞는 직장으로 옮길 수 있습니다. 그것은 잘못이 아니고, 내가 선택할 수 있는 권리라고 생각합니다.

중요한 것은 그리스도인들은 이 땅을 살며 직장 생활을 할 때, 늘 하나님을 의식하고, 하나님의 영광을 가리지 않도록, 세상 사람들에게 영향을 끼치는 삶을 살아야 한다는 것입니다. 하나님을 생각함으로 까다로운 고용주에게 고난을 받고, 슬픔을 당하면서도 참으면, 그 고난은 아름답다는 것입니다.

여기 '아름다움' 이라는 헬라어가 '카리스(χάρις)' 라는 단어로 기록되어 있습니다. '카리스' 는 '은혜' 라는 뜻입니다. 즉 베드로전서 2장 19절의 뜻은 이런 것입니다. "그리스도인이 직장생활하면서 고용주에게 애매히 고난을 받으면서도 하나님을 생각하고 참으면, 하나님께서 그 사람에게 하나님의 은혜로 갚아주신다"는 말입니다. 하나님의 은혜가 보장된다는 말입니다.

그러나 반대로 **베드로전서 2장 20절**을 보십시오.

[20] 죄가 있어 매를 맞고 참으면 무슨 칭찬이 있으리요 그러나 선을 행함으로 고난을 받고 참으면 이는 하나님 앞에 아름다우니라

만약 회사에서 공금을 가로채고, 고용주를 속여 물건을 빼돌리고, 눈속임으로 내 이득을 챙기다가 회사에서 징계를 받게 된다면, 그 징계는 당연한 벌이고, 칭찬받을 것이 없다는 것입니다. 19절에 이어 20절 뒷부분도, '선을 행함으로 고난을 받고 참으면 이는 하나님 앞에 아름다우니라' 고 다시 강조합니다.

성경의 인물을 예로 들어보면, 창세기에 나오는 야곱의 아들 요셉을 볼 수 있습니다. 그는 형들의 시기로 애굽의 시위대장 보디발의 집에 종으로 팔려갔습니다. 그런데 그는 하나님께서 함께 하심으로 형통

한 자가 되었습니다.

창세기 39장 2절을 보세요.

[2] 여호와께서 요셉과 함께 하시므로 그가 형통한 자가 되어 그의 주인 애굽 사람의 집에 있으니

주인 보디발이 종 요셉을 보면서, 요셉이 하나님을 믿는 사람으로 자기 책임을 다하는 모습을 보고, 그를 가정총무로 삼습니다.

39장 4절을 보세요.

[4] 요셉이 그의 주인에게 은혜를 입어 섬기매 그가 요셉을 가정 총무로 삼고 자기의 소유를 다 그의 손에 위탁하니

하나님께서는 고용주에게 순종하는 자에게 은혜를 베푸신다는 말씀이 요셉에게 이루어진 것입니다. 요셉은 그 후에 보디발의 아내에게 성적인 유혹을 받습니다. 그러나 그는 '하나님 앞에서 죄를 지을 수 없다' 고 거절했고, 억울하게 누명을 쓰고 감옥에 가게 되었습니다. 감옥에서도 하나님께서는 요셉과 함께 하심으로, 요셉은 감옥에서도 총무가 되었고 형통의 은혜를 입었습니다.

39장 23절을 봅시다.

[23] 간수장은 그의 손에 맡긴 것을 무엇이든지 살펴보지 아니하였으니 이는 여호와께서 요셉과 함께 하심이라 여호와께서 그를 범사에 형통하게 하셨더라

그러다가 감옥에 술 맡은 관원장과 떡 굽는 관원장 2명이 들어오게 됩니다. 요셉은 그들의 꿈을 해석해 주었는데, 그것을 계기로 요셉은 왕의 꿈을 해석하게 되었고 결국 애굽의 2인자인 총리 대신이 되었습니다. 종으로서 주인에게 순종했더니, 하나님께서는 요셉에게 계속 은혜로 보상해 주신 것입니다.

여러분! 직장 생활은 사장을 위해서만 하는 것이 아닙니다. 우리 그리스도인들은 하나님 앞에서 직장도 소명으로 받아들여야 합니다. 내 일터를 통해 하나님께 영광 돌리고, 하나님의 나라를 이루는 현장이 되게 해야 합니다. 그러기 위해서는 두렵고 떨리는 마음으로 고용주의 권위를 인정하고, 내게 주어진 책임을 성실하게 감당해야 합니다.

그래서 사도 바울도 골로새 교회에 보낸 편지에서 이렇게 말합니다.
골로새서 3장 22절을 보세요.

[22] 종들아 모든 일에 육신의 상전들에게 순종하되 사람을 기쁘게 하는 자와 같이 눈가림만 하지 말고 오직 주를 두려워하여 성실한 마음으로 하라

그다음 **3장 23절**을 보세요.

[23] 무슨 일을 하든지 마음을 다하여 주께 하듯 하고 사람에게 하듯 하지 말라

그다음 **3장 24절**을 보세요.

[24] 이는 기업의 상을 주께 받을 줄 아나니 너희는 주 그리스도를 섬기느니라

베드로가 사환들에게, 주인에게 순종하라고 했다고 하여 노예제도가 옳다고 인정한 것은 아닙니다. 단지 복음 전파가 방해받지 않도록, 어떤 일을 하든지 하나님께 하듯 성심성의껏 할 것을 권면한 것입니다. 만일 고용주가 하나님의 뜻에 어긋나는 일을 시킬 때는 거절해야 합니다. 그러나 거절할 때도 정중하게, 예의를 갖추어서, 하나님을 향한 의무를 나타내야 합니다.

오랫동안 중소기업 진흥공단에서 직장선교회를 인도한 적이 있습니다. 기독교인들이 일주일에 한번 모여서 점심시간에 예배를 드리는 모임에 설교를 했습니다. 그때에 중소기업 진흥공단 이사장이 큰 차를 샀습니다. 이사장이 차를 산 후 고사를 지내자고 하였는데, 직장선교회 회장이 거절하였다고 합니다.

그는 말하기를 "이사장님. 저는 기독교인이기 때문에 고사를 지낼 수 없습니다. 저는 빼주시고 다만 자동차가 잘 운행되도록 하나님께 기도하겠습니다."라고 했다고 합니다.

직장 상사가 하나님을 거역하는 일을 명령할 때에, 우리는 거절할 수 있는 용기도 필요한 것입니다.

왜 까다로운 고용주에게도 순종해야 될까요?

둘째, 그리스도께서 부당한 고난을 인내하는 모범을 보이셨기 때문이다

그리스도인들이 부당한 고난을 참을 것을 권하면서, 그 본으로서 예수님의 고난을 이야기하고 있습니다.

베드로전서 2장 21절을 보십시오.

[21] 이를 위하여 너희가 부르심을 받았으니 그리스도도 너희를 위하여 고난을 받으사 너희에게 본을 끼쳐 그 자취를 따라오게 하려 하셨느니라

'이를 위하여 너희가 부르심을 받았으니' 라고 합니다. 여러분이 하나님의 부르심을 받고 하나님 자녀가 되어 이렇게 예배드리고 있습니다. 하나님의 부르심을 받지 않은 자는 하나님 앞에 나올 수 없습니다.

그러면, 부르심을 받은 목적이 무엇일까요? 물론 구원받아 천국가기 위함입니다. 그런데 부르심의 목적이 천국가게 하는 것이 전부가 아니고, 오늘 본문은 '이를 위하여' 부르심을 받았다고 합니다. 비록 종으로 부당한 대우를 받고 고난을 받을지라도, 참고 선을 행하도록 부름을 받았다는 말입니다. 결국 우리 그리스도인들은 세상에서 억울한 일을 당해도 하나님의 영광을 위해서 살아야 한다는 말입니다. 하나님을 영화롭게 하기 위해서, 그리스도인들은 그리스도의 고난의 발자취를 따라가야 합니다. 예수님께서도 고난의 본을 보이시고, 우리가 그 자취를 따라오게 하셨습니다.

주님께서 당하신 억울하고 부당한 고난의 모습을 한번 볼까요?

베드로전서 2장 22절입니다.

[22] 그는 죄를 범하지 아니하시고 그 입에 거짓도 없으시며

우리 예수님은 완전한 인격을 가지신 분입니다. '죄'와 '거짓'이 전혀 없습니다. 원죄와 자범죄도 없습니다. 그러나 우리는 태어날 때부터 원죄를 가지고 태어났고, 살면서 무수히 많은 자범죄를 지으며 살고 있습니다. 그러므로 우리는 무고히 핍박을 당한다고 해도, 죄 없으신 예수님께서 부당하게 당하신 고난을 생각하면, 모든 것을 견딜 수 있습니다.

2장 23절을 한번 보십시오.

[23] 욕을 당하시되 맞대어 욕하지 아니하시고 고난을 당하시되 위협하지 아니하시고 오직 공의로 심판하시는 이에게 부탁하시며

예수님은 법정에서 고문당하고 온갖 거짓 송사를 받으셨지만, 저항하지 않으시고 침묵하셨습니다. 그들을 미워하고 이를 갈 수 있는 상황에서, 도리어 자기를 학대한 자들에 대한 하나님의 용서를 전하면서 의로우신 하나님, 공의의 하나님께 모든 것을 맡기셨고, 자신이 복수하지 않으셨습니다.

로마서 12장 19절을 보세요.

[19] 내 사랑하는 자들아 너희가 친히 원수를 갚지 말고 하나님의 진노

하심에 맡기라 기록되었으되 원수 갚은 것은 내게 있으니 내가 갚으리라고 주께서 말씀하시니라

또 로마서 12장 21절에 보세요.

[21] 악에게 지지 말고 선으로 악을 이기라

그러므로 우리 그리스도인들은 세상을 살며 부당한 취급을 받을지라도, 그리스도의 고난을 생각하며 끝까지 선으로 악을 이기는 자가 되어야 합니다.

다시 본문으로 돌아갑시다.

베드로전서 2장 24절을 보세요.

[24] 친히 나무에 달려 그 몸으로 우리 죄를 담당하셨으니 이는 우리로 죄에 대하여 죽고 의에 대하여 살게 하려 하심이라 그가 채찍에 맞음으로 너희는 나음을 얻었나니

예수님께서 죄가 없으신 분이심에도 불구하고 부당한 고난을 당하면서도 침묵하신 것은 자신을 위해서가 아니라, 우리를 위해서였습니다. 바로 우리 죄를 대신 담당하시기 위함입니다. 불의한 우리를 위해 의로우신 예수님께서, 우리를 대신해 십자가에 죽으심으로 우리의 죄 문제가 다 해결되었고, 우리는 하나님 앞에 법적으로 의로운 존재가 된 것입니다.

여기서 '죄에 대하여 죽고 의에 대하여 살게 하려 하심'에 대해 좀 더 설명하겠습니다.

'죄에 대하여 죽었다' - 예수님께서 십자가에서 우리 죄를 대신 담당하고 처벌받으셨습니다. 우리가 예수님을 나의 구주로 영접하는 순간, 우리의 죄는 예수님께서 다 짊어지시고 처벌받으심으로 우리는 더 이상 죄인이 아니라, 구원받은 하나님의 자녀가 되었다는 말입니다. 이제 죄와는 상관없는 존재가 되었다는 말입니다.

'의에 대하여 살게 하려 하심' - 예수님의 십자가 죽으심으로 예수님 믿는 그리스도인들은 법정적으로 '의인'이 되었을 뿐만 아니라, 실제로 죄악 생활에서 떠나 의의 생활로 나아가는 자가 되어야 한다는 것입니다. 그러므로 우리 그리스도인들은 이 세상을 살면서 억울하고 부당한 고난을 당할지라도, 세상 사람들과 똑같이 복수하고 남을 해치고 살아서는 안 됩니다. 의로운 삶을 살아야 하고, 선을 행하며 살아야 합니다.

이제 마지막 절, **베드로전서 2장 25절**을 봅시다.

[25] 너희가 전에는 양과 같이 길을 잃었더니 이제는 너희 영혼의 목자와 감독 되신 이에게 돌아왔느니라

'전에는'이라는 말은 과거 예수님 믿기 전, 구원받기 전, 죄에 살던 때를 가리키는 말입니다. '이제는'이라는 말은 예수님 믿고 구원받은 지금, 의롭게 사는 때를 가리키는 말입니다.

전에는 길 잃은 양처럼 하나님을 떠나 방황하면서 사탄의 권세 하에서 헤매었지만, 이제는 길을 찾고 사탄의 권세에서 벗어나 목자와 감독되신 그리스도의 품에 돌아와 그의 보호를 받게 된 것입니다.

사랑하는 성도 여러분! 우리 그리스도인들은 이 땅을 살면서 그리스도의 고난을 본받아 까다로운 고용주 밑에서도 책임을 다하므로 하나님의 영광을 나타내야 할 것입니다. 우리 그리스도인들의 선하고 의로운 삶을 통해, 많은 사람들이 깨닫고 주님 앞으로 돌아온다면, 하나님께서는 우리를 통해 영광을 받으실 것이고 우리에게는 장차 영광스러운 상급이 주어질 것입니다.

<2020년 11월 22일 주일 낮 대예배 설교>

Chapter 12
아내와 남편의 의무(벧전 3:1-7)

1 아내들아 이와 같이 자기 남편에게 순종하라 이는 혹 말씀을 순종하지
않는 자라도 말로 말미암지 않고 그 아내의 행실로 말미암아 구원을
받게 하려 함이니
2 너희의 두려워하며 정결한 행실을 봄이라
3 너희의 단장은 머리를 꾸미고 금을 차고 아름다운 옷을 입는 외모로
하지 말고
4 오직 마음에 숨은 사람을 온유하고 안정한 심령의 썩지 아니할 것으로
하라 이는 하나님 앞에 값진 것이니라
5 전에 하나님께 소망을 두었던 거룩한 부녀들도 이와 같이 자기 남편에
게 순종함으로 자기를 단장하였나니
6 사라가 아브라함을 주라 칭하여 순종한 것 같이 너희는 선을 행하고
아무 두려운 일에도 놀라지 아니하면 그의 딸이 된 것이니라
7 남편들아 이와 같이 지식을 따라 너희 아내와 동거하고 그를 더 연약
한 그릇이요 또 생명의 은혜를 함께 이어받을 자로 알아 귀히 여기라
이는 너희 기도가 막히지 아니하게 하려 함이라

베드로전서 강해를 계속하겠습니다. 하나님께서는 베드로를 통해 1세기의 그리스도인들이, 박해 앞에서 어떤 태도로 살아야 하는가에 대해 구체적인 지침을 주고 계십니다.

우리 그리스도인들에게 이 세상(땅)은 영원히 거할 본향이 아닙니다. 우리의 본향은 하나님 아버지 계신 영원한 천국입니다. 우리의 시민권은 천국 시민권입니다. 그러므로 그리스도인들은 이 세상(이 땅)에서 잠시 머무르는 거류민과 나그네입니다. 그러므로 이 땅에 머무는 동안 우리 그리스도인들은 복음을 전해 하나님 나라를 이루어감으로 하나님께 영광 돌려야 할 사명이 있습니다.

그렇다면 잠시 머무르는 동안 이 세상(이 땅)에서 어떻게 살아야 할까요?

개인생활에 있어서는 거룩하게 살고, 사랑하며 살고, 영적 성장을 위해 하나님의 말씀을 사모하며 살고, 예배를 드리고, 성도들과 교제하고, 전도(선교)의 삶을 살아야 함을 배웠습니다. 그리고 끊임없이 육체의 정욕을 제어함으로 성화를 이루어가는 삶을 살아야 한다는 것도 배웠습니다.

그러면 이 세상(이 땅)에서 나그네인 우리 그리스도인들이 사회생활은 어떻게 해야 할까요?

국가적으로는 위정자에게 순종하고, 직장에서는 고용주에게 순종하라고 하나님께서는 말씀하셨습니다. 이렇게 하는 것은 권세자들이나 상전들의 영광을 위함이 아니고, 하나님의 영광을 이 땅에 구현하기 위함입니다.

이제 오늘 3장에서는 시선을 가정으로 돌려, 나그네인 그리스도인들의 가정생활은 어떻게 해야 하는가? 즉 아내의 의무와 남편의 의무에 대해서 가르쳐주고 있습니다.

먼저 본문을 따라 아내의 의무를 살펴보려고 합니다.

1. 아내의 의무

베드로전서 3장 1절을 봅시다.

[1] 아내들아 이와 같이 자기 남편에게 순종하라 이는 혹 말씀을 순종하지 않는 자라도 말로 말미암지 않고 그 아내의 행실로 말미암아 구원을 받게 하려 함이니

자기 남편에 대한 아내의 의무는 '순종' 입니다. 여기 본문에 나오는 남편은 예수님을 믿지 않는 남편입니다. 성경은 예수님을 믿지 않는 남편에게도 순종하라고 가르칩니다. 원칙적으로 성경은 믿지 않는 자와의 결혼을 금하고 있습니다. 아마도 여기 본문의 배경은 결혼한 후에 아내가 예수님을 믿게 되었을 것입니다. 아내가 예수님을 믿으면서 자연적으로 남편과 신앙으로 인한 갈등이 생기게 됩니다. 그래서 어떤 예수님을 믿는 아내들은 신앙을 빌미로 남편에게 순종하지 않는 상황이 벌어진 것 같습니다. 그래서 신앙생활과 가정생활의 조화 문제가 큰 문제가 되었을 것입니다. 이에 하나님께서는 베드로를 통해, 예수님을 믿는 여성도들은 믿지 않는 남편에게 순종하라고 말씀하시는 것입니다.

그렇다면 왜 믿지 않는 남편에게도 순종해야 할까요?

첫째, 가정의 질서를 위해서이다

남편이 좋은 사람이든, 그렇지 않든 순종해야 합니다. 이것이 하나님의 뜻이며, 아내의 의무입니다.

다시 **베드로전서 3장 1절**을 보십시오.

[1] 아내들아 이와 같이 자기 남편에게 순종하라…

'이와 같이' 는 무슨 뜻일까요? 앞의 2장에서 언급한 위정자에게 순종하고, 고용주에게 순종하라고 말씀하셨는데, 그와 같이 남편에게도 순종하라는 뜻으로 볼 수도 있지만, 본문 3장 바로 앞에는 예수님께서 죄가 없으신 데도 고난을 받으시면서 하나님께 순종했다는 말씀이 나옵니다. 즉 예수님께서 애매히 고난을 받으시면서도 성부 하나님께 복종하셨던 것처럼, '이와 같이 아내들도 남편에게 순종하라' 고 말씀하시는 것입니다.

'순종' 은 여성이 남성보다 열등하기 때문에 순종하는 것이 아니고, 하나님께서 가정의 행복을 위해 세우신 질서입니다. 남자나 여자나 모두 동등하게 하나님의 형상대로 창조되었습니다.

창세기 1장 27절을 보십시오.

[27] 하나님이 자기 형상 곧 하나님의 형상대로 사람을 창조하시되 남자와 여자를 창조하시고

또 갈라디아서 3장 28절을 볼까요?

[28] 너희는 유대인이나 헬라인이나 종이나 자유인이나 남자나 여자나 다 그리스도 예수 안에서 하나이니라

성경은 여자나 남자나 그리스도 안에서는 다 동등하다고 가르칩니다. 그런데 왜 아내에게 순종하라고 할까요? 하나님께서는 질서를 중요시하십니다. 하나님의 창조질서는 인간의 몸으로 비유할 때, 남편은 머리요, 아내는 몸에 해당됩니다. 머리나 몸은 한 몸으로 누가 더 높은가 하는 우열은 없지만, 머리와 몸은 각기 하는 역할이 다릅니다. 하나님께서는 남편을 가정의 머리로 세우신 것은 가정의 행복과 질서를 위함입니다. 그러므로 하나님 말씀대로 아내가 남편에게 순종할 때, 그 가정은 질서가 유지되고 남편과 아내 모두 행복을 누릴 수 있게 되는 것입니다.

아내 여러분! 남편에게 순종하십시오. 그렇게 하면 당신의 가정이 행복해질 것입니다.

왜 믿지 않는 남편에게도 순종해야 할까요? 그 두 번째 이유는?

둘째, 남편의 구원을 위해서이다

다시 베드로전서 3장 1절을 봅시다.

[1] 아내들아 이와 같이 자기 남편에게 순종하라 이는 혹 말씀을 순종하지 않는 자라도 말로 말미암지 않고 그 아내의 행실로 말미암아 구원을 받게 하려 함이니

믿지 않는 남편을 구원하려면 말 잘하고 복음을 잘 전하는 것보다, 변화된 삶의 모습을 보여줄 때 남편 전도가 이루어지게 됩니다. 아내의 순종하는 모습을 보고, 남편은 이렇게 생각하게 될 것입니다. '저 사람이 예수님 믿더니 달라졌네. 예수님이 누구인데 내 아내를 변화시켰지!' 하면서 남편들이 아내의 행실에 감동을 받아서 하나님께 회개하고 돌아온다는 말입니다.

그러면 구체적으로 어떤 행실을 보여주어야 할까요?

베드로전서 3장 2절을 보세요.

[2] 너희의 두려워하며 정결한 행실을 봄이라

여기 '두려워하며'는 하나님을 두려워하고 하나님을 경외하는 신앙적 행위를 가리킵니다. '정결한 행위'는 도덕적으로 바르고 흠이 없을 뿐 아니라, 음란한 세상 속에서 성적으로도 순결한 것을 가리킵니다. 이렇게 아내는 '말'로가 아니라, 하나님을 경외하는 경건한 모습으로 살며 정결한 행위를 남편에게 지속적으로 보여줄 때, 남편은 아내의 그런 모습을 보고 감동을 받아 구원에 이르게 된다는 것입니다.

믿지 않는 남편에게도 순종해야 할 세 번째 이유는?

셋째, 성화를 이루기 위해서이다

성화는 무엇입니까? 구원받은 성도가 주님의 인격을 닮아가는 것입니다. 우리 구원받은 성도들은 끊임없이 그리스도의 장성한 분량이 충만한 데까지 자라야 합니다. 성화를 이루어가야 한다는 말입니다.

순종하면 어떤 성화가 이루어질까요?

베드로전서 3장 3-4절을 봅시다.

[3] 너희의 단장은 머리를 꾸미고 금을 차고 아름다운 옷을 입는 외모로 하지 말고
[4] 오직 마음에 숨은 사람을 온유하고 안정한 심령의 썩지 아니할 것으로 하라 이는 하나님 앞에 값진 것이니라

이 말씀은 외적으로 머리를 꾸미고, 금시계를 차고, 사치스러운 옷을 입는 단장보다 내면의 인격적인 단장이 더욱 중요하다는 말입니다. 여성이 자신을 외적으로 아름답게 단장하는 것은 잘못이 아닙니다. 머리가 부스스한 것보다 자주 감고 깨끗하게 단장하는 것은 필요합니다. 그러나 그리스도인들이 지나친 사치를 일삼는 것은 잘못된 것입니다. 외적인 아름다움보다 내적인 아름다움이 더 중요하기 때문입니다.

4절에 '마음에 숨은 사람'은 속사람을 가리킵니다. 속사람은 우리 속에 있는 인격, 영혼을 가리킵니다. 그러므로 우리 속에 있는 영혼을 잘 가꾸고, 우리의 인격의 향상을 위해 항상 노력해야 합니다. 아무리

외모를 화려하게 단장해도 내면의 인격이 아름답지 못하고 추하다면, 그 외모의 화려함은 일시적인 것에 불과한 것입니다.

외모를 화려하게 치장했는데, 성질은 아주 고약한 사람을 본 적이 있나요? 저는 많이 보았습니다. 성질이 고약하면 외모를 아무리 꾸며도 아름답게 보이지를 않는 법입니다. 처음 대하는 사람에게 순간적으로 속일 수 있을지 몰라도, 계속 가까이 대하면 혐오감이 들게 됩니다.

오늘 본문에서는 그리스도인 아내들이 갖추어야 할 내면의 인격적 단장으로 2가지를 말하고 있습니다. '온유함' 과 '안정된(한) 심령' 입니다.

'온유함' 은 자비심이 많고 너그러운 마음입니다. 조금만 건드리면 펄쩍 뛰며 소리 지르고 화내는 것이 아닌, 평정, 유화성입니다. 예수님의 중요한 품성이 온유입니다.

마태복음 11장 29절을 보십시오.

[29] 나는 마음이 온유하고 겸손하니…

예수님은 '온유' 한 품성을 갖고 계십니다.

또 '안정된 심령' 은 어떤 환경이나 자극에도 동요하지 않고 평온을 유지하는 마음입니다. 말을 많이 하고, 떠들기를 좋아하는 자들 때문에 가정에는 불화가, 교회에는 문란함이 생기게 됩니다.

아내가 남편에게 순종하는 가운데, 예수님을 닮은 온유함과 안정된 심령의 사람으로 단장되어가는 성화가 이루어집니다. 이런 아내의 내적인 아름다운 모습을 보고 믿지 않는 남편도 아내에게 끌려 그리스도 앞으로 나오게 됩니다.

믿지 않는 남편에게도 순종해야 할 네 번째 이유는?

넷째, 성경의 거룩한 부녀들이 본을 보였기 때문이다

베드로가 아내들에게 남편에게 순종하라고 한 것은 베드로 개인의 생각이 아니고, 구약시대에도 하나님을 경외하고 하나님께 소망을 두었던 거룩한 여성도들은 다 자기 남편에게 순종했습니다.

베드로전서 3장 5절을 봅시다.

[5] 전에 하나님께 소망을 두었던 거룩한 부녀들도 이와 같이 자기 남편에게 순종함으로 자기를 단장하였나니

'단장' 은 헬라어로 '코스모스' 라는 단어입니다. 이 헬라어에서 영어의 'cosmetic(화장품)' 이라는 단어가 나왔습니다. 구약의 거룩한 부녀들은 순종의 미덕으로 내면을 단장(화장)하였습니다.

또 **3장 6절**을 볼까요?

[6] 사라가 아브라함을 주라 칭하여 순종한 것 같이 너희는 선을 행하고 아무 두려운 일에도 놀라지 아니하면 그의 딸이 된 것이니라

남편에게 순종한 거룩한 여인의 모본으로 '사라'를 들고 있습니다. 사라는 남편 아브라함에게 순종하여 남편을 '주'(주인)라고 불렀습니다.

창세기 18장 12절을 보십시오.

[12] 사라가 속으로 웃고 이르되 내가 노쇠하였고 내 주인도 늙었으니 내게 무슨 즐거움이 있으리요

여기서도 사라는 남편을 '주인'이라고 부릅니다. 사라는 '말'과 '행실'로 남편을 존경하고 순종했습니다. 어떤 사람은 이렇게 말할 것입니다. "사라는 믿음의 조상 아브라함과 결혼했잖아? 그런데 내 남편은 나를 힘들게 하는데 어떻게 순종할 수 있어?"

그러나 여러분! 아브라함이 믿음의 조상이라고 해서, 사라가 평(편)안하게 살았다고 생각하면 안 됩니다. 한 번 생각해 봅시다.

창세기 12장 ① - 하나님께서 어느 날 알지도 못하는 땅으로 갑자기 이사를 가라고 하셨습니다. 그래서 아브라함이 이삿짐을 챙겨서 이사를 가야 했습니다. 사라는 아브라함의 결정에 순순히 순종하고 따라갔습니다.

창세기 12장 ② - 아브라함은 애굽에 내려갔을 때, 자기 목숨을 위해 아내 사라에게 누이 행세를 하라고 했습니다. 그래서 아브라함은 바로에게 아내를 빼앗길 뻔 했습니다. 그럼에도 사라는 아브라함을 '주'로 여기며 존중했습니다.

창세기 12장 ③ - 아브라함이 조카 롯에게 좋은 땅을 양도했을 때, 남편의 결정에 순종했습니다.

창세기 12장 ④ - 이번에는 그랄 왕 아비멜렉이 사라를 아내로 취하려 하자, 아브라함은 재차 사라를 자기 누이로 속이려 했습니다. 그런데도 사라는 남편 아브라함에게 순종했습니다. 이것은 사라가 바보이기 때문에 맹목적으로 복종한 것이 아닙니다. 그는 하나님을 경외함으로 하나님의 창조질서에 근거해서 부부관계를 지켜나갔습니다. 그의 순종은 하나님을 경외함으로 행한 자발적인 행동이었던 것입니다.

다시 **베드로전서 3장 6절**을 봅시다.

[6] 사라가 아브라함을 주라 칭하여 순종한 것 같이 너희는 선을 행하고 아무 두려운 일에도 놀라지 아니하면 그의 딸이 된 것이니라

우리도 사라처럼 '선을 행하고' 순종하라는 말입니다. '두려운 일에도 놀라지 아니하면' 이라는 말씀은 남편에 대한 순종이 남편의 위협이 두려워서 억지로 순종해서는 안 된다는 것입니다. 사라는 남편이 두려워서 억지로 순종한 것이 아닙니다.

부부관계는 폭군 밑에서 억지로 순종하는 관계가 아니라, 상호 사랑의 관계입니다. 사라는 하나님을 믿고, 하나님께 소망을 두었기 때문에 그는 남편에게 자발적으로 순종할 수 있었습니다. 우리도 하나님을 경외함으로 남편에게 순종하면 사라의 딸이 된다는 것입니다. 아브라함이 믿음의 조상(아버지)인 것처럼, 아브라함에게 순종한 아내 사

라 역시 믿음의 어머니가 된 것입니다.

그러므로 '사라의 딸' 이 된다는 것은 하나님께서 귀히 여기는 거룩한 여인이 된다는 것입니다. 재미있는 것은 '사라' 라는 이름이 여왕을 뜻한다는 사실입니다. 자기 남편을 왕으로 대접하는 여인은 자신도 여왕이 될 것입니다. 그러나 자기 남편을 거지로 대접하는 아내는 자기도 거지 아내가 되는 것입니다. 오늘 말씀대로 남편에게 순종하는 성도들 되기를 축원합니다.

2. 남편의 의무

하나님께서 결혼제도를 만드셨습니다. 결혼을 부모를 떠나 부부들이 한 몸이 되는 것입니다. 그러므로 아내가 남편에 대한 의무만 있는 것이 아니라, 남편도 아내에 대한 책임과 의무를 다해야 합니다.

다시 **베드로전서 3장 7절**을 보십시오.

[7] 남편들아 이와 같이 지식을 따라 너희 아내와 동거하고 그를 더 연약한 그릇이요 또 생명의 은혜를 함께 이어받을 자로 알아 귀히 여기라…

베드로전서 3장 1절에서, '아내들아 이와 같이 자기 남편에게 순종하라' 고 명령했는데, 베드로전서 3장 7절에서도 '남편들아 이와 같이' 라고 말씀하시며 아내들과 똑같이 명령하고 있습니다. 남편의 의무는 크게 2가지입니다.

첫째, 지식을 따라 아내와 동거하라

다시 본문 베드로전서 3장 7절을 보십시오.

[7] 남편들아 이와 같이 지식을 따라 너희 아내와 동거하고…

'지식을 따라 아내와 동거' 하라는 말씀은 무슨 뜻일까요? 여기서 말하는 '지식' 은 피상적인 지식을 가리키는 것이 아닙니다. 아내의 이름이 무엇이고, 나이는 몇 살이고, 키는 어느 정도인지 등 이런 피상적인 지식이 아닙니다. 아내 속에 내재한 깊은 욕망과 개인적 필요를 아는 것을 말합니다. 아내가 말하지 않는 근심이나 걱정을 알아차리는 것을 말합니다.

'지식을 따라 동거하라' 는 말은 아내의 여자로서의 신체적인 특징, 생리적인 특징 등을 깊이 이해하고 자상하게 보살피는 태도로 함께 살아가라는 말입니다.

'동거' 하라는 말은 1차적으로는 성생활을 가리킵니다. 아내에게 성생활의 책임을 다하라는 말입니다. '어떻게 하면 아내가 성적으로 만족할 수 있는가?' 에 대한 지식을 가지고 아내의 성적인 필요를 채워주라는 말입니다. 부부간의 성생활은 아름다운 것입니다.

'동거' 하라는 말은 육체적, 성적인 필요만이 아니라 한걸음 더 나아가서 정서적, 정신적, 영적인 필요를 채워주고, 아내가 가진 문제들을 해결하도록 돕는 것까지를 포함합니다. 그러기 위해서는 부부간에 솔직하고 깊은 대화의 시간을 자주 가져야 합니다. 이렇게 할 때, 지식을 따라 아내와 동거하는 책임을 감당할 수 있게 됩니다.

남편의 의무 또 한 가지는?

둘째, 아내를 귀히 여기라

베드로전서 3장 7절을 보십시오.

[7] 남편들아 이와 같이 지식을 따라 너희 아내와 동거하고 그를 더 연약한 그릇이요 또 생명의 은혜를 함께 이어받을 자로 알아 귀히 여기라…

'귀히 여기라'는 말은 아내를 귀중하게 생각하라는 말입니다. 함부로 대하지 말라는 말입니다. 존중하라는 말입니다. 존경은 영어로 respect입니다. 부부의 진정한 사랑이란, 피차간의 존경심에서 나오는 법입니다.

그러므로 가능한 한 부부간에 존대말을 쓰는 것이 좋습니다. 이름을 막 부르는 것은 좋지 않습니다. 남편은 아내가 남편의 구원을 위해 복종하는 것을 기회로 삼아 아내 위에 군림하려고 해서는 안 됩니다. 오히려 그런 아내를 귀하게 여기고 사랑해야 합니다.

아내를 귀히 여겨야 할 이유는 무엇일까요? 본문에는 두 가지 이유가 나옵니다.

베드로전서 3장 7절을 다시 보십시오.

[7] 남편들아… 그를 더 연약한 그릇이요 또 생명의 은혜를 함께 이어받을 자로 알아 귀히 여기라…

① 아내들이 더 연약한 그릇이기 때문에 귀히 여겨야 한다

여성들은 대체로 남성들보다 육체적으로 연약합니다. 마음도 약하고 예민합니다. 그렇지 않으면, 전쟁에 남자들만 아니라 여자들도 참여했을 것입니다. 이런 연약한 아내들이 남편들과 자녀들을 위해 노동과 같이 힘든 집안일을 하며 늙어가는 것입니다.

그러므로 남편들은 아내들이 더 연약한 그릇임을 알고, 무거운 짐이나 힘든 일들을 돕는 것이 마땅합니다. 남편들은 아내들을 힘들게 하지 말고 슬프게 하지 말고 귀히 여겨야 합니다.

② 아내들은 생명의 은혜를 함께 이어받을 자이므로 귀히 여겨야 한다

아내들도 남편들과 동등하게 영생의 은총을 상속받을 동등한 동반자입니다. 부부는 단순히 이 땅에서의 삶만을 위해 함께하는 존재가 아닙니다. 내세에 영생을 함께 누릴 영원한 동반자입니다. 그러므로 가정은 단지 현세를 위해서만 존재하는 것이 아니고, 영생을 위해 함께 준비하는 곳입니다.

이렇게 아내를 귀히 여길 때, 어떤 축복이 주어질까요?

한번 더 **베드로전서 3장 7절**을 봅시다.

[7] 남편들아 이와 같이 지식을 따라 너희 아내와 동거하고 그를 더 연약한 그릇이요 또 생명의 은혜를 함께 이어받을 자로 알아 귀히 여기라 이는 너희 기도가 막히지 아니하게 하려 함이라

결과적으로 기도 응답의 복을 누리게 됩니다. 부부 싸움을 계속하는 가정은 복이 자꾸 사라지는 것을 아시나요? 부부가 화목한 가정에 하나님께서는 기도 응답하시고 복을 주십니다.

말씀을 맺습니다. 사랑하는 아내 여러분! 남편에게 순종하십시오. 사랑하는 남편 여러분! 아내를 사랑하고 귀히 여기십시오. 믿지 않는 남편, 아내를 전도하는 것은 말이 아닙니다. 행위로 보여주어야 합니다.

하나님을 경외하는 여러분! 당신의 남편에게도 존경하는 태도로 순종하시고, 당신의 삶을 통해 하나님의 성령께서 그의 심령에 역사하여 여러분의 가정에 위대한 구원의 역사가 이루어지기를 축원합니다.

<2020년 11월 29일 주일 낮 대예배 설교>

Chapter 13
고난의 시대를 사는 성도의 태도(벧전 3:8-12)

8 마지막으로 말하노니 너희가 다 마음을 같이하여 동정하며 형제를 사
랑하며 불쌍히 여기며 겸손하며
9 악을 악으로, 욕을 욕으로 갚지 말고 도리어 복을 빌라 이를 위하여
너희가 부르심을 받았으니 이는 복을 이어받게 하려 하심이라
10 그러므로 생명을 사랑하고 좋은 날 보기를 원하는 자는 혀를 금하여
악한 말을 그치며 그 입술로 거짓을 말하지 말고
11 악에서 떠나 선을 행하고 화평을 구하며 그것을 따르라
12 주의 눈은 의인을 향하시고 그의 귀는 의인의 간구에 기울이시되 주
의 얼굴은 악행하는 자들을 대하시느니라 하였느니라

베드로전서 강해를 계속하겠습니다.

베드로전서의 말씀을 들을 때 성령의 감동과 은혜를 경험하려면, 베드로전서의 기록목적과 배경을 마음에 담고 들어야 함을 여러 번 강조했습니다.

베드로전서의 기록목적은 고난과 박해에 직면해 있는 1C의 그리스도인들에게 소망을 주기 위해 베드로를 통해 주신 하나님의 말씀입니다.

이 1C의 그리스도인들을 '흩어진 나그네' 라고 부르고 있습니다. 우

리 그리스도인들은 이 세상(이 땅)에서 나그네라는 사실을 베드로서에서는 강조하고 있습니다. 나그네인 우리 그리스도인들의 최종 목적지는 이 세상이 아닌, 하나님 아버지 계신 영원한 천국입니다.

그러나 우리의 최종 목적지인 우리의 본향인 천국에 가기 전에, 이 세상(이 땅)에서 구체적으로 어떤 태도로 살아야 할까요?

위정자들과 고용주에게 순종하고, 가정에서는 아내가 남편에게 순종하고, 남편은 아내를 귀하게 여기며 남편 된 의무를 다해야 함을 배웠습니다.

오늘 본문은 '고난과 박해의 시대를 사는 성도들이 교회 내에서는 성도들과 어떤 태도로 인간관계를 해야 하며, 교회 밖 박해자들에 대해서는 어떤 태도로 처신해야 하는가?' 에 대해 가르쳐 주고 있습니다.

<고난의 시대를 사는 성도의 태도>라는 제목으로 말씀을 전하려고 합니다.

첫째, 성도를 사랑하라

그리스도인들에게 고난과 박해가 다가오는 경우는 크게 2가지 경우가 있을 것입니다.

하나는 그리스도인들이 세상 사람들 보기에 너무 잘못하고, 세상 사람들과 같이 죄를 짓고 살 때, 세상은 교회를 향해 돌을 던집니다.

또 하나의 경우는 그리스도인들이 경건하게 사는데도 불구하고 고난과 박해가 다가오는 경우입니다. 1C의 그리스도인들에게 다가온 고난과 박해는 후자입니다.

어떤 경우이든 그리스도인들은 고난과 박해가 다가올 때는 그리스도인들이 서로 사랑해야 합니다. 구체적으로 본문은 몇 가지 성도들이 취해야 할 태도에 대해 가르쳐주고 있습니다.

1. 마음을 같이하라

베드로전서 3장 8절을 보십시오.

[8] 마지막으로 말하노니 너희가 다 마음을 같이하여…

밖으로부터 박해가 다가올 때, 성도들은 서로 비판하고 싸우면 안 됩니다. 내적으로 성도들은 한마음이 되어야 합니다. 교회 안에서 성도들끼리 싸우면 불신 세상은 교회를 조롱할 것이고, 복음 전파의 길이 막히게 될 것입니다. 오늘날 한국교회가 한 교회 내에서도 싸우고 갈라지는 것은 큰 비극입니다.

고린도전서 1장 10절을 보세요.

[10] 형제들아 내가 우리 주 예수 그리스도의 이름으로 너희를 권하노니 모두가 같은 말을 하고 너희 가운데 분쟁이 없이 같은 마음과 같은 뜻으로 온전히 합하라

건강한 교회의 특징은 '같은 말', '같은 마음', '같은 뜻'으로 온전히 합하는 교회입니다. 한 마음이 되라는 말은 모든 성도가 어떤 안건에 대해 100% 만장일치로 동의, 재청하라는 말이 아닙니다. 우리는 하나님께서 우리에게 주신 은사와 재능이 각기 다른 것처럼, 어떤 것에 대한 견해도 다를 수 있습니다. 그러나 그 차이들이 교회를 갈라지게 하고, 분쟁하는 일에 쓰여지는 것이 아니라, 그 차이로 말미암아 교회가 더 든든하게 세워지는 일에 헌신하는 것이 '하나 되는 것' 입니다.

즉 본질적인 것에 있어서는 모두가 일치해야 되고 하나 되어야 합니다. 그러나 비본질적인 것에 있어서는 다양한 의견을 말할 수 있고, 서로서로 양보하고 이해하는 것이 필요합니다.

그렇다면 본질적인 것은 무엇일까요? '예수님 외에는 구원의 길이 없다', '예수님 믿어야만 천국 간다', '전도해야 한다', '기도해야 한다', '우상숭배하면 안 된다', '동성애는 하나님께서 싫어하신다' 등등 본질적인 것에 있어서는 일치해야 합니다.

그러면 비본질적인 것은 어떤 것이 있을까요? '교회 강단 꽃장식을 어떻게 할까?, 에어컨은 삼성, LG 중 어느 것으로 살까? 부엌 냉장고는 어느 브랜드로 살까? 교회 인테리어는 어떤 자재로 할까? 조명은 어떤 것으로 할까?' 이런 것들이 비본질적인 것입니다. 이런 것들은 여러 가지 의견이 나올 수 있습니다. 그러나 이러한 비본질적인 것을 가지고 서로 싸우고 교회가 갈라져서는 안 됩니다. 그것도 하나님의 영광을 가리는 것입니다.

2. 동정하라

베드로전서 3장 8절을 보십시오.

[8] 마지막으로 말하노니 너희가 다 마음을 같이하여 동정하며…

동정은 같은 감정을 가지라는 말입니다. 기쁠 때 함께 기뻐하고 슬플 때 함께 슬퍼하는 것입니다. 동고동락하라는 말입니다.

또 로마서 12장 15절을 봅시다.

[15] 즐거워하는 자들과 함께 즐거워하고 우는 자들과 함께 울라

성도를 사랑하기 위해서는 동정해야 합니다.

3. 형제를 사랑하라

3장 8절을 봅시다.

[8] 마지막으로 말하노니 너희가 다 마음을 같이하여 동정하며 형제를 사랑하며…

여기 형제는 우리 육신의 형제가 아닙니다. 하나님을 믿고 하나님의 자녀가 된 그리스도인들은 다 믿음의 형제입니다. 예수님께서도 그리스도 안에 있는 믿음의 형제, 자매들이 서로 사랑할 것을 명령하셨습니다.

요한복음 13장 34절을 볼까요?

[34] 새 계명을 너희에게 주노니 서로 사랑하라 내가 너희를 사랑한 것 같이 너희도 서로 사랑하라

우리는 시기와 다툼을 버리고 서로 사랑함으로써 그리스도의 몸 된 교회를 온전히 이루어가야 할 것입니다.

4. 불쌍히 여기라

베드로전서 3장 8절을 다시 봅시다.

[8] 마지막으로 말하노니 너희가 다 마음을 같이하여 동정하며 형제를 사랑하며 불쌍히 여기며…

여러분들은 수많은 사람을 보고, 수많은 사람을 만나면서 어떤 생각을 합니까? 나보다 더 좋은 옷 입고, 좋은 차 타고, 좋은 집 살고, 재산도 더 많고, 학벌도 더 낫고, 외모도 더 나은 사람을 보면 부럽습니까? 아니면 시기심이 듭니까? 아니면 이 사람이 예수님을 믿지 않는다면 지옥 갈 생각에 불쌍히 여기는 마음이 안 듭니까?

또 반대로 나보다 형편없이 가진 것도 없고, 외모도 없고, 힘도 없고, 건강하지도 않은 사람을 보면 어떤 생각이 드나요? 무시하고 싶은 생각이 듭니까?

우리 그리스도인들은 이런 사람을 불쌍히 여길 줄 알아야 합니다. 상대방의 부족과 결함을 볼 때, 그를 이해하고 불쌍히 여기는 마음을 가져야 합니다. 그가 태어나서 자랄 때 환경이 열악한 환경이었을 수

가 있다는 것을 생각해야 합니다.

5. 겸손하라

본문 **베드로전서 3장 8절**을 다시 봅시다.

[8] 마지막으로 말하노니 너희가 다 마음을 같이하여 동정하며 형제를 사랑하며 불쌍히 여기며 겸손하며

'겸손' 은 자신을 낮추고 남을 자신보다 낫게 여기는 낮은 마음을 가리킵니다. 겸손은 섬김의 자세입니다. 섬김을 받으려는 사람은 절대로 겸손할 수 없습니다. 겸손은 예수님의 중요한 성품입니다.

마태복음 11장 29절을 보십시오.

[29] 나는 마음이 온유하고 겸손하니 나의 멍에를 메고 내게 배우라…

예수님은 겸손하신 분입니다.

또 **잠언 29장 23절**을 봅시다.

[23] 사람이 교만하면 낮아지게 되겠고 마음이 겸손하면 영예를 얻으리라

하나님께서 교만한 자를 낮추시고 겸손한 자를 높이십니다.

둘째, 박해자를 축복하라

그리스도인들에게 고난과 박해가 다가올 때, 내적으로는 그리스도

인들이 하나가 되어 서로 사랑해야 되고, 외적으로는 박해자들을 대항해 총칼로 싸우는 것이 아니고 그들을 축복해야 합니다.

베드로전서 3장 9절을 보십시오.

[9] 악을 악으로, 욕을 욕으로 갚지 말고 도리어 복을 빌라…

상대방이 나를 악으로 대할 때, 악으로 갚지 말고, 상대방이 나를 욕으로 대할 때, 욕으로 갚지 말라는 것입니다. 오히려 그들을 위해 복을 빌어주라는 말입니다. 축복하라는 말입니다.

우리 그리스도인들이 이 땅에서 살아가는 목적은 복음을 전해 하나님 나라를 이루어감으로 하나님께 영광 돌리기 위함입니다. 그러므로 욕하는 자에게 같이 욕하면 전도가 되겠습니까?

예를 들면, 전도하다가 복음을 거부할 때, "너 지옥 가"라는 말을 해서도 안 되는 것입니다. 스데반은 자기를 돌로 치는 자들을 위해 "이 죄를 그들에게 돌리지 마옵소서"라고 기도했습니다.

이 말씀(벧전 3:9)은 "원수를 사랑하라"는 예수님의 말씀과도 같은 내용입니다.

마태복음 5장 44절을 보십시오.

[44] 나는 너희에게 이르노니 너희 원수를 사랑하며 너희를 박해하는 자를 위하여 기도하라

원수를 사랑하는 것, 박해자를 위해 축복기도하는 것은 인간의 본성상 어려운 일입니다. 원수에게 우리는 원수를 갚아야지, 그가 잘되도록 복을 빌라는 것은 참 이해하기 어려운 말씀입니다. 그러나 우리가 정말로 전능하신 하나님, 지금도 살아계셔서 이 땅을 다스리고 계시는 하나님을 믿는다면, 하나님께 다 맡길 수가 있습니다.

로마서 12장 19절을 봅시다.

[19] 내 사랑하는 자들아 너희가 친히 원수를 갚지 말고 하나님의 진노하심에 맡기라 기록되었으되 원수 갚는 것이 내게 있으니 내가 갚으리라 고 주께서 말씀하시니라

우리는 하나님의 심판을 믿기 때문에 우리가 친히 누구를 심판하면 안 됩니다. 우리가 할 일은 하나님 말씀대로 박해자(원수)를 위해 축복해야 합니다.

나는 북한의 김정은에 대해 기도할 때, 벼락 맞아 죽으라고 기도하지 않고 김정은과 지도층 다 주님 앞에 무릎 꿇고 회개하고 돌아오도록 기도합니다.

예수님께서 이런 말씀을 하셨습니다.

마태복음 10장 12-13절을 보세요.

[12] 또 그 집에 들어가면서 평안하기를 빌라
[13] 그 집이 이에 합당하면 너희 빈 평안이 거기 임할 것이요 만일 합당하지 아니하면 그 평안이 너희에게 돌아올 것이니라

이 말씀은 원수를 위해 축복할 때, 그 사람이 축복을 받기에 합당하지 아니하면 그 축복이 내게로 돌아온다고도 생각할 수 있습니다. 우리는 하나님 말씀대로 박해자(원수)를 위해서도 축복해야 합니다.

다시 **베드로전서 3장 9절**을 봅시다.

[9] 악을 악으로, 욕을 욕으로 갚지 말고 도리어 복을 빌라 이를 위하여 너희가 부르심을 받았으니 이는 복을 이어받게 하려 하심이라

하나님께서 우리를 불러 하나님 자녀 삼아주시고 영생을 주신 것은 '이를 위하여' 우리를 불러 하나님 자녀 삼으셨다고 합니다. '이를 위하여'는 무엇입니까? 이미 살펴본 대로, 8절에 성도를 사랑하고, 9절에 박해자를 축복하는 이 일을 위해 우리를 불러 하나님 자녀 삼으셨다는 말입니다.

우리 그리스도인들은 나그네 인생길에서 세상 사람들과는 질적으로 다른 삶을 살아야 합니다. 이런 삶을 살 때 하나님께서 그리스도인들에게 놀라우신 복을 이어받게 하신다고 말씀합니다. 여기서 하나님께서 우리에게 주시는 복은 장차 하나님 나라에서 받을 풍성한 복일뿐만 아니라, 현세, 이 세상에서도 누리는 복입니다.

고난의 시대를 사는 성도의 태도 세 번째는,

셋째, 자기 생명을 사랑하라

고난과 박해로 인생이 힘들다고 자기 생명을 함부로 다루면 안 됩니다.

베드로전서 3장 10절을 봅시다.

[10] 그러므로 생명을 사랑하고 좋은 날 보기를 원하는 자는 혀를 금하여 악한 말을 그치며 그 입술로 거짓을 말하지 말고

여기 '생명을 사랑하고 좋은 날 보기를 원하는 자'는 현 세상에서 '인생의 즐거움과 평안과 행복을 누리기 원하는 자'라는 의미가 있지만, 동시에 장차 천국에서 '영생복락을 누리기 원하는 자'라는 의미가 있습니다.

그렇다면 현세와 내세에 복 받기 원하는 자는 어떻게 살아야 할까요? 3가지를 행해야 합니다.

1. 말을 조심하라

다시 **3장 10절** 봅시다.

[10] 그러므로 생명을 사랑하고 좋은 날 보기를 원하는 자는 혀를 금하여 악한 말을 그치며 그 입술로 거짓을 말하지 말고

우리가 인생을 행복하게 살기 위해서는 인간관계에서 혀를 조심해야 합니다. 악한 말, 거짓말하지 말아야 합니다. 남에게 상처 주는 말, 비방, 모욕적인 말 등을 삼가야 합니다. 이런 말들은 결국 인간관계를 훼손하고 복음 전하는 일을 방해합니다.

2. 선을 행하라

베드로전서 3장 11절을 봅시다.

[11] 악에서 떠나 선을 행하고…

우리가 악행을 저지르면 내 생명을 해치게 되고 행복할 수 없습니다. 선을 행할 때 전도의 열매도 맺혀지고, 기쁨의 인생이 될 수 있습니다.

3. 화평을 구하라

3장 11절을 다시 봅시다.

[11] 악에서 떠나 선을 행하고 화평을 구하며 그것을 따르라

우리는 이 나그네 인생길을 살면서 이 세상만 바라보지 말고, 우리의 목적지인 영원한 천국을 바라보아야 합니다. 영원한 천국을 바라보는 자는 이 땅에서 우리의 대적자에게도 선을 행하고 화평을 구할 수 있습니다. 화평을 구하는 자는 예수님을 닮은 자입니다. 즉 성화가 이루어지고 있는 사람입니다.

마태복음 5장 9절을 보세요.

[9] 화평하게 하는 자는 복이 있나니 그들이 하나님의 아들이라 일컬음을 받을 것임이요

'화평하게 하는 자' 가 '하나님의 아들' 이라 일컬음을 받게 된다는 것입니다.

자, 이제 마지막 절을 보겠습니다.

베드로전서 3장 12절입니다.

[12] 주의 눈은 의인을 향하시고 그의 귀는 의인의 간구에 기울이시되 주의 얼굴은 악행하는 자들을 대하시느니라 하였느니라

'주님의 눈' 은 의인을 향하고 계십니다. 우리가 연약할 때 격려하시고, 낙심할 때 위로하시고, 위험할 때 지키시고 도우시며, 범죄 할 때 근심하시고 책망하시는 주님의 사랑의 눈이십니다.

주님의 귀' 는 우리의 간구를 듣기 위해 항상 우리를 향해 귀 기울이고 계십니다.

'주님의 얼굴' 은 악행 하는 자들을 향해 진노의 얼굴로 바라보고 계십니다.

사랑하시는 성도 여러분! 교회 내에서는 성도들끼리 사랑하십시오. 밖으로는 박해자들(원수)을 축복하십시오. 내가 원수 갚지 말아야 합니다. 하나님께서는 의인과 악인을 다 지켜보시고, 공의의 하나님께서 하나님의 공의의 법대로 행할 것입니다. 또한 자기 생명을 사랑하고 좋은 날 보기를 원하는 자는 원수에게까지도 말조심하고, 선을 행하고, 화평을 구하십시오.

하나님은 고난의 시대에 힘들게 살아가는 여러분을 지켜보시고 반드시 복을 주실 것입니다. 고난 가운데 믿음을 지켜 하늘나라의 영광스러운 상급을 누리시기를 축원합니다.

<2020년 12월 6일 주일 낮 대예배 설교>

Chapter 14

의를 위하여 받는 고난 (벧전 3:13-17)

13 또 너희가 열심으로 선을 행하면 누가 너희를 해하리요
14 그러나 의를 위하여 고난을 받으면 복 있는 자니 그들이 두려워하는
것을 두려워하지 말며 근심하지 말고
15 너희 마음에 그리스도를 주로 삼아 거룩하게 하고 너희 속에 있는
소망에 관한 이유를 묻는 자에게는 대답할 것을 항상 준비하되 온유
와 두려움으로 하고
16 선한 양심을 가지라 이는 그리스도 안에 있는 너희의 선행을 욕하는
자들로 그 비방하는 일에 부끄러움을 당하게 하려 함이라
17 선을 행함으로 고난 받는 것이 하나님의 뜻일진대 악을 행함으로 고
난 받는 것보다 나으니라

베드로전서 강해를 계속하겠습니다. 말씀을 듣는 여러분들 중에는 베드로전서 강해를 처음부터 계속해서 들어오신 분들도 계실 것이고, 오늘 처음 듣는 분도 계실 것입니다. 계속 말씀을 들은 분들은 베드로전서가 쓰여진 배경을 잘 이해하고 들어왔기 때문에, 성경 구절구절마다 성령의 감동이 더할 것이라 믿습니다.

그러나 오늘 처음 베드로전서 강해를 대하는 분은 베드로전서가 쓰여진 배경을 모르기 때문에, 오늘 말씀이 단순한 성경의 교훈으로만

여겨질 수도 있습니다.

베드로전서가 쓰여진 배경은 무엇입니까?

1세기에 소아시아에 흩어진 그리스도인들에게 주신 하나님의 말씀입니다. 다가올 어마어마한 박해에 직면해있는 그리스도인들에게 격려와 소망을 줌으로 승리의 삶을 살도록 하나님께서 베드로를 통해 주신 말씀입니다. 이 시간에 베드로전서 1장부터의 내용을 다 이야기할 수는 없고, 지난주 전한 말씀만 간략히 요약해 보겠습니다.

지난주는 벧전 3장 8-12절의 내용을 전하면서, 고난과 박해의 시대를 살아가는 성도의 태도를 2가지 측면에서 말씀드렸습니다.

고난의 시대에 성도는 어떤 태도로 살아가야 하는가?

첫째로, 교회 내적으로는 성도들이 한마음으로 서로 사랑해야 합니다.

둘째로, 교회 밖 박해자들에 대해서는 그들을 축복해야 합니다.

오늘 베드로전서 3장 13-17절의 말씀은 그리스도인들이 의를 행하다가 고난과 박해를 받을 때 어떻게 처신해야 하는가에 대한 하나님의 말씀입니다.

오늘은 <의를 위하여 받는 고난>이라는 제목으로 하나님의 말씀을 전하려고 합니다.

먼저 **베드로전서 3장 13절**을 봅시다.

[13] 또 너희가 열심으로 선을 행하면 누가 너희를 해하리요

이 말씀은 보편적으로 진리이지만, 선을 행하는 자들이 박해를 받지 않는다는 말이 아닙니다. 악한 자들은 선을 행하고 복음을 전하는 자들을 박해합니다. 그러므로 이 말씀은 박해자들이 육신적으로 해를 가할 수 있지만, 성도들의 영혼을 해할 수 없다는 말입니다.

그래서 예수님께서도 **마태복음 10장 28절**에 이렇게 말씀하셨습니다.

[28] 몸은 죽여도 영혼은 능히 죽이지 못하는 자들을 두려워하지 말고 오직 몸과 영혼을 능히 지옥에 멸하실 수 있는 이를 두려워하라

의를 행해도 악한 자들에 의해 박해를 받을 수 있지만 그것은 우리의 몸이지, 영혼은 건드릴 수 없다는 말입니다.

베드로전서 3장 14절을 봅시다.

[14] 그러나 의를 위하여 고난을 받으면 복 있는 자니 그들이 두려워하는 것을 두려워하지 말며 근심하지 말고

의를 위해서도 고난 받는 자는 복되다고 말씀합니다. 여기의 복은 세상적인 복을 가리키는 것이 아니라, 영원한 하나님 나라에 대한 복을 말합니다.

예수님께서도 산상수훈을 통해 이렇게 말씀하셨습니다.

마태복음 5장 10절을 보세요.

[10] 의를 위하여 박해를 받은 자는 복이 있나니 천국이 그들의 것임이라

그렇다면 그리스도인들이 이 땅에서 의롭게 사는데도 불구하고 고난과 박해가 다가올 때, 어떻게 처신해야 할까요? 오늘 우리는 1세기의 그리스도인들과 같은 박해는 없지만, 예수님을 믿음으로 여러 가지 형태의 고난과 박해가 있을 수 있습니다. 예를 들어 학교나 직장에서 불편함과 불이익이 있을 수 있습니다. 그러므로 오늘 말씀은 이 시대를 사는 우리에게도 필요한 교훈입니다.

의를 위하여 고난받을 때에 어떻게 처신해야 합니까? 오늘 본문을 따라 네 가지로 말씀을 전하려고 합니다.

첫째, 박해자들을 두려워하지 말라

본문 **베드로전서 3장 14절**을 봅시다.

[14] 그러나 의를 위하여 고난을 받으면 복 있는 자니 그들이 두려워하는 것을 두려워하지 말며 근심하지 말고

그리스도인들이 선을 행하고 의롭게 살아도 박해하고 해치려는 자들이 있습니다. 그때 그리스도인들은 박해자들을 두려워하지 말고 근심하지 말아야 합니다. 또한, 두려움으로 타락하거나 보복심을 갖지 말아야 합니다. 현세와 내세를 다스리시는 하나님만을 두려워해야 합니다.

그리고 의를 위해 박해를 받을 때 내세에 복과 상 받을 것을 믿고 담대해야 합니다.

예수님의 말씀을 보세요.

마태복음 5장 11절입니다.

[11] 나로 말미암아 너희를 욕하고 박해하고 거짓으로 너희를 거슬러 모든 악한 말을 할 때에는 너희에게 복이 있나니

또 **5장 12절**을 보세요.

[12] 기뻐하고 즐거워하라 하늘에서 너희의 상이 큼이라 너희 전에 있던 선지자들도 이같이 박해하였느니라

의를 위해 박해를 받을 때 오히려 기뻐하고 즐거워하라고 말씀합니다. 왜? 천국에서 상이 있기 때문입니다.

사랑하시는 여러분! 예수님을 믿고 바르게 살려고 할 때, 우리는 삶의 현장에서 여러 가지 불편함과 불이익을 당할 수 있습니다. 그러나 꼭 기억하십시오. 그것이 훗날 당신에게 복이요, 상이 된다는 사실을 잊지 말아야 합니다.

사실 기독교 역사 속에 우리 믿음의 선조들이 겪었던 박해는 오늘 우리와는 비교할 수 없는 고난이었습니다. 그리스도의 고난은 말할 것도 없고, 사도들도 일생동안 박해 가운데 살았습니다. 베드로전서의 배경이 되는 1세기의 그리스도인들의 박해는 로마 황제 네로로부터 시작되었습니다.

A.D 64년 7월 18일부터 로마 성에 큰 화재가 났는데, 네로는 이를 그리스도인의 소행이라고 거짓 선전을 하며 그리스도인들을 잡아 죽였습니다. 그리스도인들을 짐승의 가죽에 넣어서 개들이 달려들어 물어뜯게 하고, 혹은 십자가에 못박아 죽이고, 혹은 불태워 죽이면서 많은 사람들의 구경거리로 만들었던 것입니다. 그후 2-3세기동안, 약 200년간 장기 박해가 로마 제국에 있었습니다.

특히 데시우스(Decius)황제 때에는 극악한 박해가 있어서 로마의 신상 앞에 절하도록 하였는데, 이에 불응한 신실한 기독교인들이 순교하였습니다. 이때 로마, 예루살렘, 안디옥의 감독들이 순교했습니다. A.D 313년 콘스탄틴 대제가 기독교 자유 칙령인 밀라노 칙령을 내리기 전까지 박해는 계속되었습니다.

중세에 이르러 얼마동안 큰 박해는 비교적 적었으나, 종교개혁 사상이 움트게 되자 박해는 각처에서 일어났습니다. 영국에서는 매리(Mary) 여왕(피의 여왕)이 신교도 277명을 불태워 죽였고, 많은 개혁 신학자들을 제네바로 축출하였습니다. 그리고 불란서에서는 3만 명의 위그노(16-18세기 프랑스의 칼빈주의 신교도)가 학살되었습니다.

화란에서는 알바공(公)이 5년 동안에 신교도 18,600명을 사형시켰습니다. 화란에서 순교한 성도의 수가 최초 3세기 끝에 로마 제국에서 죽은 순교자들의 수보다 많다고 말하는 사람도 있습니다. 화형을 당하는 이들은 불꽃 가운데로 들어가면서도 찬송가를 불렀고, 부녀들은 생매장을 당하면서 흙이 얼굴에 뿌려질 때에도 주님을 찬양하였다고 합니다.

오늘날도 북한이나 극단적인 이슬람교도들에 의해 기독교인에 대한 잔인한 박해가 자행되고 있음을 보게 됩니다. 우리나라는 현재 이런 박해가 없지만, 좌익사상(공산주의 사상)을 가진 자들이 나라를 점령하게 되면, 우리에게도 어떤 박해가 다가올지 알 수 없습니다. 그래서 그리스도인들이 영적으로 깨어 있어야 합니다. 그러나 어떤 박해가 닥칠지라도 하나님만을 두려워하는 사람은 인간을 두려워하거나 근심해서는 안 됩니다.

의를 위하여 고난을 받을 때에 어떻게 처신해야 하는가?

둘째, 그리스도를 주로 삼으라

베드로전서 3장 15절을 봅시다.

[15] 너희 마음에 그리스도를 주로 삼아 거룩하게 하고…

우리 그리스도인들은 예수 그리스도를 주님이시요, 거룩하신 분으로 인정해야 합니다. 예수 그리스도만 섬겨야 하고, 예수 그리스도만 높임을 받으셔야 합니다. 그리스도인들을 박해하는 자들이 주님이 아니고, 예수 그리스도께서 모든 것을 주관하시고 다스리시는 주님이십니다. 온 우주를 통치하시고, 인간의 생사화복을 다스리시는 주인이신 주님이 우리가 믿는 예수 그리스도이십니다. 그러므로 예수 그리스도를 우리 삶에 중심으로 모시고 사는 사람은 의를 위해 기꺼이 고난 받을 수 있습니다.

베드로전서가 쓰여진 당시에는 로마 황제를 주님이라고 불렀습니다. 그러나 오늘 성경은 예수 그리스도를 주님으로 삼고, 예수 그리스도를 거룩하신 분으로 높이고 섬기라고 말씀하십니다. 박해자들이 온갖 방법을 다해 우리를 넘어뜨리려 할지라도, 우리의 주님인 그리스도께서 우리를 붙들고 계시고, 박해자들도 통치하시는 분이 주님이심을 믿어야 합니다. 예수님은 모든 능력을 가지신 주님임을 확신해야 합니다. 이렇게 할 때 박해가 다가와도 사람을 두려워하는 대신에 그리스도를 주님으로 인정하고, 그리스도만 높이게 되는 것입니다.

성도 여러분! 그리스도께서 당신의 주님이십니까? 그리스도를 주님으로 모시고, 그리스도를 높이고 계십니까? 그렇다면, 이 세상에서 어떠한 일도 두려워할 필요가 없습니다. 우리의 주인이신 예수님의 손안에서 모든 것이 다스려지고 있기 때문입니다. 예수 그리스도를 내 인생의 주인으로 삼고 승리하시기를 축원합니다.

의를 행하다가 고난이 다가올 때 그리스도인들은 어떻게 처신해야 되는가?

셋째, 소망의 이유를 묻는 자에게 대답할 것을 준비하라

베드로전서 3장 15절 보십시오.

[15] 너희 마음에 그리스도를 주로 삼아 거룩하게 하고 너희 속에 있는 소망에 관한 이유를 묻는 자에게는 대답할 것을 항상 준비하되 온유와 두려움으로 하고

그리스도인들이 박해받을 때에 두려워 벌벌 떠는 것이 아니고, 근심과 걱정이 가득 찬 것도 아니고, 하나님만 두려워하며 하나님을 찬송하며 순교하는 모습을 볼 때, 불신자들은 어떤 생각을 하게 될까요?

'아니, 그리스도인들은 어떻게 저런 고통 속에서도 두려워하지 않고 평안할 수가 있지? 그 이유가 뭘까?' 그러면서 우리 그리스도인들에게 질문을 합니다.

"그리스도인들은 무엇을 믿기에 박해를 당하면서도 두려워하지 않고, 심지어는 죽음 앞에서도 찬송을 부르며 평안할 수 있습니까?" 이렇게 소망에 관한 이유를 묻는 자에게, 우리는 대답할 것을 항상 준비하고 있어야 된다는 말입니다.

여러분! 소망의 이유를 묻는 자에게 대답할 것이 준비되어 있나요? 여러분에게 누가 묻습니다. "이 코로나로 힘든데 왜 교회 나가세요? 교회 다니면 일요일에 놀러 가지도 못하고, 재미도 없는데 왜 일요일마다 교회 가세요? 또 교회 다니면 헌금도 내야 되는데, 왜 돈 낭비하면서 교회 다니세요?"

여러분은 이 질문에 대답할 준비가 되었나요?

우리는 모두 복음을 전할 줄 알아야 합니다.

“예, 저를 비롯해 모든 인간은 죄인으로 태어나 끊임없이 죄를 짓고 삽니다. 이 죄 때문에 모든 인간은 한 번은 죽습니다. 그런데 우리가 육체가 죽은 후에 우리 속에 있는 영혼은 하나님 앞에 심판받아 죄인들은 지옥 형벌을 영원토록 받습니다. 그런데 예수님께서 우리 인류의 죄를 대신 지시고 십자가에서 죽으심으로 속죄제물이 되셨습니다. 누구든지 회개하고 예수님을 믿으면 모든 죄 용서받고 하나님의 자녀가 되어 영원한 천국의 복락을 누리게 됩니다.

저는 예수님 믿고 모든 죄 용서받고 하나님 자녀가 되었습니다. 그러니 이 땅에서 어떤 고난이 와도, 심지어 죽음이 와도 평안합니다. 선생님! 당신도 나처럼 예수님 믿고 구원받아 평안을 누리세요.”

이것이 소망의 이유를 묻는 자에게 대답할 복음의 내용입니다.

그런데 우리는 복음의 내용만 잘 준비하는 것이 다가 아니고, 복음을 전하는 태도가 중요합니다. 여기 15절 본문에 2가지 태도를 이야기하고 있습니다. ‘온유’ 와 ‘두려움’ 입니다.

세상 사람들에게 복음을 효과적으로 전하려면, 상대방을 무시하거나 비난하면 안 됩니다. 상대방을 높이는 겸손한 태도를 가져야 합니다. 이렇게 할 때, 상대방에게 온유한 태도를 보일 수 있습니다. 그리고 하나님을 두려워하는 경외심을 가지고 침착하게 말해야 합니다. 그들을 향해 공격적인 태도를 취해 제압하려고 시도해서는 안 됩니다. 성령님께서 그들을 설득하실 것을 믿고 성령님께 조용히 맡겨야 합니다.

또 의를 행하다가 고난이 다가올 때, 그리스도인들은 어떻게 처신해야 할까요?

넷째, 선한 양심을 가지라

베드로전서 3장 16절을 보십시오.

[16] 선한 양심을 가지라 이는 그리스도 안에 있는 너희의 선행을 욕하는 자들로 그 비방하는 일에 부끄러움을 당하게 하려 함이라

그리스도인들이 선한 양심, 즉 깨끗한 양심으로 끝까지 깨끗한 양심을 보일 때, 박해자들의 거짓이 드러나 오히려 그들의 비방이 부끄러움을 당하게 될 것입니다. 그리스도인들은 박해 속에서도 선한 양심을 가지고 고결한 삶을 살 때, 예수 그리스도를 증거하여 하나님의 나라를 이루어 나가는 무기가 될 것입니다.

이제 마지막 절을 봅시다.

3장 17절입니다.

[17] 선을 행함으로 고난 받는 것이 하나님의 뜻일진대 악을 행함으로 고난 받는 것보다 나으니라

'악을 행함으로 고난받는 것' 은 당연히 받을 고난이지만, '선을 행함으로 고난받는 것' 은 하나님의 기쁘신 뜻입니다. 예수님, 바울, 사도

들도 선을 행함으로 고난받았습니다.

이 세상에서 일어나는 모든 일은 하나님의 통치 아래서 이루어집니다. 그러므로 고난도 우연히 되어진 것이 아니고, 하나님의 선하신 섭리 아래서 주어진 것입니다. 하나님의 뜻을 따라 고난이 온 것이므로, 우리는 고난이 올 때 하나님의 뜻을 헤아리고 하나님의 뜻 앞에 순종해야 할 것입니다. 하나님의 뜻을 이루어 드려야 할 것입니다. 선을 행하는 자들이 당하는 고난은, 결국 그런 고난을 통해 하나님께서는 고난받는 자들에게 복을 주십니다.

로마서 8장 28절 말씀을 봅시다.

[28] 우리가 알거니와 하나님을 사랑하는 자 곧 그의 뜻대로 부르심을 입은 자들에게는 모든 것이 합력하여 선을 이루느니라

하나님을 사랑하는 자, 곧 그의 뜻대로 부르심을 입은 자들에게는 이 모든 고난들이 다 합력하여 궁극적으로는 하나님의 선을 이루게 될 줄 믿습니다. 이것이 기독교 신앙입니다.

말씀을 맺겠습니다.

사랑하시는 성도 여러분! 우리에게도 언제 어떻게 고난의 시대가 다가올지 알지 못합니다. 의를 행하고 복음을 전하는 우리에게 고난이 닥친다면, 어떻게 처신해야 할까요?

1. 박해자들을 두려워하지 말라.

우리가 두려워할 대상은 오직 하나님이십니다.

2. 그리스도를 주로 삼으라.

예수 그리스도를 내 인생의 주인으로 삼고 사는 사람은 두려워할 필요가 없습니다. 예수님께서 모든 것을 통치하시는 주님이시기 때문입니다.

3. 소망의 이유를 묻는 자에게 대답할 것을 준비하라.

우리 그리스도인들의 삶이 불신자들에게는 부러움의 대상이 되어야 합니다. 그리고 불신자들이 소망의 이유를 물을 때, 항상 복음을 준비해서 전하므로 하나님 나라를 이루어 가야 합니다.

4. 선한 양심을 가지라.

우리는 그리스도인으로서 선한 양심을 가지고 살아갈 때, 불신자들의 영혼이 감동을 받고 주님 앞에 돌아오게 될 것이고, 하나님 나라는 이 땅에 이루어져 갈 것입니다. 그리고 우리가 주님 앞에 서는 날 영광스러운 복을 누리게 될 것을 믿습니다.

<2020년 12월 13일 주일 낮 대예배 설교>

Chapter 15

그리스도의 고난을 본받아 (벧전 3:18-22)

18 그리스도께서도 단번에 죄를 위하여 죽으사 의인으로서 불의한 자를
대신하셨으니 이는 우리를 하나님 앞으로 인도하려 하심이라 육체로
는 죽임을 당하시고 영으로는 살리심을 받으셨으니
19 그가 또한 영으로 가서 옥에 있는 영들에게 선포하시니라
20 그들은 전에 노아의 날 방주를 준비할 동안 하나님이 오래 참고 기
다리실 때에 복종하지 아니하던 자들이라 방주에서 물로 말미암아
구원을 얻은 자가 몇 명뿐이니 겨우 여덟 명이라
21 물은 예수 그리스도께서 부활하심으로 말미암아 이제 너희를 구원하
는 표니 곧 세례라 이는 육체의 더러운 것을 제하여 버림이 아니요
하나님을 향한 선한 양심의 간구니라
22 그는 하늘에 오르사 하나님 우편에 계시니 천사들과 권세들과 능력
들이 그에게 복종하느니라

베드로전서 강해를 계속하겠습니다.

베드로전서는 고난의 서신이라고 부르기도 하고, 소망의 서신이라고 부르기도 합니다. 왜냐하면 베드로전서는 고난과 박해에 직면해 있는 1세기의 흩어진 그리스도인들에게 소망을 주기 위해 쓰여진 하나님의 말씀이기 때문입니다. 베드로전서가 쓰여진 이 배경을 꼭 염두에

두고 읽어야 모든 구절의 참 의미를 깨닫게 됩니다.

토마스 아 켐피스가 쓴 『그리스도를 본받아』라는 책이 있습니다. 이 책은 어거스틴의 『참회록』과 존 번연의 『천로역정』과 함께 기독교 3대 고전으로 꼽히는 유명한 책입니다.

우리가 예수님 믿고 구원받은 후에, 하나님 계신 천국에 갈 때까지 해야 할 일은 그리스도를 본받는 삶을 사는 것입니다. 즉 성화의 삶을 살아야 합니다.

그리스도를 본받는다는 것은 크게 2가지입니다.

첫째는 그리스도의 인격을 본받아야 합니다.

둘째는 그리스도의 사역을 본받아야 합니다.

이 2가지를 본받아 사는 사람을 그리스도의 제자라고 부릅니다.

오늘 읽어드린 본문은 그리스도의 고난을 본받아 박해를 이기고 승리하라고 1세기 그리스도인들에게 권면하는 말씀의 내용입니다. 오늘은 '그리스도의 고난을 본받아' 라는 제목으로 말씀을 전하려고 합니다.

※우리가 어떻게 고난과 박해를 이길 수 있는가?

첫째, 그리스도의 고난과 승리를 본받아 고난을 이기라

1. 그리스도의 고난

우리는 그리스도의 고난을 본받아 고난을 이겨야 합니다.

그리스도께서는 고난을 받으셨는데, 어떤 고난을 받으셨나요?

베드로전서 3장 18절을 보며 세 가지의 고난을 살펴보겠습니다.

[18] 그리스도께서도 단번에 죄를 위하여 죽으사 의인으로서 불의한 자를 대신하셨으니 이는 우리를 하나님 앞으로 인도하려 하심이라…

① 십자가의 죽으심

구약시대에는 이스라엘 백성들이 죄를 지을 때마다 날마다 희생제물을 드렸습니다. 그러나 그리스도의 죽음은 단 한 번으로 완전하고 영원한 속죄를 이루셨습니다. 그리스도의 죽음은 우리 죄를 위해 죽으신 대속적 죽음입니다.

② 의인으로서 불의한 자를 대신하여 죽음

그리스도께서는 죄가 없으신 의인이시지만, 불의한 죄인인 우리 모든 인류를 위해 대신 형벌을 받으셨습니다. 우리 인간에 대한 희생적 사랑입니다. 이와 같이 우리도 의인이신 그리스도께서 불의한 우리 때문에 고난받으신 것을 본 받아, 그리스도 때문에 부당하게 박해를 받을 때 기쁨과 평안으로 고난을 이겨나가야 할 것입니다.

③ 우리를 하나님 앞으로 인도하려 하심

그리스도께서 십자가에 고난받으시고 죽으신 이유는, 우리를 하나님 앞으로 인도하기 위함입니다. 그리스도의 고난과 죽음으로 하나님과 우리 사이에 죄로 말미암아 가로막혀있던 담을 허시고, 하나님께로 나아갈 길을 열어주셨습니다. 즉 우리의 모든 죄를 용서받고 구원받게 되었습니다. 그러므로 우리는 이유 없이 고난 당할 때, 그리스도의 고난을 생각하고 인내하며 이겨나가야 합니다.

2. 그리스도의 승리

그리스도는 고난받으셨는데, 고난으로 끝난 것이 아니라 승리하셨습니다. 이제 그리스도의 승리를 살펴봅시다.

베드로전서 3장 18절을 봅시다.

[18] 그리스도께서도 단번에 죄를 위하여 죽으사 의인으로서 불의한 자를 대신하셨으니 이는 우리를 하나님 앞으로 인도하려 하심이라 육체로는 죽임을 당하시고 영으로는 살리심을 받으셨으니

이 구절은 해석상의 난해 구절 중 하나입니다. 예수님께서 육체가 십자가에 죽으셨으나 3일 만에 부활하셨다는 뜻으로 많이 해석합니다. 그 외 여러 가지 해석이 있지만, 이 구절은 단순하게 이렇게 해석하는 것이 나을 듯싶습니다. 예수님께서 육체는 십자가에 죽으셨지만, 예수님 안에 존재하는 영은 죽지 않고 영계에서 살아 계속 존재한다는 의미로 받아들이면 좋을 듯합니다.

세상의 불신자들은 "죽으면 끝이지, 무슨 영계가 있고 죽은 후에 세상이 있느냐"라고 말하면서 이 세상에서 마음껏 죄짓고 살아갑니다. 또 기독교인들을 조롱하고 박해합니다.

그러나 그리스도께서는 육체로는 죽임을 당했지만, 영은 계속 살아 존재하셨습니다. 그뿐만 아니라 그리스도께서는 육체가 부활하심으로 승리를 확증하셨습니다.

베드로전서 3장 21절을 봅시다.

[21] 물은 예수 그리스도께서 부활하심으로 말미암아 이제 너희를 구원하는 표니 곧 세례라 이는 육체의 더러운 것을 제하여 버림이 아니요 하나님을 향한 선한 양심의 간구니라

우리 그리스도인들은 이 세상 살면서 어떠한 고난과 박해가 다가와도, 그리스도의 고난과 승리를 본받아 고난을 이겨야 할 줄 믿습니다.

둘째, 노아시대를 생각하고 고난을 이기라

우리는 어떻게 고난을 이길 수 있을까요?

본문은 1세기의 박해에 직면해있는 그리스도인들에게 이야기합니다.

3장 19절입니다.

[19] 그가 또한 영으로 가서 옥에 있는 영들에게 선포하시니라

예수님께서 육체는 십자가에 죽으시고, 영은 '옥에 있는 영들' 에게 가셔서 선포했다는 말씀입니다. 이 구절도 난해 구절입니다. '옥에 있는 영들에게 선포' 했다는 말은 무슨 뜻이고, '옥에 있는 영들' 은 누구를 가리킵니까?

베드로전서 3장 20절을 봅시다.

[20] 그들은 전에 노아의 날 방주를 준비할 동안 하나님이 오래 참고 기다리실 때에 복종하지 아니하던 자들이라 방주에서 물로 말미암아 구원을 얻은 자가 몇 명뿐이니 겨우 여덟 명이라

'옥에 있는 영들'은 노아 시대에 하나님께서 오래 참으시면서 노아를 통해 방주를 준비하는 120년 동안 복음을 전했지만, 복음을 거절하고 죽었던 사람을 가리킵니다.

예수님께서 성금요일에 십자가에 못 박혀 육체는 죽으시고, 주일에 부활하셨는데, (주님께서 부활하시기 전에 육체가 무덤에 계시던 토요일에) 예수님께서 영으로 옥에 있는 노아시대 불신자들에게 가셔서 선포하셨다는 말씀입니다.

'선포하셨다'는 말이 무슨 뜻입니까? 전도하셨다는 말일까요? 그러면 죽은 자도 전도 받아 구원받을 수 있다는 말입니까? 아닙니다. 성경 전체의 가르침은 분명합니다. 죽은 자는 천국과 지옥, 둘 중에 한곳으로 간다고 가르치고 있고, 죽은 후에는 더 이상 구원받을 수 없다고 가르칩니다.

그러면 예수님께서 노아 시대 불신자들이 있는 옥에 가서 선포하셨다는 것은 무슨 뜻일까요? 그것은 죽은 영들에게 십자가의 승리를 선포하신 것입니다. 예수님은 자신이 십자가에서 죽으심으로 우리 인류의 죄를 해결하셨을 뿐만 아니라, 예수님의 위대한 승리를 지옥을 향

해 선포하신 것입니다.

가톨릭에서는 '옥에 있는 영들에게 선포' 했다는 구절을 가지고 연옥설을 주장합니다. 로마 가톨릭교회와 그리스 정교회에서는 '인간이 죽은 후 거하는 천국과 지옥 중간 처소로 연옥이 있다' 고 주장합니다. 이곳은 순교자와 같은 일부 성도들을 제외하고는 모두 거하게 되는 곳으로, 이 세상에서 지은 죄가 완전히 씻겨질 때까지 고통과 연단을 받는 정화의 장소라고 합니다. 이곳에서 받는 고통의 정도와 그 기간은 사람이 지은 죄의 경중에 비례하는데, 이곳에서 자신의 죄를 완전히 보상한 후에야 천국에 들어갈 수 있게 된다고 가르칩니다.

그러면 연옥에 있는 자들은 어떻게 자신의 죄를 보상할 수 있을까요?

연옥에서 불꽃 가운데 고통을 당하고 있는 스스로는 자신의 죄를 보상할 수 없습니다. 다만 지상에 있는 그의 가족이나 친척, 친구들이 그를 위하여 드리는 미사나 헌금, 각종 교회 봉사 등에 의해서만 그의 죄는 점점 보상되며, 마침내는 천국에 들어갈 수 있도록 성화된다고 가르칩니다. 이 연옥 교리가 중세 타락한 가톨릭이 속죄권을 판매한 근거가 된 것입니다. 본문에 나오는 '예수님께서 옥에 있는 영들에게 선포했다' 는 말씀을 두고, 예수님께서 연옥에 가셔서 그곳에 있는 영들을 전도하여 천국으로 인도하셨다고 주장합니다.

이 연옥 교리는 비성경적입니다. 인간이 죽으면 영생(천국), 영벌(지옥) 2가지 외에는 존재하지 않습니다. 우리 인간의 구원은 예수 그리스도의 십자가 공로 외에는 다른 방법이 없습니다. 인간적 공로에 의해서는 결코 천국에 들어갈 수 없습니다. 그러므로 오늘 본문에 예수님께서 '영으로 가서 옥에 있는 영들에게 선포' 하신 것은 십자가로 인한 위대한 승리를 선포한 것입니다.

그렇다면 고난과 박해에 직면해있는 베드로 시대의 그리스도인들에게 왜 노아 시대를 이야기했을까요?

노아 시대는 의로운 노아의 가족 8명 외에는 모두가 사악하고 노아 가족을 박해하는 사람들로 가득했던 시대입니다.

창세기 6장 5절을 보세요.

[5] 여호와께서 사람의 죄악이 세상에 가득함과 그의 마음으로 생각하는 모든 계획이 악할 뿐임을 보시고

노아 시대에는 '죄악이 세상에 가득' 했다는 것입니다.

또 **6장 9절**을 봅시다.

[9] …노아는 의인이요 당대에 완전한 자라 그는 하나님과 동행하였으며

다만 노아는 의인이었고 당대의 완전한 자였습니다. 결국 하나님께서는 홍수로 노아의 8가족 외에는 모두 심판하셨습니다. 하나님께서는 베드로 시대에 의를 위해 박해받는 자들에게, 노아 시대를 생각하고 고난을 이기도록 격려하기 위해 노아 시대를 언급하고 계신 것입니다. 현재 고난과 박해가 있어도 그리스도인의 결말은 구원이요, 복입니다.

노아 시대를 생각하면서 한 가지 더 생각할 것은 홍수와 관련해서 물 세례에 대한 내용입니다.

베드로전서 3장 20절을 보십시오.

[20] 그들은 전에 노아의 날 방주를 준비할 동안 하나님이 오래 참고 기다리실 때에 복종하지 아니하던 자들이라 방주에서 물로 말미암아 구원을 얻은 자가 몇 명뿐이니 겨우 여덟 명이라

'물' 과 '구원' 을 잘 연관 지어보십시오.

그리고 다음절 **3장 21절**을 봅시다.

[21] 물은 예수 그리스도께서 부활하심으로 말미암아 이제 너희를 구원하는 표니 곧 세례라…

노아 시대의 '물', 즉 홍수 이야기를 하다가 물세례 이야기로 바뀌고 있습니다. 노아 홍수와 물세례는 어떤 연관이 있을까요?

'세례' 는 물로 행합니다. 물은 씻음의 의미, 즉 죄 씻음의 의미가 있습니다. '세례' 는 '구원의 표' 입니다. 세례 받는다고 구원받는 것이 아니고, 예수님 믿고 구원받은 성도에게 구원의 표로 세례를 주는 것입니다. 세례를 줄 때 손에 물을 찍어 머리에 얹습니다. 이는 '나는 그리스도와 함께 죽었다' 는 고백이고, 손을 거둘 때, '나는 그리스도와 함께 다시 살아났다(부활)' 는 사실을 고백하는 것입니다.

그러므로 세례는 그리스도와 함께 죽었고, 그리스도와 함께 부활의 생명에 연합하는 새로운 피조물이 되었다는 고백입니다. 세례는 죄에 속한 옛사람은 죽고, 그리스도로 인하여 새롭게 출생한 새사람이 살게 된다는 공식적 선언이라고 할 수 있습니다.

노아 시대 대홍수로 죄인들은 물속에 수장되어 죽고, 의인(노아 8가족)은 물 위에 올라 살아남았습니다. 노아의 8가족은 어떻게 살아날 수 있었나요? 방주 안에 있었기 때문입니다. 방주는 교회와 그리스도를 상징합니다. 그리스도 안에 있는 자는 구원받습니다. 세례는 그리스도와 함께 살아나는 구원의 표입니다.

다시 **베드로전서 3장 21절**을 보십시오.

[21] 물은 예수 그리스도께서 부활하심으로 말미암아 이제 너희를 구원하는 표니 곧 세례라 이는 육체의 더러운 것을 제하여 버림이 아니요 하나님을 향한 선한 양심의 간구니라

우리가 세례 받는다고 육체의 더럽혀진 것을 제거한다는 것이 아닙니다.

세례를 받은 후에도 우리는 부족하고 연약할 때가 없지 않습니다. 우리는 세례 받음으로 선한 양심으로 살겠다고 하나님께 서약하는 것입니다. 물세례가 구원을 주거나 선한 양심을 갖게 해주는 것은 아니지만, 세례를 받음으로 세상을 향해 '나는 그리스도께 헌신한 사람이다' 라고 선포하는 것입니다. 그러므로 예수님을 믿는 그리스도인들은 모두 세례를 받아야 합니다.

우리는 악하고 죄악이 가득한 노아시대에 의롭게 살았던 노아의 가족이 구원 얻은 것을 생각하고, 어떠한 고난도 이길 수 있기를 축원합니다.

우리가 어떻게 고난과 박해를 이길 수 있나요?

셋째, 그리스도의 영광을 바라보고 고난을 이기라

베드로전서 3장 22절을 봅시다.

[22] 그는 하늘에 오르사 하나님 우편에 계시니 천사들과 권세들과 능력들이 그에게 복종하느니라

예수님께서는 십자가에 고난 당하시고 죽으시고, 3일 만에 부활하셨습니다. 그리고 3일 만에 승천하셔서 하나님 우편에 계십니다. 하나님 우편은 어떤 곳입니까? 하나님 우편은 최고의 위엄과 존귀와 권력의 장소입니다. 영광스러운 자리입니다.

그리스도께서는 하나님 우편에서 하늘과 땅의 모든 권세를 가지시고 온 우주와 만물을 다스리시고 모든 피조물로부터 존귀를 받으시는 영광 중에 거하십니다. '천사들, 권세들, 능력들' 은 우주에 있는 모든 영적 존재들(선한 천사, 악한 천사 모두 포함)을 가리킵니다. 창조된 모든 영적 권세들과 능력들이 그리스도께 복종합니다.

그리스도께서 영광스러운 하나님 우편에 계시면서 그 크신 권세와 능력으로 우리(교회)를 지키시며 보존하십니다. 예수님은 교회의 머리

이십니다. 우리를 박해하는 자들의 세력이 당분간 그 기세가 충천하는 듯하지만, 결국은 하나님 권능 앞에 다 무릎을 꿇게 될 것입니다. 그러므로 그리스도인들은 어떤 고난이 와도 끝까지 주님을 의지하며 인내해야 합니다.

우리는 이 땅에서 선을 행함으로써 고난과 박해를 받을 때, 예수님과 더불어 영광을 누릴 것을 약속한 하나님 말씀을 꽉 붙들고 끝까지 승리해야 합니다.

로마서 8장 17절을 보십시오.

[17] 자녀이면 또한 상속자 곧 하나님의 상속자요 그리스도와 함께 한 상속자니 우리가 그와 함께 영광을 받기 위하여 고난도 함께 받아야 할 것이니라

뿐만 아니라, **8장 18절**을 보세요.

[18] 생각하건대 현재의 고난은 장차 우리에게 나타날 영광과 비교할 수 없도다

사랑하는 성도 여러분! 우리는 어떠한 고난이 닥쳐도 절대로 뒤로 물러가거나 주저앉으면 안 됩니다. 고난의 형태가 다양합니다. 육신적 질병으로 오는 고난, 경제적인 고난, 인간관계의 고난, 가정의 고난, 어떤 고난도 우리 그리스도인들을 넘어뜨릴 수 없습니다. 우리는 장래의 영광을 보장받은 하나님의 자녀입니다.

그리스도께서는 의인이셨지만 불의한 죄인들을 구원하시려고 고난

받으셨습니다. 그러나 그리스도께서 영광의 자리에서 만유를 다스리시고, 모든 피조물들(영계, 물질계 모두 포함하여)은 다 그리스도 앞에 복종하고 있습니다. 그 그리스도께서 오늘 우리를 붙들고 계십니다. 성도 여러분! 모두 그리스도를 의지하고 승리의 삶을 살기를 축원합니다.

<2020년 12월 20일 주일 낮 대예배 설교>

Chapter 16

고난이 다가올때 (벧전 4:1-6)

1. 이러므로 너희가 그들과 함께 그런 극한 방탕에 달음질하지 아니하는 것을 그들이 이상히 여겨 비방하나1 그리스도께서 이미 육체의 고난을 받으셨으니 너희도 같은 마음으로 갑옷을 삼으라 이는 육체의 고난을 받은 자는 죄를 그쳤음이니

2 그 후로는 다시 사람의 정욕을 따르지 않고 하나님의 뜻을 따라 육체의 남은 때를 살게 하려 함이라

3 너희가 음란과 정욕과 술취함과 방탕과 향락과 무법한 우상 숭배를 하여 이방인의 뜻을 따라 행한 것은 지나간 때로 족하도다

4 이러므로 너희가 그들과 함께 그런 극한 방탕에 달음질하지 아니하는 것을 그들이 이상히 여겨 비방하나

5 그들이 산 자와 죽은 자를 심판하기로 예비하신 이에게 사실대로 고하리라

6 이를 위하여 죽은 자들에게도 복음이 전파되었으니 이는 육체로는 사람으로 심판을 받으나 영으로는 하나님을 따라 살게 하려 함이라

베드로전서 강해를 계속하겠습니다. 베드로전서를 고난의 서신 또는 소망의 서신이라고 부릅니다. 베드로전서는 고난과 박해에 직면해 있는 1세기의 그리스도인들에게 소망을 주기 위해 쓰여진 서신이기

때문입니다. 그리스도인들이 경험하는 고난은 여러 가지 형태가 있습니다. 시대와 처한 환경에 따라 고난의 모습이 다릅니다. 초대교회의 그리스도인들이나 현재 공산치하나 이슬람에 의해 박해받는 그리스도인들의 모습이 있습니다.

또 그들처럼 극심한 박해를 받지는 않지만, 대부분의 그리스도인들은 다양한 모습의 고난을 경험하며 살아갑니다. 예를 들어, 사회생활에서 예수님을 믿음으로 오는 불이익, 또는 기독교 신앙으로 인한 가정에서의 갈등, 그 외에도 질병으로 인한 고난, 물질적인 어려움 등 다양한 모습의 고난이 다가옵니다. 특별히 작년부터 겪고 있는 코로나로 인한 어려움은 모든 사람들이 겪고 있는 고난입니다.

베드로전서는 하나님께서 로마 황제 네로로 인해 곧 다가올 기독교 박해에 대비하게 하시려고, 베드로를 통해 성령의 감동으로 쓰게 하신 하나님의 말씀입니다.

※ 그렇다면 고난이 다가올 때 그리스도인들은 어떤 태도(자세)로 살아가야 합니까?

첫째, 그리스도의 고난을 본받으라

베드로전서 4장 1절을 보십시오.

[1] 그리스도께서 이미 육체의 고난을 받으셨으니 너희도 같은 마음으로

이 말씀은 무슨 뜻입니까?

예수님은 죄가 없으신 하나님이신데, 우리 죄를 대속하시려고 인간의 육체를 입고 이 땅에 오셔서 십자가에 못 박혀 죽으시는 고난을 당하셨습니다. 예수님 때문에 우리가 죄용서 받고 구원받았습니다. 그러므로 우리도 그리스도를 위해 받는 고난을 두려워하지 말고, 그리스도와 같은 마음으로 든든히 무장하고 세상의 고난과 싸워 이기라는 말씀입니다.

'갑옷' 은 병사들이 전쟁터에 나갈 때 자신을 보호하기 위해서 무장하는 옷입니다. 그리스도인들에게 이 세상은 본향, 본국이 아닙니다. 이 세상에서 그리스도인들은 나그네요, 외국인입니다. 그러므로 그리스도인들에게 있어서 이 세상은 편안히 쉴 곳이 아니고, 치열한 영적 전쟁이 있는 곳입니다. 그러므로 우리 그리스도인들은 그리스도와 같은 마음으로 영적 갑옷을 입어야 악한 세상으로부터 자신을 지킬 수 있습니다.

'그리스도와 같은 마음' 은 어떤 마음입니까? 고난 속에서도 세상과 타협하여 죄짓지 않고, 고난 속에서도 불평이나 불만 없이 인내하며 온유했던 주님의 대속적 마음입니다. 주님은 자신의 죄 때문에 고난받은 것이 아니고, 내 죄 때문에 기꺼이 고난을 받으셨습니다. 그러므로 우리도 고난과 박해가 다가올 때, 그리스도를 본받아 그리스도와 같은 마음으로 기꺼이 고난을 감수해야 합니다.

베드로전서 4장 1절을 보십시오.

[1] 그리스도께서 이미 육체의 고난을 받으셨으니 너희도 같은 마음으로 갑옷을 삼으라 이는 육체의 고난을 받은 자는 죄를 그쳤음이니

이 말씀도 2가지 견해가 엇갈리는 구절입니다.

9절 후반에, '육체의 고난을 받은 자'가 누구일까요? 예수 그리스도라고 하는 견해, 또 우리 성도라고 하는 견해가 있습니다. 이렇게 정리하고 넘어가겠습니다. 예수님께서 육체의 고난, 즉 십자가에 못 박혀 돌아가심으로 우리 죄가 그쳤습니다. 우리는 죄로부터 해방되었습니다. 그러므로 우리 죄 용서 받고 구원받은 그리스도인들은 고난이 다가올 때 세상과 타협해서 죄짓지 말고, 기꺼이 그리스도를 위해 고난을 감당해야 할 줄로 믿습니다.

고난이 다가올 때, 그리스도인의 태도는 또 어떠해야 합니까?

둘째, 하나님의 뜻을 따라 살라

4장 2절을 봅시다.

[2] 그 후로는 다시 사람의 정욕을 따르지 않고 하나님의 뜻을 따라 육체의 남은 때를 살게 하려 함이라

그리스도께서 우리를 위해 대속의 고난을 받으신 목적은 우리로 하여금 다시는 '사람의 정욕'을 따르지 않고, '하나님의 뜻'을 따라 육

체의 남은 때를 살게 하려 하심입니다.

우리가 과거에 예수님 믿기 전에는 우리의 욕심과 정욕을 따라 살았지만, 이제 예수님 믿고 구원받은 하나님의 자녀는 이 땅에서 육체로 사는 동안 하나님의 뜻을 따라 경건하게 살아야 합니다. 구원받은 성도는 이 땅에서는 육체를 가지고 살지만, 육체를 따라 살아서는 안 됩니다.

예수님을 정말로 믿고 거듭난 성도는 이제 가치관이 바뀌어야 합니다. 인생의 목표가 바뀌어야 합니다. 부자가 되는 것, 나의 성공, 나의 출세, 나의 건강이 목표가 아니라 하나님의 나라, 하나님의 뜻이 이루어지는 것이 목표여야 합니다. 그래서 예수님께서 우리에게 기도를 가르쳐주시면서, 이렇게 기도하라고 하셨습니다.

'나라가 임하시오며 뜻이 하늘에서 이루어진 것 같이 땅에서도 이루어지이다.'

여러분은 하나님의 뜻이 이 땅에 이루어지는 것을 최우선에 두고 살고 있습니까? 진정으로 하나님의 뜻이 내 삶을 통해 이 땅에 이루어지기를 소망하는 참된 그리스도인들은 나의 성공, 부귀, 나의 건강과 상관없이 하나님께 충성하고 하나님을 섬깁니다. 고난이 오면 하나님을 원망하고 하나님을 떠나는 것이 아니라, '이 고난을 통해 내게 주시는 하나님의 뜻이 무엇입니까?' 물으며 하나님 앞에 더 가까이 나아갑니다.

전능하신 하나님께서 그의 사랑하는 자녀들에게 고난을 허락하시는 이유가 무엇일까요?

성도에게 오는 고난은 성화를 위한 것입니다. 진심으로 회개하고 구원받은 성도는 삶의 변화가 따르게 되어있습니다. 구원받은 하나님의 자녀는 그의 안에 성령님이 내주하심으로 평생에 걸친 변화의 과정이 이루어집니다. 이것이 성화입니다. 이러한 성화는 주로 고난을 통해 이루어집니다.

시편 119편 67절을 보세요.

[67] 고난 당하기 전에는 내가 그릇 행하였더니 이제는 주의 말씀을 지키나이다

'이제' 는 고난을 당한 이후입니다. 즉 고난을 받은 이후 '주의 말씀' 을 지키는 자가 되었다는 것입니다.

또 **119편 71절**을 보십시오.

[71] 고난 당한 것이 내게 유익이라 이로 말미암아 내가 주의 율례들을 배우게 되었나이다

'고난' 을 통해 '주의 율례들' 을 배우게 되었다고 이야기합니다. 고난을 통해 주님의 말씀 앞에 순종함으로 성화가 이루어집니다. 우리도 코로나로 힘든 이 고난의 시기를 성화의 기회로 알고 더욱 주님을 잘 섬겨야 할 것입니다.

고난이 다가올 때 그리스도인이 취해야 할 태도 세 번째는?

셋째, 이방인의 삶을 청산하라

베드로전서 4장 3절을 보십시오.

[3] 너희가 음란과 정욕과 술취함과 방탕과 향락과 무법한 우상 숭배를 하여 이방인의 뜻을 따라 행한 것은 지나간 때로 족하도다

여기 '이방인'은 예수님을 믿지 않는 사람을 가리킵니다. 우리도 과거에 예수님 믿기 전에는 하나님의 자녀가 아니라 이방인이었습니다. 과거에 예수님 믿기 전에는 하나님의 뜻에 대해 관심이 없었습니다. 모두 자기 욕심, 자기 뜻을 이루려고 애쓰며 살았습니다. 하나님 없는 인간들 속에서 나오는 자기 뜻은 모두 다 자기 욕심을 채우려는 것들뿐입니다.

계속 **4장 3절**을 보십시오.

[3] 너희가 음란과 정욕과 술취함과 방탕과 향락과 무법한 우상 숭배를 하여 이방인의 뜻을 따라 행한 것은 지나간 때로 족하도다

음란과 정욕 – 부부 간의 성생활은 하나님의 축복입니다. 그러나 마음에 성적으로 더러운 생각인 '정욕'을 품으면 그것이 외적인 '음란'(성적 부도덕)으로 나타납니다.

술 취함과 방탕과 향락 – 이것은 주로 술과 관계된 죄악입니다. '술

취함'은 술에 만취한 상태, 술에 대한 끝없는 욕망을 말합니다. '방탕'은 술 취한 사람이 거리를 다니며 떠드는 모습입니다. 또한, 엄청난 비용이 드는 사치스러운 잔치를 하는 것도 방탕의 모습입니다. '향락'도 큰 술 잔치를 베풀어 즐기는 것을 가리킵니다. 또한, 술 먹고 짐승 같은 짓을 하는 사람의 행동도 이 향락의 모습입니다.

우상숭배 – 베드로 당시의 우상숭배의 모습은 음주와 음란이 섞인 가증스러운 것이었습니다. 그 결과 죄를 범할 뿐 아니라, 창조주이시며 구속주이신 하나님을 떠나 허탄한 우상에 빠져버리게 되었습니다. 이런 죄들이 사람의 정욕을 따라 사는 이방인의 삶입니다.

우리 구원받은 그리스도인들은 지난날 예수님 믿기 전의 죄악된 삶으로 족한 줄 알고 더 이상 죄를 짓지 말아야 합니다. '지나간 때로 족하다'라고 외치면서 이제는 하나님의 뜻을 따라 살아야 합니다.

성도 여러분! 이방인의 삶을 부러워하지 말고 청산하십시오.

고난이 다가올 때 그리스도인들이 취해야 할 마지막 태도는?

넷째, 심판을 기억하고 살라

본문 **베드로전서 4장 4절**을 봅시다.

[4] 이러므로 너희가 그들과 함께 그런 극한 방탕에 달음질하지 아니하는 것을 그들이 이상히 여겨 비방하나

내가 예수님 믿기 전에는 예수님 믿지 않는 친구들과 같이 도박도 하고 술도 마시고 같이 힘을 합해 누구를 괴롭히기도 하고 같이 점도 보러 다녔습니다. 그런데 갑자기 내가 예수님을 믿고 변했습니다. 그때 친구들 만나는 것이 불편합니다. 그 친구들이 나를 어떻게 대할까요?

그들은 변화된 나를 보고 보통 깜짝 놀라 충격을 받습니다. 그다음 그 친구들은 배신감을 느끼면서 비방하기 시작합니다. 과거에 함께 죄 짓던 내가 예수님 믿고 거룩하게 살면서, "예수님 믿어야 구원받지, 믿지 않으면 심판받아 지옥간다"라고 하면서 전도하니까, 불신자 친구들은 "야! 너도 수없이 죄짓다가 갑자기 성자라도 된 줄 알아? 네가 우리보다 낫다고 생각해? 네가 천국 가면 우리도 천국가!"라고 말하며 비방합니다. 이렇게 비방함으로 불신 친구들은 자신들의 행위를 정당화하려고 합니다.

그러나 그리스도인들은 세상 친구를 두려워할 필요가 없습니다.

찬송가 325장 1절에 보면, '예수가 함께 계시니 시험이 오나 겁없네', 3절, '이 세상 친구 없어도 예수는 나의 친구니 불의한 일을 버리고 예수를 위해 삽시다', 4절, '주께서 심판하실 때 잘했다 칭찬하리니 이러한 상급 받도록 예수를 위해 삽시다'.

이제 **베드로전서 4장 5절**을 봅시다.

[5] 그들이 산 자와 죽은 자를 심판하기로 예비하신 이에게 사실대로 고하리라

이제 예수님께서 재림하시게 되면 살아있는 사람들뿐 아니라, 이미 죽은 자들까지 모두 심판하시게 됩니다. 마지막 날, 의인과 악인이 다 부활하여 심판대 앞에 서게 될 것입니다.

요한복음 5장 29절을 보십시오.

[29] 선한 일을 행한 자는 생명의 부활로, 악한 일을 행한 자는 심판의 부활로 나오리라

그때 성도를 비방하고 협박하고 하나님을 대항했던 모든 자들은 심판받기 위해 부활할 것입니다. 그리고 마지막 심판대 앞에서 심판자 되신 예수 그리스도에게 자기들의 죄들을 다 직접적으로 고백하게 될 것입니다.

이제 마지막 **베드로전서 4장 6절**을 봅시다.

[6] 이를 위하여 죽은 자들에게도 복음이 전파되었으니 이는 육체로는 사람으로 심판을 받으나 영으로는 하나님을 따라 살게 하려 함이라

이 구절은 성경의 난해 구절 중 하나입니다. 그래서 성경학자들의 여러 가지 견해가 있는 구절입니다. 얼핏 보면, 죽은 후에도 복음을 듣고 구원받을 수 있는 것처럼 보입니다. 그런데 그것은 성경 전체적인 신학에 비추어 보면 틀린 생각입니다. 성경은 거의 모든 곳에서 확실하게 살아있을 때 예수님 믿어야 구원받고, 죽으면 천당과 지옥 둘 중 한 군데로 간다고 말씀하십니다. 예수님 믿는 자는 천당, 믿지 않는 자는 지옥입니다. 죽은 후에 구원받을 제2의 기회가 있다고 가르치지 않습니다.

그러므로 이 구절은 이렇게 해석하는 것이 무난할 것입니다. 여기 '죽은 자들에게 복음이 전파되었다'는 말씀은 많은 이들이 지금은 죽었지만, 이들이 살아있었을 때 복음을 듣고 예수님을 믿었는데, 이제 죽었다는 말씀입니다. 살아있을 당시 복음을 듣고 예수님 믿은 사람도 육체는 죽습니다(이것을 심판이라고 표현한 것입니다). 그러나 예수님 믿고 육체는 죽지만 영은 하나님과 더불어 영원히 삽니다.

여러분! 고난과 박해에 직면해있는 1세기의 그리스도인들이 이 말씀을 들으면 얼마나 큰 위로가 되었겠습니까? 육체의 고난은 잠깐이요, 그 이후에 영은 구원받아 영원한 생명을 누리게 된다는 사실입니다. 이 세상이 전부가 아니라, 우리 주님의 심판대 앞에 모든 인간이 선다는 것을 믿을 때 우리 그리스도인들은 고난과 박해 앞에서도 큰 위로가 됩니다.

사랑하는 성도 여러분! 우리는 1세기 그리스도인들이 겪는 고난을 생각하면서 '고난이 다가올 때'라는 제목으로 말씀을 나누었습니다.

왜 헌신된 그리스도인들에게 고난이 다가옵니까? 많은 그리스도인들이 예수님 믿고 헌신하는 이유가 무엇입니까?

많은 사람들이 예수님 믿으면 복받고, 마음의 평안을 누리고, 물질적 부를 누리고, 병들지 않고, 건강하고 무탈하게 살 것이라고 생각합니다. 그래서 십일조 및 각종 헌금도 드리고, 또 몸으로 헌신합니다. 그러다가 경제적 어려움이나 질병 등 인생의 고난이 다가오면, 하나님을 원망하면서 하나님께 항의합니다. '하나님! 내가 열심히 신앙생활하고 헌신했는데, 왜 이런 고난을 주시나요?'

많은 그리스도인들이 나를 위해 십자가에 죽으심으로 내 죄를 대속하시고, 나를 구원하신 하나님의 은혜에 감사해서 헌신하는 것이 아니라, 나의 평안, 나의 무탈을 위해 헌신합니다. 하나님을 거래의 대상으로 생각하는 것입니다. 이것을 기복 신앙이라고 합니다. 복받기 위해 예수님 믿고, 복받기 위해서 헌신하고, 복받기 위해서 헌금하는 것입니다. 이런 신앙은 순수한 신앙이 아닙니다.

하나님께서는 우리 신앙의 불순물을 제거하시려고 고난을 허락하십니다. 고난의 연단을 통해 나의 불순물을 바라보게 하시고, 주님을 닮은 성숙한 그리스도인으로 세워지기를 원하고 계십니다.

제가 얼마 전 어깨 힘줄이 끊어져서 수술을 했습니다. 몸이 아프고 불편하다보니, '항상 기뻐하라, 쉬지 말고 기도하라, 범사에 감사하라'는 하나님의 말씀을 실천하기 어려웠습니다. 그러면서 이런 생각이 들었습니다.

'아! 목사인 나의 믿음에도 불순물이 많구나. 내가 하나님의 은혜와 사랑에 감사해서 헌신하는 것이 아니라, 나를 위해서 주님 섬기는구나. 성도들에게는 항상 기뻐하라, 쉬지말고 기도하라, 범사에 감사하라고 설교하면서, 막상 나에게 약간의 고통이 오니까 기쁨이 사라지는구나'

이 깨달음이 오자 하나님께 감사 기도를 드렸습니다. '지금까지 70년 가까이 지켜주시고 인도하신 하나님! 감사합니다. 모든 것이 하나님의 은혜였습니다.' 그리고 제가 아내에게 이런 이야기를 했습니다.

'우리는 이제 점점 나이가 들면서 우리 육신이 하나씩 하나씩 무너질 거야. 그래야 주님 계신 곳으로 가지. 계속 건강하면 어떻게 주님 만나? 우리는 늘 평안하게 죽음을 준비하며 삽시다. 지금까지 인도하신 하나님의 은혜와 사랑에 감사하면서.'

제가 이 작은 고통을 통해, 예수님의 십자가 사랑을 더 깊이 깨닫게 되었습니다. 그뿐만 아니라 질병으로 투병하는 성도들의 고통에 더 가까이 다가갈 수 있었습니다.

사랑하는 성도 여러분! 우리는 1세기 그리스도인들이 당한 그런 고난은 없지만 끊임없는 다양한 형태의 고난이 다가옵니다. 오늘 병상에 있는 성도 여러분, 주님을 바라보십시오. 경제적으로 어려운 성도 여러분, 주님을 바라보십시오. 지금까지 지내온 것 주님의 은혜입니다. 이제 주님은 우리를 마지막까지 지키실 것을 믿습니다.

<2021년 1월 10일 주일 낮 대예배 설교>

Chapter 17

종말론적 신앙(벧전 4:7-11)

7 만물의 마지막이 가까이 왔으니 그러므로 너희는 정신을 차리고 근신
하여 기도하라
8 무엇보다도 뜨겁게 서로 사랑할지니 사랑은 허다한 죄를 덮느니라
9 서로 대접하기를 원망 없이 하고
10 각각 은사를 받은 대로 하나님의 여러 가지 은혜를 맡은 선한 청지기
같이 서로 봉사하라
11 만일 누가 말하려면 하나님의 말씀을 하는 것 같이 하고 누가 봉사하
려면 하나님이 공급하시는 힘으로 하는 것 같이 하라 이는 범사에 예
수 그리스도로 말미암아 하나님이 영광을 받으시게 하려 함이니 그에
게 영광과 권능이 세세에 무궁하도록 있느니라 아멘.

베드로전서 강해를 계속 하겠습니다. 제가 반복적으로 이야기하고 있지만, 다시 한번 강조하겠습니다. 베드로전서를 읽거나, 들을 때 베드로전서의 기록 목적을 염두에 두고 읽거나 들어야 성령의 강력한 감동을 경험할 수 있습니다.

베드로전서의 기록 목적이 무엇입니까? 곧 다가올 로마의 네로 황제에 의한 기독교에 대한 무서운 박해를 앞두고, 그리스도인들에게 소

망을 주기 위해 하나님께서 주신 말씀이 베드로서입니다. 박해가 다가올 때 그리스도인들은 두렵고 신앙의 혼돈이 옵니다. 각 상황에서 어떻게 처신해야 할지 당황하게 됩니다. 그래서 하나님으로부터 구체적인 지침을 받고 싶어 합니다. 그런 그리스도인들에게 각 상황에 어떤 태도로 처신해야 하는지 구체적인 지침을 주고 계십니다.

위정자에게는 어떤 태도를 취해야 하며, 사회생활, 가정생활은 어떻게 해야 되는지에 대해 구체적인 지침을 주고 계십니다. 이것들은 이미 살펴보았습니다.

오늘 본문은 개인의 신앙생활과 교회에서 그리스도인들 간에 취해야 할 태도에 대해서 구체적인 몇 가지 지침을 주십니다. 오늘 본문은 베드로전서 4장 7절에, '만물의 마지막이 가까이 왔으니' 로 시작합니다.

이 말씀은 개인적인 종말이 가깝다는 말도 되지만 우주적인 종말, 즉 그리스도의 재림의 때가 가깝다는 말입니다. 그리스도인들은 항상 마지막 때를 의식하고 영적으로 긴장하여 종말론적 신앙 자세로 살아야 합니다.

초대교회 성도들은 만나면 이렇게 인사했습니다. '마라나타' (아멘 주 예수여 오시옵소서). 물론 주님 언제 재림하시는지는 아무도 모릅니다.

예수님께서 말씀하셨습니다.

마태복음 24장 36절입니다.

[36] 그러나 그 날과 그 때는 아무도 모르나니 하늘의 천사들도, 아들도 모르고 오직 아버지만 아시느니라

주님이 언제 재림하실지 우리로 모르게 하신 것은, 그리스도인들로 하여금 어느 시대나 종말론적 긴장을 가지고 신앙생활을 하라는 하나님의 지혜라고 믿습니다. 만일 우리가 주님 재림 날짜를 알면, 실컷 죄 짓고 살다가 주님 재림 직전에 정신 차리고 신앙생활을 할 수 있습니다.

만약, 재림 시간을 안다고 하면 그것은 이단이고 비성경적인 것입니다. 우리가 재림의 때는 몰라도, 항상 오늘이라도 주님이 재림하실 수 있다는 종말론적인 신앙을 갖는 것이 성경적입니다. 성경이 모든 시대의 그리스도인들이 종말론적 신앙을 가지고 신앙생활을 하도록 쓰여졌기 때문입니다.

그리스도께서는 예기치 못한 순간에 갑작스럽게 오실 수 있습니다.

마태복음 24장 42절을 보세요.

[42] 그러므로 깨어 있으라 어느 날에 너희 주가 임할는지 너희가 알지 못함이니라

또 **24장 44절**을 볼까요?

[44] 이러므로 너희도 준비하고 있으라 생각하지 않은 때에 인자가 오리라

어느 때에 예수님께서 오실지는 알 수 없다는 것입니다.

그러면 곧 다가올 고난과 박해에 직면해있는 초대교회 그리스도인들에게, 베드로는 왜 마지막이 가까이 왔다고 말할까요?

마지막 종말은 그리스도의 재림으로 불신자와 박해자들에게는 심판의 날이요, 예수님을 믿는 그리스도인들에게는 구원이 완성되는 날이기 때문입니다. 그러므로 그리스도의 재림을 바라보고 종말 의식을 가지고 사는 성도는 오늘 나에게 닥치는 고난과 박해를 이길 수 있고 소망을 가질 수 있습니다. 동시에 하나님의 뜻에 합한 올바른 삶(신앙생활)을 살게 됩니다.

사랑하는 성도 여러분! 1세기 그리스도인들이 겪었던 고난과 박해는 없지만, 인생이 너무 힘든 분은 안 계시나요? 주님 재림을 소망하며 종말론적 신앙으로 사십시오. 주님께서 오시면 성도들의 모든 눈물을 닦아주실 것입니다.

그러면 종말론적 신앙을 가진 그리스도인들의 태도(자세)는 구체적으로 어떠해야 할까요?

첫째, 기도하라

베드로전서 4장 7절을 보십시오.

[7] 만물의 마지막이 가까이 왔으니 그러므로 너희는 정신을 차리고 근신하여 기도하라

마지막 날이 가까울수록 기도해야 합니다. 마지막 날이 다가올수록

사탄은 더 발악을 하기 때문에, 그리스도인들이 세상을 이기려면 기도해야 합니다. 기도할 때 정신을 차리고 근신하여 기도하라고 말씀하십니다. 정신을 차리라는 말과 근신하라는 말은, 한 마디로 '영적으로 깨어 있으라' 는 말입니다.

세상 일과 쾌락에 빠져 정신을 잃지 말고, 영적으로 깨어 기도하라는 말입니다. 영적으로 깨어 기도하는 사람은 성령의 음성을 듣고 회개하게 됩니다. 또 직장과 사업에 바빠서 예배를 등한시하고 신앙생활을 제대로 못하는 사람이 정신을 차리고 깨어 기도하면, '내 인생에 무엇이 가장 중요하며 가치 있는 일인지' 를 깨닫게 됩니다.

또 영적으로 깨어 기도하는 사람은 '내가 어디에서 와서 무엇 때문에 살며 어디로 가고 있는지' 를 깨닫게 됩니다. 그리고 '마지막 내가 죽어서 어떤 모습으로 하나님 앞에 설 것인지' 를 생각하고, 자신의 삶을 바로잡게 됩니다. 그러므로 마지막을 준비하는 그리스도인의 태도 첫 번째는 정신을 차리고 근신하여 기도하는 것 '입니다.

둘째, 서로 사랑하라

베드로전서 4장 8절을 보십시오.

[8] 무엇보다도 뜨겁게 서로 사랑할지니 사랑은 허다한 죄를 덮느니라

말세의 특징 중 하나가 사랑이 식어지는 것입니다. 부부 간에도 이기적이 되어 서로를 이용하고, 심지어는 보험금을 타기 위해 배우자를

해하는 사건도 뉴스에 보도되고 있습니다. 부모자식 간에도 마찬가지입니다. 돈이 있는 부모는 그 자식들이 부모 돈 때문에 부모 섬기고, 돈 없는 부모를 둔 자식들은 서로 부모를 모시지 않으려고 하면서, 심지어는 부모를 버리기도 합니다.

요즘 뉴스를 뜨겁게 달구는 사건 중 하나가 입양여아 정인이 사망사건입니다. 홀트아동복지회에서 8개월된 여아를 입양한 양부모가 장기간의 학대를 가해 16개월된 입양아 정인이가 사망한 사건입니다. 국립과학수사원의 부검결과, 정인이의 사망과정은 굉장히 참혹했습니다. 소장, 대장 파열, 췌장 절단, 후두부, 쇄골, 대퇴골 등이 모두 골절되었다고 합니다.

여러분! 마지막 종말을 준비하는 그리스도인의 가장 중요한 태도가 사랑입니다. 그것도 '뜨겁게 사랑' 하라고 하셨습니다.

왜 그럴까요? 마지막 때가 될수록 종말의 징조 가운데 하나가 '사랑이 식어지리라' 고 예언하고 있기 때문입니다.

마태복음 24장 12절에 보십시오.

[12] 불법이 성하므로 많은 사람의 사랑이 식어지리라

그러면 구체적으로 어떻게 하는 것이 뜨겁게 사랑하는 것일까요?

베드로전서 4장 8절을 보겠습니다.

[8] 사랑은 허다한 죄를 덮느니라

'허물과 죄를 덮어주는 것' 이 사랑입니다. '서로 용서하는 것' 입니다. 우리는 남의 은밀한 허물이나 죄를 알면 덮어주기보다는 폭로하기를 즐기고 비판하고 정죄하기를 즐깁니다. 교회 밖에서는 물론이고 교회 안에서도 마찬가지입니다.

기지촌 어느 교회에 초신자 젊은 남매가 나오고 있었습니다. 그런데 안타깝게도 오빠가 중병이 들었습니다. 폐결핵에 심장병까지 걸렸습니다. 동생은 생활비에 오빠의 치료비까지 감당해야 했지만 너무 힘들고 벅찼습니다. 동생은 오빠와 함께 살아가기 위해서 외국인에게 몸을 팔아서 오빠의 치료비와 생활비를 감당했습니다.

지성이면 감천이라고, 오빠의 병이 나았습니다. 그리고 일자리를 얻어 일하고, 동생도 과거를 청산하고 새 생활을 시작했습니다.

그러나 그 사실이 교회에 알려지고, 수다스러운 교인들이, 잘못된 교인들이, 덜 된 교인들이 이들을 조소하고 비웃고 따돌리게 되었습니다. 민감한 동생은 교인들에게 버림 당한 이 사실을 감당하지 못하고 약을 먹고 자살을 하고 말았습니다.

목사님은 조촐한 장례식에서 이렇게 말했습니다.

"하나님, 용서하여 주옵소서. 양의 탈을 쓴 이리들이 어린 양을 죽였습니다." 그리고 말을 잇지 못했습니다. 오빠는 말없이 멀리 떠나버렸습니다.

여러분! 왜 하나님께서는 고난과 박해에 직면해있는 1세기의 그리스도인들에게 뜨겁게 사랑하라고 말씀하시고, 죄를 덮고 용서하라고 말씀하셨을까요? 보통 고난이 오면 사람들이 이기적이 됩니다. 다른 사람을 사랑할 여유가 없어집니다. 그러면 고난을 이길 수 없습니다.

그러나 1세기 그리스도인들은 세상에서 부당한 대우를 받고 박해를 당할 때, 서로 뜨겁게 사랑하고 격려함으로 기꺼이 목숨을 버리는 순교를 할 수 있었습니다.

]오늘날 한국교회는 뜨겁게 사랑하는 것은 고사하고 서로 사랑하는 모습도 없습니다. 교회 간에도 사랑이 없습니다. 모두 이기적이 되어 버렸습니다. 그래서 교회가 세상으로부터 조롱 받으면서도 4분 5열되어 있기 때문에 세상을 대항할 힘을 쓰지 못하는 것입니다. 교회가 강퍅한 세상을 이길 수 있는 힘은 사랑입니다.

성도 여러분! 주님 오실 때가 가깝습니다. 더욱 뜨겁게 사랑하고 용서하는 우리 모두 되기를 축원합니다.

셋째, 서로 대접하라

베드로전서 4장 9절을 봅시다.

[9] 서로 대접하기를 원망 없이 하고

종말의 특징 중 하나가 이기주의입니다. 남을 대접하기보다는 남의 것을 빼앗으려 하고, 나를 대접하지 않았다고 야단칩니다. 오늘 9절에서는 '서로 대접하라' 고 합니다. 대접하되 '원망 없이' 대접하라고 합니다.

우리가 남을 대접하면서도 체면 때문에, 또는 어떤 이유 때문에 억지로 대접하게 되면 상대방이 그것을 압니다. 우리가 대접을 받고서도, 상대방이 억지로 대접하면 얼마나 불편합니까?

여러분! 기쁜 마음으로 자진해서 대접하십시오. 마지막 때를 살아가는 그리스도인들은 세상 풍조인 이기주의를 따르지 말고 섬기고 대접하는 삶을 살아야 합니다. 그리하면 주님께서 영광으로 오시는 날, 우리에게 이렇게 말씀하실 것입니다.

마태복음 25장 34절입니다.

[34] 그 때에 임금이 그 오른편에 있는 자들에게 이르시되 내 아버지께 복 받을 자들이여 나아와 창세로부터 너희를 위하여 예비된 나라를 상속 받으라

그 다음 **25장 35절**을 보겠습니다.

[35] 내가 주릴 때에 너희가 먹을 것을 주었고 목 마를 때에 마시게 하였고 나그네 되었을 때에 영접하였고

그 다음 **25장 36절**입니다.

[36] 헐벗었을 때에 옷을 입혔고 병들었을 때에 돌보았고 옥에 갇혔을 때에 와서 보았느니라

사랑하는 성도 여러분! 마지막 때를 소망하며 서로 대접하십시오. 주님의 이름으로 대접하면 곧 주님을 대접하는 것입니다.

넷째, 서로 봉사하라

어떻게 봉사할까요? **베드로전서 4장 10절**을 보겠습니다.

[10] 각각 은사를 받은 대로 하나님의 여러 가지 은혜를 맡은 선한 청지기 같이 서로 봉사하라

은사는 하나님께서 우리에게 은혜로 거저 주신 선물입니다. 하나님께서 성도들에게 은사를 주시는 목적은, 그리스도의 몸인 교회의 유익을 위해서입니다. 성도가 받은 각각의 은사를 통해 교회가 아름답게 세워지고, 궁극적으로 하나님 나라 확장이 이루어집니다. 그러므로 모든 그리스도인들은 각각 은사를 받은 대로 서로 봉사함으로 그리스도의 몸인 교회를 세워나가는 일에 쓰임 받아야 합니다.

은사가 하나님께서 그리스도의 몸인 교회를 세우기 위해 우리에게 주신 선물이라는 말은, 곧 우리 그리스도인들은 다 청지기라는 말입니다. 청지기란 말은 주인의 재산을 맡아서 관리하는 사람을 가리킵니다. 자기 것은 없습니다. 다 주인의 것입니다. 우리의 목숨, 우리의 재산, 우리의 재능, 지능, 우리의 건강, 남편, 아내, 우리의 자녀, 이 모두 다 우리 주인이신 하나님의 것입니다.

하나님께서 우리에게 이것들을 맡기신 것은 이것들을 가지고 하나님의 교회를 세우고, 하나님의 영광을 위해 하나님 일을 하고, 이웃을 섬기라고 우리에게 맡겨주신 것입니다. 내 것은 없습니다. 돈도 내 것이 아닙니다. 주님께서 주신 것으로 헌금을 드리고 남을 돕는 것입니다. 봉사하는 것도 주님께서 주신 건강과 재능으로 땀 흘려 봉사한다는 생각을 가져야 합니다. 이것이 은사를 받은 대로 선한 청지기같이 서로 봉사하라는 의미입니다. 우리는 하나님 앞에서 청지기임을 잊지 말아야 합니다.

자! 마지막 절 **베드로전서 4장 11절**을 보십시오.

[11] 만일 누가 말하려면 하나님의 말씀을 하는 것 같이 하고 누가 봉사하려면 하나님이 공급하시는 힘으로 하는 것 같이 하라 이는 범사에 예수 그리스도로 말미암아 하나님이 영광을 받으시게 하려 함이니…

하나님께서 우리에게 주신 은사가 많지만, 여기 11절에서는 특별히 각양 은사 중 대표적인 2가지 영역에서의 은사를 말씀하고 있습니다. ① 말하는 것, ② 봉사하는 것입니다.

말하는 것과 관련된 은사는 설교, 교육, 전도, 교사들의 가르침, 그 외에도 방언, 예언, 통역, 권면의 은사 등입니다. 이것들이 말하는 것과 관련된 은사입니다. 이러한 은사를 사용하는 일에 있어서 하나님의 말씀을 하여야 한다는 것입니다. 자기 자신의 생각이나 사상을 전해주는 자가 되어서는 안 된다는 것입니다. 우리가 선포하는 메시지는 우리의 것이 아니라, 하나님의 메시지라는 사실을 기억하고 두렵고 떨리는 마음으로 하나님의 말씀을 전해야 합니다.

예를 들어 제가 설교를 통해 말로 봉사하고 있습니다. 그런데 이 설교를 통해 나를 드러내고 있고, 내가 영광을 받는다면 그것은 청지기적 자세가 아닙니다. 구체적으로 사람들이 설교자인 나에게 "목사님, 은혜 많이 받았어요. 어떻게 그렇게 설교를 잘하세요? 목사님은 말씀을 너무 잘 전하세요."라고 할 때, "예, 제가 원래 말 잘하구요. 학교 다닐 때 웅변 1등 했어요. 제가 머리도 좋고 실력도 있어요." 이렇게 말하면 선한 청지기가 아닙니다.

그럼 어떻게 해야 할까요? "하나님께서 저에게 은혜 주셔서 제가 말씀을 전하구요. 성령님께서 성도님에게 감동을 주셨나 봐요." 이렇게 하면 하나님께만 영광 돌리게 되는 것입니다.

연예인들이 연말 대상 시상식 때, 그리스도인 연예인들 중에 "하나님께 영광 돌린다."라고 말하는 것을 종종 봅니다. 이것이 선한 청지기의 모습입니다.

'봉사하는 것' 도 마찬가지입니다. 제가 농촌 목회를 할 때, 연세가 80이 넘으신 박 권사님이 계셨습니다. 새벽 기도 마치고 나면 아침식사를 준비하고 설거지를 하시고 종일 교회 옆 밭에 나가 일하시고, 목회자인 저를 위해 야채와 고추를 따다 주셨습니다.

제가 박 권사님께 "권사님은 참 건강하셔요."라고 하면, 박 권사님은 늘 대답하시기를 "하나님께서 이 늙은이에게 힘주셔서 일하지요. 모든 것이 하나님께서 주신 은혜입니다."라고 말하였습니다. 이것이 11절에서 말하는 '누가 봉사하려면 하나님이 공급하시는 힘으로 하는 것 같이 하라' 라는 말씀입니다.

하나님께서는 우리 그리스도인들에게 각양의 은사를 선물로 주셨습니다. 우리는 이 은사의 주인이 아니라 청지기입니다. 우리가 청지기 의식을 가지고 은사를 사용하는 궁극적인 목표는 하나님의 영광을 위해서입니다.

성도 여러분! 하나님께서 주신 은사로 서로 섬기고 봉사함으로 주님의 몸 된 교회를 든든히 세워나가십시오. 그렇게 할 때, 하나님께서는 여러분의 봉사를 통해 영광을 받으실 것입니다.

말씀을 맺습니다. 우리 그리스도인들에게 고난이 다가올 때, 어떻게 신앙생활을 해야 할까요? 주님의 재림을 바라보는 종말론적 신앙을 가질 때 오늘의 시련을 이길 수 있음을 믿습니다.

종말론적인 신앙을 가진 성도는 ① 깨어 기도해야 합니다. ② 뜨겁게 서로 사랑해야 합니다. ③ 원망 없이 서로 대접해야 합니다. ④ 하나님께서 주신 은사로 서로 섬기고 봉사해야 합니다.

사랑하는 성도 여러분! 코로나19 사태의 장기화와 기상이변 및 홍수와 각종 재난들로 인해 사람들은 삶의 기반이 흔들리며 몹시 두려워하고 있습니다. 마치 세상 종말을 향해 가는 것 같은 불안 속에서 방황하고 있습니다.

오늘 베드로전서를 통해 주신 말씀을 잘 붙들고, 어떠한 고난에도 굴하지 않고 승리하는 여러분들 모두가 되시기를 축원합니다.

<2021년 1월 17일 주일 낮 대예배 설교>

Chapter 18

그리스도인으로 고난 받을 때 (벧전 4:12-19)

12 사랑하는 자들아 너희를 연단하려고 오는 불 시험을 이상한 일 당하
는 것 같이 이상히 여기지 말고
13 오히려 너희가 그리스도의 고난에 참여하는 것으로 즐거워하라 이는
그의 영광을 나타내실 때에 너희로 즐거워하고 기뻐하게 하려 함이라
14 너희가 그리스도의 이름으로 치욕을 당하면 복 있는 자로다 영광의
영 곧 하나님의 영이 너희 위에 계심이라
15 너희 중에 누구든지 살인이나 도둑질이나 악행이나 남의 일을 간섭
하는 자로 고난을 받지 말려니와
16 만일 그리스도인으로 고난을 받으면 부끄러워하지 말고 도리어 그
이름으로 하나님께 영광을 돌리라
17 하나님의 집에서 심판을 시작할 때가 되었나니 만일 우리에게 먼저
하면 하나님의 복음을 순종하지 아니하는 자들의 그 마지막은 어떠
하며
18 또 의인이 겨우 구원을 받으면 경건하지 아니한 자와 죄인은 어디에
서리요
19 그러므로 하나님의 뜻대로 고난을 받는 자들은 또한 선을 행하는 가
운데에 그 영혼을 미쁘신 창조주께 의탁할지어다

베드로전서 강해를 계속하겠습니다.

'예수님을 잘 믿는 경건한 그리스도인들에게 왜 고난이 다가오는가?' 라는 질문은 우리 모든 그리스도인들이 끊임없이 던지는 질문입니다. 확실한 것은 경건한 그리스도인들에게도 고난이 다가온다는 사실입니다. 아니, 경건하게 살고자 하는 사람일수록 불신자들로부터 더 큰 공격을 받습니다.

우리는 이미 베드로전서 4장 서두에서 '고난이 다가올 때 어떤 태도로 살아가야 하는가?' 에 대해 살펴보았습니다.

오늘 본문 말씀을 통해서는 다시 한번 그리스도인들에게 다가오는 고난의 의미를 되새겨보고, 구체적으로 어떤 태도를 취해야 하는지에 대해 또 다른 측면에서 살펴보려고 합니다.

<그리스도인으로 고난받을 때>라는 제목으로 말씀을 전하려고 합니다.

※ 그리스도인으로 고난받을 때 어떻게 해야 하는가?

첫째, 이상히 여기지 말라

베드로전서 4장 12절을 봅시다.

[12] 사랑하는 자들아 너희를 연단하려고 오는 불 시험을 이상한 일 당하는 것 같이 이상히 여기지 말고

그리스도인들에게 다가오는 고난, 시험은 이상한 일이 아니라, 당연하다는 말씀입니다. 성경은 경건하게 살고자 하는 성도에게 핍박이 있

다고 말씀하십니다. 세상과 적당히 타협하고 사는 교인들에게는 핍박이 없습니다. 그러나 참된 그리스도인들에게는 핍박이 있는 것이 당연합니다.

12절 본문에 나타난 불 시험은 누구에게 주어진 불 시험입니까?

'사랑하는 자들아'. 즉 하나님께서 사랑하시는 참된 그리스도인들에게 불 시험이 있을 텐데, 이상히 여기지 말라고 하는 것입니다.

그러면 하나님께서 왜 경건한 그리스도인들에게 고난과 시험을 주실까요? 오늘 본문을 보니, 연단하려고 불 시험을 허락하신다고 말씀합니다.

성도 여러분! 금이 어떻게 순금이 됩니까? 그것은 불순물이 많은 금광석을 용광로의 뜨거운 불길 속에 넣어서 제련하면 금광석에서 불순물이 제거되고 마침내 순금이 됩니다. 마찬가지로 예수님을 믿는 그리스도인들도 불 시험을 통과함으로 죄성과 악한 습관 등과 같은 불순물이 제거되고, 경건하고 거룩한 인격으로 변화됩니다.

베드로전서 1장 7절을 보세요.

[7] 너희 믿음의 확실함은 불로 연단하여도 없어질 금보다 더 귀하여 예수 그리스도께서 나타나실 때에 칭찬과 영광과 존귀를 얻게 할 것이니라

성도는 고난을 통해 순수하고 참된 그리스도인으로 변화되는 것입니다. 성도에게 오는 고난은 성도를 파멸시키려는 것이 아니라, 성도의 신앙을 정결케 하기 위함이라는 사실을 알고 고난과 시련을 잘 감당해야 합니다.

12절 본문의 '불 시험'은 실제로 AD 64년 로마의 네로 황제에 의해 이루어졌습니다. 로마의 대화제 사건을 기독교인에게 그 책임을 뒤집어씌우면서, 1C 그리스도인들을 향한 대대적인 박해가 시작되었습니다. 이 박해 직전에 하나님께서는 베드로를 통해 하나님 말씀을 주시면서, '사랑하는 성도들이여, 여러분에게 다가오는 불 시험을 이상히 여기지 말라'고 말씀하시면서, 이 불 시험은 성도를 연단시키는 것임을 말씀하고 계신 것입니다.

그렇습니다. 여러분! 고난과 불 시험의 시간은 순금과 불순물을 구별하는 시간입니다. 알곡과 쭉정이를 구별하는 시간입니다. 고난이 올 때. 비로소 참된 그리스도인의 정체가 드러납니다. 그리고 참된 그리스도인들을 더욱 정결케 함으로 성화를 이루게 하십니다. 그러므로 고난과 불같은 시험이 올 때 이상히 여기지 말고, '그리스도를 닮기' 시험 과목을 잘 통과하기를 축원합니다.

고난이 올 때 어떻게 해야 할까?

둘째, 즐거워하고 기뻐하라

베드로전서 4장 13절을 보세요.

[13] 오히려 너희가 그리스도의 고난에 참여하는 것으로 즐거워하라 이

는 그의 영광을 나타내실 때에 너희로 즐거워하고 기뻐하게 하려 함이라

고난을 이상히 여기지 말뿐더러, 한걸음 더 나아가 오히려 즐거워하고 기뻐하라고 말씀합니다.

여러분! 고난과 시험이 닥치는데 즐거워하고 기뻐할 수 있을까요? 고난 중에도 즐거워하고 기뻐하라는 이유가 무엇입니까? 세 가지로 정리하고자 합니다.

고난 중에도 즐거워하고 기뻐할 수 있는 이유가 무엇인가?

1. 그리스도의 고난에 참여하는 것이기 때문이다.

다시 **베드로전서 4장 13절**을 봅시다.

[13] 오히려 너희가 그리스도의 고난에 참여하는 것으로 즐거워하라…

내가 그리스도인으로 고난받는 것은 '그리스도의 고난에 참여' 하는 것이기 때문입니다. 그러므로 내가 예수님 믿고 그리스도인이기 때문에 고난을 받는다면, 그리스도의 고난에 참여하는 것인 줄 알고 즐거워해야 합니다.

'그리스도의 고난에 참여' 한다는 말은 우리가 그리스도와 하나 됨을 경험하는 것입니다. 또한 그리스도와 더불어 교제함을 의미합니다. 결국 우리가 받는 고난을 통해 예수 그리스도와 더 깊은 관계 속으로

들어가 교제하게 되는 것입니다.

사도행전 5장 41절을 보세요.

[41] 사도들은 그 이름을 위하여 능욕 받는 일에 합당한 자로 여기심을 기뻐하면서 공회 앞을 떠나니라

사도들은 주님의 이름을 위하여 기쁨으로 고난을 감내했습니다. 그러므로 내가 그리스도인으로 고난받을 때 즐거워하고 기뻐해야 합니다. 그리스도의 대속의 고난은 2천 년 전, 십자가 위에서 이미 완성하셨습니다.('다 이루었다.') 그러나 그리스도 안에 있는 성도들이 받을 고난은 남아 있습니다.

그래서 사도 바울은 골로새서 1장 24절에 이렇게 기록합니다.

[24] 나는 이제 너희를 위하여 받는 괴로움을 기뻐하고 그리스도의 남은 고난을 그의 몸된 교회를 위하여 내 육체에 채우노라

성도 여러분! 고난이 올 때 즐거워하고 기뻐하십시오. 그리스도의 고난에 참여함으로 그리스도와 하나 되는 경험을 이루시기를 축원합니다.

2. 주님 재림 때 주님의 영광에 참여할 것이기 때문이다.

또 베드로전서 4장 13절을 봅시다.

[13] …그의 영광을 나타내실 때에 너희로 즐거워하고 기뻐하게 하려 함이라

고난 자체는 고통스러운 것이지만, 주님께서 영광 중에 재림하실 때 주님의 영광에 참여할 수 있기 때문에, 현재의 고난을 오히려 즐거워하고 기뻐할 수 있는 것입니다.

이 세상도 지나가고 있습니다. 기쁨도 슬픔도 지나갑니다. 그러나 예수님께서 다시 오시는 날, 영원한 기쁨과 영원한 슬픔이 나누어질 것입니다. 그리스도께서 다시 오실 때 이 땅에서 믿음을 지키다 고난 받은 이들을 위로하시고 상급을 주실 것을 알기에, 우리는 고난 중에도 즐거워하고 기뻐할 수 있습니다.

그래서 야고보도 **야고보서 1장 12절**을 통해 말씀합니다.

[12] 시험을 참는 자는 복이 있나니 이는 시련을 견디어 낸 자가 주께서 자기를 살아하는 자들에게 약속하신 생명의 면류관을 얻을 것이기 때문이라

영광스러운 주님 재림의 날, '생명의 면류관' 이 주어질 것이기 때문에, 우리는 이 땅을 살면서 고난 중에도 즐거워하고 기뻐할 수 있습니다.

고난 중에도 기뻐할 수 있는 또 하나의 이유는?

3. 하나님의 영이 임하시기 때문이다.

베드로전서 4장 14절을 봅시다.

[14] 너희가 그리스도의 이름으로 치욕을 당하면 복 있는 자로다 영광의

영 곧 하나님의 영이 너희 위에 계심이라

여기 '영광의 영, 하나님의 영' 은 성령을 가리킵니다. 예수님을 나의 구주로 영접한 순간, 성령님이 그의 안에 내주하십니다. 그러나 위기와 고난의 순간에 성령님은 그 성도에게 더 강하게 임하셔서 그를 강하게 하시고 능력을 주십니다. 성도는 고난을 통해 성령의 임재를 더욱 강력하게 경험할 수 있게 됨으로, 고난 중에도 즐거워하고 기뻐할 수 있습니다.

여러분! 그리스도의 이름으로 치욕을 당해본 적이 있습니까? 그리스도를 위해 욕을 당해본 적이 있나요? 전도하다가 손가락질당하고, 욕을 당해본 경험이 있다면, 그 사람은 복 있는 사람입니다. 하나님의 영, 성령이 그의 위에 임하여 계신 사람입니다.

그래서 **마태복음 5장 11절**에도 예수님은 이렇게 말씀합니다.

[11] 나로 말미암아 너희를 욕하고 박해하고 거짓으로 너희를 거슬러 모든 악한 말을 할 때에는 너희에게 복이 있나니

스데반도 수많은 박해자들이 돌로 쳐서 죽이려 할 때 성령이 충만했고 하나님의 영광과 예수님을 뵙게 된 복된 사람이었습니다.

사도행전 7장 55절을 보십시오.

[55] 스데반이 성령 충만하여 하늘을 우러러 주목하여 하나님의 영광과 및 예수께서 하나님 우편에 서신 것을 보고

그러므로 우리는 그리스도인으로 고난받을 때, 우리는 즐거워하고 기뻐하기를 축복합니다.

우리는 고난 당할 때 어떻게 해야 하는가?

셋째, 부끄러워하지 말고 하나님께 영광을 돌리라

베드로전서 4장 16절을 봐요.

[16] 만일 그리스도인으로 고난을 받으면 부끄러워하지 말고 도리어 그 이름으로 하나님께 영광을 돌리라

우리가 죄를 짓고 고난을 받을 때는 당연히 부끄러워해야 합니다. 그러나 만약 그리스도인으로 고난을 받으면, 다시 말해 내가 그리스도인이기 때문에 다른 사람이 나를 박해하고, 그로 말미암아 고난을 받는다면, 오히려 영광으로 생각하고 하나님께 영광을 돌리라는 말씀입니다.

4장 15절을 볼까요?

[15] 너희 중에 누구든지 살인이나 도둑질이나 악행이나 남의 일을 간섭하는 자로 고난을 받지 말려니와

'살인, 도둑질' 은 10계명에 금하고 있는 죄악입니다. 이런 죄를 지으면 당연히 죄의 대가를 받아야 합니다. ' 악행 ', 즉 악한 일을 행해도 그 대가를 치르는 것이 당연합니다. 그러나 여기 특이하게 '남의 일을

간섭하는 자' 가 받는 고난이 나옵니다.

여러분! 남의 일 간섭하지 마세요. 여기서 말하는 '남의 일 간섭하는 것' 은 남이 싸울 때 도와주고 화목케 하려고 간섭하는 것이 아닙니다. 여기서 '남의 일 간섭하는 것' 은 나와는 관계없는 일에 괜히 잘난 척 끼어들고 교만한 태도를 가리키는 말입니다. 그리고 악의적으로 둘을 분열시키려고 이간질 시키는 것이 '남의 일에 간섭하는 것' 입니다.

그러므로 15절에 나타난 4가지는 다 죄입니다. 즉 죄로 인해 고난받는 것은 당연합니다. 그리스도인들은 이런 죄를 지었을 때는 회개하고 새 출발을 해야 합니다. 그러나 이런 죄로 인한 고난이 아니라, 내가 그리스도인이기 때문에 고난을 받는다면 부끄러워하지 말고 하나님께 영광을 돌려야 합니다.

전도하러 가자고 하면 부끄러워하는 분들이 있습니다.

우리 교회에 와서 전도 간증한 어떤 분의 이야기를 소개하겠습니다.

이 분이 성도들에게 "전도 같이 하자"고 하니까, "창피하게 어떻게 길에서 낯선 사람에게 전도해요? 나 못해요!"라고 말하더랍니다. 그런데 선거철이 되었습니다. 길에서 누가 열심히 기호 1번 하면서 음악에 맞춰 춤추고 있는 것이 아닙니까?

자세히 보니, 전도 창피해서 못하겠다고 한 그 집사님이었습니다. 그래서 이 전도자가 선거 끝난 후에 이 집사님을 보면 "기호 1번"이라고 인사했다고 합니다.

여러분! 우리를 위해 온몸을 벌거벗긴 채 십자가에 달리신 주님, 그 예수님 때문에 우리가 구원받고 영생을 얻었습니다. 그런데 예수님 전하는 것이 부끄럽고 두렵습니까? 내가 예수님 때문에 받는 고난을 부끄러워하지 말고 자랑스럽게 여기며, 하나님께 영광 돌리는 여러분들 되시기를 축원합니다.

그리스도인으로 고난받을 때, 어떻게 해야 할까요?

넷째, 마지막 날의 심판을 기억하라

베드로전서 4장 17절을 봅시다.

[17] 하나님의 집에서 심판을 시작할 때가 되었나니 만일 우리에게 먼저 하면 하나님의 복음을 순종하지 아니하는 자들의 그 마지막은 어떠하며

여기 본문을 잘 보면 2가지 심판이 나옵니다. '먼저' 와 '마지막' 심판입니다.

그렇다면, '먼저' 누구를 심판하실까요? 하나님의 집에서 먼저 심판이 시작됩니다. '하나님의 집' 은 교회를 가리킵니다. 먼저 교회 안에서 심판이 있습니다. 이 심판은 교인들에게 다가오는 고난입니다. 베드로전서 4장 17절의 본문은 그리스도인들이 받는 박해와 환난을 심판이라고 말하는 것입니다.

오늘날로 말하면, 교인들에게 다가오는 온갖 종류의 고난이 심판입

니다. 코로나 전염병으로 교회생활, 신앙생활 제대로 못하고, 일상의 삶이 제약받는 것도 일종의 하나님의 심판입니다.

그러면 왜 하나님께서 하나님의 집인 교회를 심판하십니까? 2가지 목적을 생각할 수 있습니다.

① **참된 성도들과 거짓된 교인들을 구별하기 위함이다** – 키를 들고 흔들면 쭉정이는 바람에 날아가고 알곡만 남습니다. 마찬가지로 고난(환난)의 바람이 불면 쭉정이 같은 거짓 교인들과 참된 성도들이 구별됩니다. 만약 기독교인들에게 세금을 2배로 내게 하고, 직장에서 해고시킨다면 수많은 사람들이 쭉정이처럼 날아갈 것입니다. 교회에 안 나올 것입니다. 지금 코로나는 하나님께서 하락하신 고난입니다.

② **참된 성도들을 연단하여 정결케 하기 위함이다** – 구원받은 참된 성도들도 고난이 오면 자신 속에 있는 죄성과 불순물을 깨닫고 회개하고 더욱 정결케 됩니다. 이것을 성화라고 합니다. 구원받은 성도에게 오는 고난은 형벌을 위한 진노의 심판이 아니고, 사랑하는 자를 징계(훈련)하는 심판입니다.

히브리서 12장 6절을 보세요.

[6] 주께서 그 사랑하시는 자를 징계하시고 그가 받아들이시는 아들마다 채찍질하심이라 하였으니

또 12장 7절을 보십시오.

[7] 너희가 참음은 징계를 받기 위함이라 하나님이 아들과 같이 너희를 대우하시나니 어찌 아버지가 징계하지 않는 아들이 있으리요

그 다음 **히브리서 12장 8절**을 볼까요?

[8] 징계는 다 받는 것이거늘 너희에게 없으면 사생자요 친아들이 아니니라

자! 이렇게 하나님의 집인 교회를 심판하고, 그 다음은 어디일까요? 다시 **베드로전서 4장 17절**을 봅시다.

[17] …하나님의 복음을 순종하지 아니하는 자들의 그 마지막은 어떠하며

주님 재림하시고 마지막 날에 '하나님의 복음을 순종하지 아니하는 자들', 즉 예수님 믿어야 구원받는다고 전도해도 하나님을 믿지 않고 끝까지 복음을 거부하고 순종하지 않는 자들에게 심판이 있을 것이라는 말씀입니다. 그 심판은 이 땅에서 성도들을 심판한 징계(훈련, 연단)가 아니고, 꺼지지 않는 불속에서 영원히 형벌받는 심판입니다.

데살로니가후서 1장 8절을 보십시오.

[8] 하나님을 모르는 자들과 우리 주 예수의 복음에 복종하지 않는 자들에게 형벌을 내리시리니

또 **1장 9절**을 보세요.

[9] 이런 자들은 주의 얼굴과 그의 힘의 영광을 떠나 영원한 멸망의 형벌을 받으리로다

마가복음 4장 48절도 봅시다.

[48] 거기에서는 구더기도 죽지 않고 불도 꺼지지 아니하느니라

정리하면 성도들의 심판은 사랑의 징계와 연단이요, 불신자들의 심판은 영원한 지옥 형벌입니다.

자, **베드로전서 4장 18절**을 보십시오.

[18] 또 의인이 겨우 구원을 받으면 경건하지 아니한 자와 죄인은 어디에 서리요

의인인 신자들도 이 세상에서 하나님의 심판인 징계의 고난을 통과하고 '겨우 구원' 을 받는다면, 불신자인 죄인들의 심판은 어떻겠느냐는 말씀입니다. 하물며 그리스도인들을 박해한 자들의 심판은 상상할 수 없는 무서운 심판이 될 것이라는 말씀입니다.

부산 세계로교회가 강제 폐쇄 명령을 받았습니다. 그래서 야외에서 추위에 떨면서 예배를 드리고 있습니다. 코로나 감염자가 나와서 폐쇄 명령을 받은 것이 아닙니다. 그 교회는 철저하게 거리 두기를 하고, 방역을 해서 코로나가 한 건도 발생하지 않았는데, 자꾸 정부에서 간섭을 하니까, 정교분리의 원칙에 의해서 법원에 신청을 했습니다. 그리고 철저히 방역을 하고 예배를 드렸더니, 부산시에서 교회 영구 폐쇄 명령을 내렸습니다.

그래서 목사님이 성도들에게 선포했습니다. "여러분, 우리가 교회

폐쇄 명령이 내려서 본당에는 들어가지 못하지만, 예배는 중단될 수 없습니다. 기저질환자나 몸이 연약한 분들은 인터넷으로 예배를 드리시고, 그렇지 않은 분들은 다 교회 바깥에서 따뜻하게 옷을 입고 예배를 드리십시오."

그래서 새벽예배를 드리고 주일예배를 드렸습니다. 그런데 그 교회는 영구 폐쇄 조치가 내려졌는데, 그 다음 주 폐쇄 명령이 철회되었습니다.

네티즌들 중에는 안티 크리스천들이 공격하기도 합니다. "그 교회를 폐쇄시켜라, 뼈저리게 반성할 때까지 폐쇄하라, 그날 예배하면 헬기로 폭격해버려라, 차라리 학교를 몇 개 더 지어라, 사형시켜라, 교회는 인류의 적이다"

그런데 베드로전서의 말씀대로라면, 이분들을 미워하지 말아야 합니다. 기독교를 박해하는 자들을 위해서 기도하고 사랑하라고 말씀합니다. 그러므로 우리도 그들을 사랑하고 기도해야 합니다.

그런데 만일 이 사람들이 교회를 향해 악성 댓글을 달고 끝까지 돌아오지 않는다면, 마지막 무서운 심판을 피할 수 없다는 사실입니다.

자, 성도 여러분!

오늘 '그리스도인으로 고난받을 때' 라는 제목으로 말씀을 전했는데, 예수님 믿으면서 고난 속에 있는 성도들이 계십니까? 그렇다면 어떻게 해야 할까요? 결론입니다.

결 론

베드로전서 4장 19절을 보십시오.

[19] 그러므로 하나님의 뜻대로 고난을 받는 자들은 또한 선을 행하는 가운데에 그 영혼을 미쁘신 창조주께 의탁할지어다

1. 선을 행하며 살라

'그러므로' 라는 말이 무슨 말입니까? 오늘 말씀 12절부터 쭉 들었으니, '그러므로', 결론적으로 '선을 행하며 살라는 말씀입니다.

지금까지 쭉 들은 내용이 무엇입니까? ① 고난은 성도를 정결하게 하려는 하나님의 연단이므로 이상히 여기지 말고, ② 오히려 고난이 오면 즐거워하고, ③ 고난을 부끄러워하지 말고 하나님께 영광을 돌려야 하고, ④ 마지막 심판 때 불신자, 박해자들은 모두 무서운 형벌을 받는다는 사실을 들었습니다.

그러므로 우리는 고난이 온다고 막 살지 말고, 박해자들에게 복수하지 말고, 선을 행하며 살아야 합니다.

성도 여러분! 예수님을 믿는 여러분은 선을 행하며 사십시오. 하나님께서 다 보고 다 알고 계십니다.

2. 영혼을 미쁘신 창조주께 의탁하라

하나님의 택함을 받은 성도는 고난이 우연히 오는 것이 아니라, '하

나님의 뜻대로 고난'을 받는 것입니다. 그러므로 어떠한 고난과 박해가 와도 죽음을 두려워하지 말고, 우리를 창조하시고 우주 만물의 주인이신 신실하신 창조주 하나님께 전적으로 다 맡기라는 말씀입니다. 순교의 각오로 내 영혼을 하나님께 다 맡기고 살라는 말입니다.

예수님께서도 십자가에 돌아가실 때 "내 영혼을 아버지 손에 부탁하나이다(눅 23:46)."하시고 숨지셨습니다. 스데반도 "주 예수여 내 영혼을 받으시옵소서(행 7:59)."라고 말하고 숨졌습니다.

불같은 시험과 박해를 목전에 둔 1세기의 그리스도인들은 하나님의 약속의 말씀을 붙들고 순교할 수 있었습니다.

사도 요한의 제자이자 서머나 교회의 감독이었던 폴리캅(Polycarp)의 순교 이야기는 우리에게 깊은 감동을 줍니다. 그는 AD 80년에 태어나 AD 165년경에 86세로 순교하였습니다. 총독이 폴리캅을 잡아 이렇게 말했습니다. "내 앞에서 예수를 부인하고 로마 황제에게 충성 맹세를 하면 살려주겠다."

이때 폴리캅은 이렇게 말했습니다. "지난 86년 동안 나는 예수님을 섬겼소. 그러나 예수님은 한 번도 나를 버린 일이 없었소. 어떻게 내가 예수님을 모른다고 하며, 나를 구원하신 주님을 욕되게 할 수 있겠소? 총독도 예수님 믿고 구원받으시오."

사람들이 아우성을 치면서 그를 불에 태우라고 소리쳤습니다. 총독은 하는 수없이 그를 벌거벗겨서 산같이 쌓아놓은 장작더미 위에 집어

던지게 했습니다. 그리고 나무에 불을 질렀습니다.

폴리캅은 타는 불속에서 기도했습니다. "하나님 아버지, 저 같은 것을 순교자의 반열에 서게 해주시고, 예수님의 고난의 잔에 참여시켜주시는 이날을 감사 찬송 드리나이다." 기도하면서 불길 속에서 순교했습니다.

사랑하는 성도 여러분! 오늘날 우리에게 이러한 극한 박해의 고난은 없지만, 내가 예수님을 믿는 그리스도인으로서 다양한 형태의 고난을 겪을 수 있습니다.

그때 꼭 기억하십시오.

이 세상에서는 우리가 다 이해할 수 없는 고난이 있을 수 있지만, 이 세상이 전부가 아닙니다. 죽음 후에 심판이 있고, 영원한 복락의 세계가 있습니다. 신실하신 하나님을 끝까지 신뢰하십시오.

고난 속에서도 하나님의 약속의 말씀을 붙들고 살았던 한 사람을 이야기함으로 말씀을 맺겠습니다.

'날마다 숨 쉬는 순간마다(Day by Day)'라는 찬양의 가사를 쓴 리나센델(Karolina Wilhelmina Sandell Berg 1832-1903)의 이야기입니다.

그녀는 스웨덴 루터파 교회의 목사인 요나스 센델의 딸이었습니다. 리나센델은 아버지를 크게 사랑하고 존경했습니다. 그녀는 몸이 약하기에 야외에서 동료들과 함께 하기보다는 아버지의 서재에서 아버지와 함께 있는 것을 더 좋아했습니다.

리나센델은 12살이었을 때 그녀의 전 생애를 크게 변화시킨 경험을 했습니다. 어렸을 때 그녀는 부분적 마비 증세로 인해 대부분의 시간을 침대에서 보내야 했습니다. 의사들은 그녀가 완전하게 회복되는 것을 불가능하다고 생각했습니다. 그러나 목회자였던 그녀의 부모님은 하나님께서 시간이 지나면 그녀를 다시 낫게 해주실 것이라고 항상 믿고 기도했습니다.

어느 주일 아침, 리나센델의 부모님이 교회를 섬기는 동안 리나센델은 성경을 읽고 또 열심히 기도하기 시작했습니다. 그녀의 부모님이 돌아왔을 때, 그들은 그녀가 옷을 입고 자유롭게 걷는 것을 보고 놀랄 수밖에 없었습니다. 그녀의 마비 증세는 깨끗하게 고침을 받았던 것입니다. 리나센델은 이 육체적 치유를 경험한 후 하나님에 대한 감사와 사랑을 표현하는 찬송 시를 쓰기 시작했으며 16 세 때 첫 번째 영적 시집을 출판했습니다.

리나센델이 27살이 되던 해, 그녀는 아버지와 함께 예테보리라는 지역으로 보트 여행을 떠났습니다. 사랑하는 아버지와의 여행은 그녀에게 큰 즐거움을 주었습니다. 그러나 여행이 끝나기도 전에 그녀에게는 큰 비극이 찾아왔습니다. 그들이 탔던 보트가 갑자기 휘청거리게 되었고, 그녀의 아버지는 그만 배에서 추락해 익사하고 만 것이었습니다. 구조가 불가능했습니다. 아버지는 리나가 보는 앞에서 익사했습니다. 그녀가 그토록 사랑하며 소중히 여기며 우상화했던 아버지가 떠나버린 것입니다.

아버지를 지극히 사랑했던 그녀는 큰 실의에 빠졌습니다. 그리고 이 일로 인해 그녀는 우울증으로 긴 시간을 다시 고생하게 되었습니다. 그러나 그녀는 다시 말씀과 기도를 통해 마음의 상처가 치유되는 경험을 했고, 다시 찬송 시를 쓰기 시작했습니다. 리나센델은 이 비극적인 경험 이전에 많은 찬송 시를 썼지만, 이제는 그 어느 때보다 영적인 찬송 시가 그녀의 상한 마음에서 흘러나오기 시작했습니다. 그녀의 모든 찬송가는 자신을 구원하신 주님에 대한 어린아이 같은 신뢰와, 주님의 지속적인 임재에 대한 깊은 신뢰를 보여줍니다.

그녀의 대표적인 곡인, "날마다 숨 쉬는 순간마다"라는 찬송 시에는 날마다 숨 쉬는 순간마다 어려운 일이 있지만, 자비로운 손길로 좋은 것을 주시고, 품에 안으시고 평안함을 주시는 주님에 대한 깊은 신뢰와 믿음의 고백이 나타나고 있습니다. 주님의 약속과 도우심을 의지하며 어려움을 이겨냈던 그녀의 삶의 고백이 드러나는 찬양입니다.

1절 - 날마다 숨 쉬는 순간마다 내 앞에 어려운 일 보네 주님 앞에 이 몸을 맡길 때 슬픔 없네 두려움 없네 주님의 그 자비로운 손길 항상 좋은 것 주시도다 사랑스레 아픔과 기쁨을 수고와 평화와 안식을

2절 - 날마다 주님 내 곁에 계셔 자비로 날 감싸주시네 주님 앞에

이 몸을 맡길 때 힘주시네 위로함 주네 어린 나를 품에 안으시사 항상 평안함 주시도다 내가 살아 숨을 쉬는 동안 살피신다 약속하셨네

3절 - 인생의 어려운 순간마다 주의 약속 생각해 보네 내 맘속에 믿음 잃지 않고 말씀 속에 위로를 얻네 주님의 도우심 바라보며 모든 어려움 이기도다 흘러가는 순간순간마다 주님 약속 새겨봅니다

고난이 올 때 영원한 천국을 바라보며 믿음을 지키고 승리하기를 축원합니다.

<2021년 1월 24일 주일 낮 대예배 설교>

Chapter 19

교회 지도자들의 태도 (벧전 5:1-4)

1 너희 중 장로들에게 권하노니 나는 함께 장로 된 자요 그리스도의 고
난의 증인이요 나타날 영광에 참여할 자니라
2 너희 중에 있는 하나님의 양 무리를 치되 억지로 하지 말고 하나님의
뜻을 따라 자원함으로 하며 더러운 이득을 위하여 하지 말고 기꺼이
하며
3 맡은 자들에게 주장하는 자세를 하지 말고 양 무리의 본이 되라
4 그리하면 목자장이 나타나실 때에 시들지 아니하는 영광의 관을 얻으
리라

베드로전서 마지막 장인 5장 강해를 시작하겠습니다. 지금까지 우리는 고난과 박해에 직면해있는 1세기의 그리스도인들에게 어떻게 처신하며 살아야 하는지에 대해 하나님께로부터 여러 지침을 받았습니다.

베드로전서 4장까지는 주로 그리스도인들이 교회 밖에서 어떻게 처신하며 살아야 하는지에 대한 지침을 받았습니다.

위정자에게 순종하고, 고용주에게 순종하고, 가정에서는 남편에게 순종하고, 남편은 아내를 귀히 여기고, 박해자들을 대하여는 그들을 축복하고, 선을 행하며 살아야 한다는 것을 배웠습니다.

마지막 5장에서는 교회 안에서 그리스도인들이 어떤 태도로 신앙생활을 해야 하는지에 대해 지침을 주고 계십니다. 평안할 때보다 고난과 박해가 극심한 시대에 주님의 몸 된 교회를 세우기 위해서는 교회 지도자들의 역할이 무엇보다 중요합니다.

오늘 본문 5장 1-4절은 고난을 직면하고 있는 교회의 지도자들에게 그들이 고난 가운데서 교회를 어떻게 이끌어가야 하는지에 대해 지침을 주고 있습니다.

<교회 지도자들의 태도>라는 제목으로 말씀을 전하려고 합니다.

첫째, 직분에 교만하지 말라

베드로전서 5장 1절을 보십시오.

[1] 너희 중 장로들에게 권하노니 나는 함께 장로 된 자요 그리스도의 고난의 증인이요 나타날 영광에 참여할 자니라

여기 '장로들에게 권하노니', 여기 '장로들' 은 오늘날로 말하면 교회의 목회자들을 가리킵니다. 좀 더 구체적으로 말하면 본문의 '장로들' 은 연령도 연장자이면서 신앙 경력에 노숙한 교회 지도자들을 가리킵니다. '장로들' 은 목회, 설교, 행정 등 목회적 지도와 감독, 치리와 재정적인 책임을 감당하고 있는 교회 지도자들을 가리킵니다. 오늘날 장로교회의 목사와 장로들에 해당된다고 볼 수 있습니다.

또 성경 디모데전서 3장이나 디도서 1장 7절 이하에 보면, 감독이라는 직분이 나오는데, 이 감독은 바로 오늘 성경의 장로와 같은 사람입니다.

디모데전서 3장 1절을 보세요.

[1] 미쁘다 이 말이여, 곧 사람이 감독의 직분을 얻으려 함은 선한 일을 사모하는 것이라 함이로다

성경을 잘 살펴보면, 장로, 감독, 목사는 다 같은 사람을 가리키는 것을 알 수 있습니다. 교회 장로가 바로 목사요, 목사가 감독입니다. 목사는 교회 성도들의 신앙이 잘못되어가지 않는지 감독하는 자이기 때문입니다.

오늘 본문의 '장로들'은 교회 지도자들을 가리킵니다. 좀 더 폭넓게 적용하면, 목사, 장로님들뿐 아니라, 안수집사, 권사, 목자들, 교사들까지 포함합니다.

다시 베드로전서 본문으로 돌아갑시다.

베드로전서 5장 1절을 봅시다.

[1] 너희 중 장로들에게 권하노니 나는 함께 장로된 자요 그리스도의 고난의 증인이요 나타날 영광에 참여할 자니라

베드로는 예수님의 수제자로, 예수님의 고난을 직접 목격한 고난의 증인입니다. 그런데 베드로는 다른 여러 교회 지도자들인 장로들에게 자기를 소개하면서, '함께 장로 된 자' 라고 부릅니다. 또한 그리스도께서 다시 오실 때, 함께 '영광에 참여할 자' 라고 말합니다. 베드로는 자신이 다른 교회 지도자들보다 계급이 더 높은 사람이 아니라, 동일함을 말하고 있습니다. '함께 장로 된 자', 같은 동역자임을 강조하고 있습니다.

가톨릭에서는 베드로를 천국 열쇠를 받은 1대 교황이요, 계속 2대 3대 교황에게 천국 열쇠가 주어졌다고 합니다. 그래서 교황의 권세가 막강합니다. 그래서 타락한 중세 가톨릭은 속죄권을 판매하면서, 속죄권을 사는 자는 교황이 그의 부모나 가족을 연옥에서 천국으로 보내준다고 했습니다. 지금도 성도들이 죄를 지으면 신부님 앞에 가서 고해성사를 하고, 신부님이 죄 용서 선언을 해야 죄 사함을 받는다고 가르칩니다. 교황은 높은 계급을 가진 직급입니다.

그러나 베드로는 그렇게 말하지 않습니다. 여러분은 '나와 함께 장로 된 자' 요, 함께 '나타날 영광에 참여할 자' 라고 말합니다.

여러분! 교회 직분은 계급이 아닙니다. 목사가 제일 높고 그다음이 장로, 안수집사, 권사, 서리집사, 평신도 순이 아니라는 말입니다.

교회 개척 초기 때의 이야기입니다. 강동구에 큰 교회에 다니던 어떤 분이 우리 교회에 등록을 했습니다. 그리고 감사헌금을 드렸습니다. 제가 감사헌금을 보고 기도를 해드렸습니다.

"하나님, 아무개 성도님이 감사헌금을 했습니다. 하나님께서 함께 하시고 복을 주세요." 기도를 하고 예배를 마친 후 나가는데, 그분이 저를 불렀습니다.

그러더니 "목사님, 잠깐 저 좀 봐요. 아까 저더러 성도라고 하셨는데, 저 집사입니다." 그래서 제가 깜짝 놀랐습니다. 그분은 성도와 집사가 계급인 줄 알았던 것입니다.

여러분, 성도란 말이 얼마나 좋은 말입니까? 목사도 성도입니다. 성도는 '하나님의 백성으로 구별된 자'라는 뜻입니다. 우리 모두는 하나님의 백성, 성도입니다. 그런데 그분은 서리집사가 성도보다 높은 것으로 알고 있었던 것입니다. 서리집사는 1년간 교회를 위해 봉사하라고 임명하는 직분입니다. 계급이 아닙니다.

또 교회를 개척할 당시 강남에서 어느 분이 오셨습니다. 사업을 하는 분 같아요. 그분이 주일에 나를 찾아와서 말합니다. "목사님, 이 교회가 합동 측 교회지요? 목사님 이야기를 듣고 찾아왔습니다."

예배를 마친 후 차를 마시는데, 그분이 이런 이야기를 합니다. 자기 친구들은 다 장로가 되었는데, 자기는 사업하느라 바빠서 교회를 잘 못나갔더니 아직 집사라는 거예요. 그러면서 자신이 헌금을 많이 하겠다는 뜻을 비치면서, 공항성산교회에 등록할 테니 장로를 시켜달라는 것입니다.

개척교회 목사는 성도 한 사람이 들어오면 그 사람이 떠날까 봐 걱정합니다. 개척 당시 월세가 230만 원씩 나가다가, 나중에는 260만 원이 나갔습니다. 그런데 누가 들어와서 헌금을 많이 해주면, 그 사람을 붙들고 의지하고 싶겠지요?

그런데 장로에 대한 기준이 있습니다. 그것을 무시하고 돈 많이 낸다고 장로를 시켜주면, 그것은 가짜 교회입니다. 잘못된 교회입니다. 하나님은 그런 교회를 쓰지 않습니다. 그래서 그분께 "죄송합니다."라고 이야기를 했습니다. 아마 그분은 또 다른 교회에 가서 똑같은 이야기를 했을 것입니다. 직분을 계급으로 생각했던 것 같습니다.

또 하나 얘기하겠습니다. 제가 신학교에서 공부를 하고 일부로 목사 안수를 늦게 받았습니다. 제가 신학교 교수를 하려고 목사 안수보다 학위 쌓으려고 노력했습니다. 그런데 같이 신학 공부하던, 나보다 나이가 젊은 사람이 있었습니다. 그는 날더러 "형님, 형님" 했습니다.

그런데 그가 목사 안수를 받았습니다. 어느 날 내가 "아무개 목사, 잠깐 이리 와봐." 불렀더니, 이렇게 말합니다. "어디 전도사가 감히 목사에게 이리 오라, 저리 가라 그래?"

나는 깜짝 놀랐습니다. 그는 목사가 전도사보다 높은 계급으로 알고 있었던 것입니다. 교회의 직분은 계급이 아닙니다.

사랑하는 여러분! 직분은 하나님께서 믿음이 연약한 성도를 섬기고 믿음을 세우도록 도와주라고 주신 직분이지, 계급이 아닙니다. 직분에 교만해서는 안 됩니다.

교회 지도자들의 태도는 어떠해야 할까요?

둘째, 억지로 하지 말고 자원함으로 하라

베드로전서 5장 2절을 보십시오.

[2] 너희 중에 있는 하나님의 양 무리를 치되 억지로 하지 말고 하나님의 뜻을 따라 자원함으로 하며…

장로인 교회 지도자들이 하는 일은 '양 무리를 치는 일' 입니다. 한마디로 이것을 목양, 목회라고 합니다.

목양은 양들을 먹이고 인도하고 돌보는 일입니다. 그러므로 교회 지도자들은 성도들에게 말씀을 전하고, 가르치고, 신앙을 굳건하게 세워주고, 심방 등을 통해 돌보고, 이단이나 잘못된 가르침에 빠지지 않도록 인도해주고, 잘못된 길이나 죄에 빠지면 훈계하고 치리함으로 올바른 신앙생활을 할 수 있도록 도와주어야 합니다. 이것이 목양이요, 목회입니다.

이렇게 볼 때, '양 무리를 치는' 일은 담임목사에게만 적용되는 말씀이 아니라, 장로들, 부교역자들, 직분자들, 교사들, 목자들, 모든 성숙한 교회 지도자들에게 적용되는 말씀입니다.

여기 양 무리는 누구의 양 무리입니까? 성경을 보십시오. '하나님의 양 무리' 입니다. 그러므로 하나님만이 성도들의 목자장이라는 사실을 깊이 새기고, 두렵고 떨림으로 하나님께서 맡겨주신 목양의 의무를 잘 감당해야 할 것입니다. 주님께서 맡겨주신 이 목양의 사역을 억지로 의무감 때문에 해서는 안 됩니다.

'자원함으로 하며' 라는 말은 주님의 일을 자진해서 기쁨으로 하라는 말입니다. 사역이 원치 않는 삶이 되어서는 안 됩니다. 교회가 직분을 주어 임명을 하고, 일을 시키니까 마지못해 하는 것은 하나님의 은혜를 감소시키는 안타까운 일입니다.

요나처럼 하나님께서 주신 직분과 사명을 망각하고 도망가다가, 억지로 끌려가 봉사하는 것은 자원함이 아닙니다. 다른 사람에게 보이기 위해서, 또는 칭찬을 듣기 위해서 봉사하는 것은 자원하는 태도가 아닙니다. 하나님 앞에서 기쁨으로 사역할 때, 그것이 자원하는 것입니다.

또 자원을 하되, 내 마음대로 사역하는 것이 아닙니다. 성경을 보면, '하나님의 뜻을 따라' 사역하라고 했습니다. 하나님의 뜻을 따라 기쁘게 사역해야 합니다.

미국에서 유명한 어느 종교 만화에 실린 내용입니다.

40세쯤 된 큰아들이 노모에게 이렇게 푸념했습니다. "아! 오늘 교회 가기 싫어요!" 그러자 노모가 아들을 다독입니다. "그래도 교회 가야지."

그래도 이 중년의 아들은 "나 오늘은 정말 교회 가기 싫어요. 오늘만 가지 않았으면 좋겠어요."라고 투정을 부렸습니다. 그러자 노모가 말했습니다. "그래도 넌 꼭 가야 돼! 네가 담임목사잖아!"

부교역자 시절에도 억지로 사역하는 사람들이 있습니다. 나는 우리 교회 부교역자들에게 항상 이야기하는 것이 있습니다.

"하나님 앞에서(코람데오) 사역하라. 부교역자로서 오늘 내가 어떻게 사역하는가에 따라, 미래에 하나님께서 당신에게 주실 복이 달라질 것이다."

부교역자뿐 아니라, 우리 교회 모든 평신도 지도자 여러분! 내게 주어진 사역이 하나님께서 내게 맡기신 복으로 알고, 기쁨으로 감당하기를 축원합니다.

교회 지도자들의 태도는 어떠해야 하느냐?

셋째, 더러운 이득을 위하여 하지 말고 기꺼이 하라

베드로전서 5장 2절을 봅시다.

[2] …더러운 이득을 위하여 하지 말고 기꺼이 하며

'더러운 이득'을 위해 하지 말라는 말은 목회를 물질적 욕구 때문에 하면 안 된다는 말입니다. 다시 말해 사역하는 동기가 돈 때문에 해서는 안 된다는 말입니다. 목회사역을 밥 먹고살기 위한 직장으로 생각하지 말라는 의미입니다.

교회 봉사는 항상 순수해야 합니다. 때로는 목회자들과 교역자들 중에 성도들로부터 대접받으려고 하는 사람들을 종종 봅니다. 우리 교회

부교역자들 중에도 그런 사람이 있었습니다. 이 사람, 저 사람에게 전화해서 밥 사라고 하고, 식사 대접하면 "자기는 이런 싸구려 음식은 안 먹는다."라고 했다는 말을 들었습니다. 경제적으로 어려운 성도에게 "커피 안사냐"라고 해서 상처를 주었다는 말도 들었습니다.

일부분의 사람 얘기지만, 사역의 동기가 돈 때문에 해서는 안 됩니다. 돈 때문에 사역하는 사람들의 특징이 열정이 없다는 것입니다. 본문에 '기꺼이' 라는 단어는 '열정적으로' 라는 뜻입니다. 그런데 돈 때문에 사역하는 사람은 자기에게 주어진 일 외에는 어떤 일도 더 하려고 하는 열정이 없습니다. 그렇다고 목사들이 생활비를 받지 말고 그냥 일하라는 말은 아닙니다.

디모데전서 5장 18절을 보십시오.

[18] …일꾼이 그 삯을 받는 것은 마땅하다 하였느니라

여기 '일꾼' 은 목회자들과 교회 사역자들을 가리킵니다. 교회는 마땅히 교회 전문 사역자인 목회자와 교역자들에게 생활비를 책임짐으로 주의 사역하는데 불편함이 없도록 해주어야 합니다. 성도들은 목회자와 교회를 위해 헌신하는 자들을 잘 대접하고 섬기려고 해야 합니다.

그러나 목회자와 교회 지도자들은 탐욕에 충동되어서 돈 때문에 사역하거나, 성도들의 귀한 헌금인 재정을 함부로 오용해서는 안 될 것입니다.

교회 지도자들이 가져야 할 태도는 어떠해야 하는가?

넷째, 주장하는 자세를 하지 말고 양무리의 본이 되라

베드로전서 5장 3절을 보십시오.

[3] 맡은 자들에게 주장하는 자세를 하지 말고 양 무리의 본이 되라

거듭 이야기하지만, 교회의 직분은 계급이 아닙니다. 맡겨진 양 떼인 성도들을 지배하려고 하지 말고, 오히려 겸손한 자세로 모범이 되어야 합니다.

예수님의 모습을 보십시오. 예수님은 지배하는 자세, 군림하는 자세를 보인 적이 없습니다. 오히려 겸손히 섬기셨고, 솔선수범 본을 보이셨습니다. 예수님께서는 우리 죄를 담당하고 십자가에 자신을 내어주셨습니다. 그러므로 교회 지도자들은 영혼을 사랑해서 구원받지 못한 사람들에게는 복음을 전해 구원을 받게 하고, 믿음이 약한 성도들에게는 믿음의 본을 보여 믿음을 자라게 해야 합니다.

그러므로 교회 지도자는 직권보다 영권을 가져야 합니다. 영권을 가질 때 성도들은 권위주의에 순종하는 것이 아니라, 진정한 영적 권위에 순종하고 따르고 존경하게 되는 것입니다.

이렇게 교회 지도자들인 목사, 장로, 직분자들, 교사, 목자, 전도자 등 모든 지도자들이 주님께서 맡겨주신 양 떼들을 올바른 태도로 잘 돌보고 목양할 때 어떤 보상이 주어질까요?

베드로전서 5장 4절을 봅시다.

[4] 그리하면 목자장이 나타나실 때에 시들지 아니하는 영광의 관을 얻으리라

'목자장', 즉 예수님께서 나타나실 때에, 예수님께서 재림하시는 때에, 영원히 시들지 아니하는 영광스러운 면류관을 상급으로 주실 것입니다. 베드로 당시의 면류관은 운동경기에서 승리자에게 주어지는 월계수로 만든 관이었습니다. 월계수는 곧 시들어버리고 말지만, 주님의 사역을 잘 감당한 성도들이 받는 면류관은 영원히 시들지 않는 영광의 면류관인 것입니다.

말씀을 맺으려고 합니다. 어느 시대나 교회 지도자들의 책임은 중요하지만, 특별히 고난과 박해의 시대에 지도자들의 역할은 막중합니다. 오늘날 한국교회도 성장이 멈추었고, 지난 1년이 넘게 코로나로 말미암아 교회의 위기와 성도들의 신앙에 적신호가 깜빡거리고 있는 고난의 시대를 맞고 있습니다.

교회 지도자들은 오늘 본문을 통해 하나님께서 가르쳐주신 성경의 교훈을 따라 사역함으로 교회를 지키고 성도들을 든든히 세워나가야 할 것입니다.

교회 지도자들은 기억해야 합니다.

① 직분에 교만하지 마십시오.

② 목양 사역을 억지로 하지 말고 자원함으로 하십시오.

③ 목양 사역을 더러운 이득을 위하여 하지 말고 기꺼이 하십시오.

④ 목양 사역을 주장하는 자세를 하지 말고 양 무리의 본이 되십시오.

그렇게 할 때, 주님께서 마지막 날 복음의 일꾼들, 교회의 지도자들에게 영광스러운 면류관을 주실 것입니다.

주님 주신 직분을 수행할 때, 힘들고 어려운 일이 많을지라도 낙심하지 말고, 하나님의 상 주심을 바라보며 끝까지 승리하기를 축원합니다. <2021년 1월 31일 주일 낮 대예배 설교>

Chapter 20
교회 성도들의 태도(벧전 5:5-9)

5 젊은 자들아 이와 같이 장로들에게 순종하고 다 서로 겸손으로 허리를
동이라 하나님은 교만한 자를 대적하시되 겸손한 자들에게는 은혜를
주시느니라
6 그러므로 하나님의 능하신 손 아래에서 겸손하라 때가 되면 너희를 높
이시리라
7 너희 염려를 다 주께 맡기라 이는 그가 너희를 돌보심이라
8 근신하라 깨어라 너희 대적 마귀가 우는 사자 같이 두루 다니며 삼킬
자를 찾나니
9 너희는 믿음을 굳건하게 하여 그를 대적하라 이는 세상에 있는 너희
형제들도 동일한 고난을 당하는 줄을 앎이라

지난 주일에 베드로전서 마지막 장인 5장 강해를 하면서, 벧전 5:1-4을 통해 교회 지도자들이 어떤 태도로 목양을 해야 하는지에 대해 말씀을 전했습니다.

고난과 박해의 시대에 교회 지도자들의 역할은 매우 중요합니다. 교회 지도자들이 성도들을 바르게 이끌지 못하면 하나님의 나라가 이 땅에 이루어질 수 없기 때문입니다.

지난 시간의 말씀을 정리해 봅시다.

고난의 시대에 교회 지도자들의 태도는 어떠해야 하는가?

첫째, 직분에 교만하지 말아야 한다.

둘째, 목양을 억지로 하지 말고 자원함으로 해야 한다.

셋째, 목양을 더러운 이득을 위하여 하지 말고 기꺼이 해야 한다.

넷째, 주장하는 자세를 하지 말고 양 무리의 본이 되어야 한다.

이것들이 교회 지도자의 태도이어야 합니다.

오늘은 '고난의 시대에, 교회 성도들의 신앙 자세는 어떠해야 하는가?' <교회 성도들의 태도>라는 제목으로 말씀을 전하려고 합니다.

첫째, 교회 지도자들에게 순종하라

베드로전서 5장 5절을 봅시다.

[5] 젊은 자들아 이와 같이 장로들에게 순종하고…

지난 주일에 '장로들'은 1차적으로 교회의 목회자를 가리키고, 연령도 연장자이면서 신앙 경력이 노숙한 교회 지도자들을 가리킨다고 말씀드렸습니다.

여기 '젊은 자들'은 나이가 젊은 사람들만 가리키는 것이 아니라, 교회 지도자들의 지도를 받고 있는 연령상 또는 신앙 경륜이 낮은 모든 성도들을 가리킵니다. 오늘날 우리에게 적용해 본다면, '장로들'은 목회자를 가리키고, '젊은 자들'은 교회 모든 성도들을 가리킨다고 할 수 있습니다.

그렇다면 그들은 어떤 태도로 교회생활과 신앙생활을 해야 할까요? 그 첫째가 '장로들에게 순종', 교회 지도자들에게 순종하라고 말씀하십니다.

자! 한번 생각해 봅시다. 지금 기독교인들이 박해를 당하고 있습니다. 많은 성도들이 두려워하고 신앙의 혼란이 오고 있습니다. 교회 지도자들은 성도들의 신앙을 든든히 세워서 주님의 몸 된 교회를 세우려고 몸부림칩니다. 이러할 때 성도들이 목사와 교회 지도자들의 지도력을 거부하고 불순종하면, 사탄이 박수를 치며 교회를 무너뜨리려고 공격을 가할 것입니다.

그러므로 하나님께서는 성도들이 하나님께서 세우신 권위인 교회 지도자에게 순종하라고 말씀하십니다. 교회가 평안할 때에도 하나님께서 세우신 지도자에게 순종함으로 주님의 몸 된 교회를 세우는 것이 하나님의 뜻이요, 하나님의 명령입니다. 하물며 교회가 고난과 박해를 받는 시대에는 더욱 교회가 든든히 서야 합니다.

그러하기에 모든 성도들은 교회의 지도자에게 순종해야 함이 마땅합니다. 만약 교회 지도자들에게 불순종하고 목회자를 근심시키면, 교회는 위기에 처하게 될 것이고 성도들에게도 유익이 없습니다.

히브리서 13장 17절을 보십시오.

[17] 너희를 인도하는 자들에게 순종하고 복종하라 그들은 너의 영혼을 위하여 경성하기를 자신들이 청산할 자인 것 같이 하느니라 그들로 하여금 즐거움으로 이것을 하게 하고 근심으로 하게 하지 말라 그렇지 않으면 너희에게 유익이 없느니라

교회의 지도자는 하나님께서 세우십니다. 교회의 지도자에게 순종하는 것은 결과적으로 하나님께 순종하는 것입니다. 그러므로 교회의 지도자에게 순종하는 자는 하나님께서 귀하게 보십니다. 그래서 사도 베드로는 '장로들에게 순종하라' 고 말씀하는 것입니다.

하나님께서 세우신 권위에 순종하는 성도들이 많을 때 그 교회가 건강한 교회이며 좋은 교회입니다.

지난주에 전도부 임원들이 설 명절 선물을 가져왔습니다. 그러면서 말하기를, "담임목사님, 이 선물은 담임목사님의 것이고요, 전도부를 도와준 교역자들과 관리실 세 분께도 감사의 표시로 선물을 하고 싶습니다. 담임목사님께서 교회의 지도자이시니까, 담임목사님께서 그분들에게 주시면 좋겠습니다."라며 견과류를 가져왔습니다.

나는 '이분들은 교회의 질서를 알고 담임목사님의 권위를 인정하는구나.' 라고 생각했습니다. 그리고 설 명절 선물을 교역자들과 관리실에 모두 나누어주었습니다.

성도 여러분! 우리 교회 성도들은 하나님께서 세우신 목회자, 당회, 그 외 세워진 모든 직분자들에게 협력하고 순종함으로 하나님께서 귀히 여기는 성도들이 다 되기를 축원합니다.

고난의 시대에 성도들의 태도는 어떠해야 합니까?

둘째, 서로에게 겸손하라

베드로전서 5장 5절을 보십시오.

[5] …다 서로 겸손으로 허리를 동이라…

우리 주변에 보면 간혹 든든하게 부흥되어가던 교회가 문제가 발생되어 2개로 갈라지는 경우를 봅니다. 왜 그럴까요? 교인들 간에 다툼이 일어났기 때문입니다. 왜 다툼이 일어납니까? 겸손하지 못하고 교만하기 때문입니다.

겸손은 나보다 다른 사람을 먼저 생각하고, 다른 사람을 나보다 높이는 것입니다. 교만은 다른 사람보다 나 자신을 먼저 생각하고, 나를 다른 사람보다 높이는 것입니다.

예수님께서는 자신이 하나님이시면서도 우리 인간을 구원하시려고, 하늘 보좌를 떠나 인간의 몸으로 이 땅에 오셨습니다. 그리고 십자가에 돌아가시기 전에 제자들과 최후의 만찬을 하는 자리에서 수건을 허리에 두르시고, 제자들의 발을 씻어주셨습니다. 예수님께서는 겸손의 모본을 보여주셨습니다.

본문의 '겸손으로 허리를 동이라' 는 말씀은 수건을 두르시고 제자들의 발을 씻어주신 예수님의 모습을 생각나게 하는 말씀입니다. 우리 그리스도인들은 겸손해야 합니다. 겸손은 기독교 윤리의 가장 중요한 덕목입니다. 이 겸손은 나 혼자만 겸손하라는 말이 아니고, 서로서로 겸손해야 한다는 의미입니다.

또 성도들끼리만 겸손해야 하는 것이 아니라, '다 서로 겸손' 해야 합니다. '다 서로' 는 성도들끼리만 아니라, 교회 지도자와 성도 간에도 서로 상대방을 나보다 낫게 높여주는 겸손을 실천하라는 말입니다. 이렇게 교회 지도자, 성도 모두 서로서로 겸손한 모습을 보여줄 때, 교회는 든든하게 세워질 것입니다 그리고 어떤 고난이 와도 그 고난을 이길 수 있는 공동체가 될 것입니다.

다시 **베드로전서 5장 5절**을 봅시다.

[5] …하나님은 교만한 자를 대적하시되 겸손한 자들에게는 은혜를 주시느니라

겸손한 사람은 하나님께서 은혜를 주십니다. 그러나 교만한 자는 하나님과 적이 된다는 말입니다. 그래서 교만은 하나님의 군대를 불러일으킨다는 말입니다.

잠언 16장 18절을 봅시다.

[18] 교만은 패망의 선봉이요 거만한 마음은 넘어짐의 앞잡이니라

교만한 자는 하나님의 적이기 때문에, 하나님께서 군대를 일으켜 패망시킨다는 말입니다.

잠언 18장 12절도 봅시다.

[12] 사람의 마음의 교만은 멸망의 선봉이요 겸손은 존귀의 길잡이니라

여기도 교만한 자는 멸망하지만, 겸손한 자는 하나님께서 존귀하게 높여주신다는 말씀입니다.

왜 하나님께서 겸손한 자에게 은혜를 주시고, 존귀하게 높여주시는지 압니까? 겸손한 사람은 나의 장점에 대해 자기자랑하지 않고, 하나님께 감사합니다. 겸손한 사람은 자신의 약점에 대해, 하나님께서 도와주시도록 하나님을 의지합니다.

겸손한 사람은 나의 장점도 내가 잘나서 장점을 가진 것이 아니라, 하나님의 은혜로 알고 하나님께 감사드립니다. 또 약점이 있을 때 솔직하게 그 약점을 인정하고, 하나님의 도움을 구하며 하나님만 의지하는 자입니다. 이렇게 겸손한 자를 하나님께서 어떻게 은혜 베풀지 않으시겠습니까?

베드로전서 5장 6절을 볼까요?

[6] 그러므로 하나님의 능하신 손 아래에서 겸손하라 때가 되면 너희를 높이시리라

우리 그리스도인들은 인간의 생사화복이 다 하나님의 손 아래 있다는 것을 알고, 자신을 겸손히 낮추어야 합니다. 우리에게 어떤 고난과 박해가 와도, 여전히 하나님께서 함께하시고 보호하신다는 사실을 믿어야 합니다. 사탄은 그리스도인들이 고통당할 때 하나님을 부인하고 저주함으로 하나님을 떠나도록 유혹합니다.

그러나 이 세상에서 일어나는 모든 사건, 그리스도인들에게 일어나는 모든 고통도 '하나님의 능하신 손 아래' 에서 하나님의 허락 속에 일어나는 일임을 믿고 더욱 하나님을 의지해야 합니다. '때가 되면' 하나님께서 반드시 높이실 것입니다. 현재의 고난이 예수님의 재림 때가 되면 영광으로 바뀔 것입니다.

성도 여러분! 서로서로 겸손하십시오. 겸손은 사람을 끌어당기는 힘이고, 전도의 능력이고, 고난을 능히 극복하게 하는 비결이요, 교회를 든든히 세우는 비결입니다.

우리 모두 겸손함으로 하나님의 은혜를 경험하고, 하나님의 높임을 받는 성도들 되시기를 축원합니다.

고난의 시대에 성도들의 태도는 어떠해야 합니까?

셋째, 자신의 염려를 주께 맡기라

베드로전서 5장 7절을 보십시오.

[7] 너희 염려를 다 주께 맡기라 이는 그가 너희를 돌보심이라

우리 인생살이에 염려가 전혀 없는 사람은 없습니다. 돈에 대한 염려, 건강에 대한 염려, 가정에서 부부간의 갈등으로 인한 염려, 자녀에

대한 염려, 직장과 사업에 대한 염려, 미래에 대한 불안과 염려 등 인생살이는 염려할 일로 가득 차 있습니다.

오늘 성경말씀을 받는 대상인 1세기의 그리스도인들은 그들 앞에 다가올 박해를 생각하면서 염려가 가득했을 것입니다. 이러한 그리스도인들에게 하나님께서는 말씀하십니다.

'예수님을 믿는 나의 자녀들이여! 여러분들이 정말로 예수님을 믿는다면, 너희 염려를 다 주께 맡겨라. 이 세상에 일어나는 모든 일과 사건은 우연히 일어나는 것이 아니라, 하나님의 다스림 속에 일어난단다.

나의 자녀들이 고통당할 때도 나는 너희를 떠나지 않고 돌보고 있단다. 이 세상이 전부가 아니라, 영원한 복락의 세계가 있단다. 모든 염려를 다 맡기고 영적 전쟁에서 승리하거라!'

하나님께서 모든 그리스도인들에게 주시는 말씀입니다.

'맡기다' 는 말의 원뜻은 '던지다' 는 뜻입니다. 그러므로 '염려를 다 주께 맡기라' 는 말은 내게 있는 염려를 내가 움켜쥐고 있지 말고, 나의 주님께 던져버리고, 나는 염려하지 말라는 말씀입니다. 주님을 신뢰하고 전적으로 의탁하라는 말씀입니다. 그러면 내가 던진 염려를 주님께서 받으셔서 잘 처리하시고, 우리를 돌보시겠다는 말씀입니다.

왜 그리스도인들이 염려하지 말아야 하는지 아십니까? 염려는 사탄이 그리스도인을 공격하는 하나의 무기요, 방법이기 때문입니다. 우리가 염려하는 순간, 사탄은 우리의 주의를 흩뜨려 하나님을 의지하지 못하도록 합니다. 하나님을 의지하기보다, 자신이나 다른 사람을 의지하도록 유도합니다. 심지어는 어려운 일이 생겨 염려할 때, 하나님을 원망하고 하나님을 떠나게 합니다. 이것이 사탄의 전략입니다.

그러므로 그리스도인들은 어떠한 고난이 닥쳐도, 심지어는 죽음이 다가와도 염려하지 말고, 하나님을 의지하고 염려를 던져버려야 합니다.

그렇다면 고난 가운데서 어떻게 염려하지 않을 수 있을까요? 그것은 하나님의 말씀을 붙들고 감사드리며 기도하는 것입니다.

빌립보서 4장 6-7절을 보십시오.

[6] 아무 것도 염려하지 말고 다만 모든 일에 기도와 간구로, 너희 구할 것을 감사함으로 하나님께 아뢰라
[7] 그리하면 모든 지각에 뛰어난 하나님의 평강이 그리스도 예수 안에서 너희 마음과 생각을 지키시리라

내 마음에 하나님의 평강이 임하면 사탄이 떠나갑니다. 그러므로 인생이 힘들고 고난이 겹칠 때, 주님을 원망하고 염려하는 대신에, 나의 죄를 위해 십자가에서 죽으신 예수님을 바라보면서 감사하십시오. 그리고 염려를 다 던지고 하나님만 의지하고 기도하십시오. 그리하면 '하나님의 평강'이 여러분의 마음에 가득찰 것입니다.

염려를 다 주께 맡기고 오늘의 어려움을 이기고 나아가는 여러분들이 되기를 축원합니다.

고난의 시대에 성도들의 태도는 어떠해야 하는가?

넷째, 마귀를 대적하라

베드로전서 5장 8-9절을 보십시오.

[8] 근신하라 깨어라 너희 대적 마귀가 우는 사자 같이 두루 다니며 삼킬 자를 찾나니
[9] 너희는 믿음을 굳건하게 하여 그를 대적하라…

우리가 예수님을 믿고 하나님의 백성이 되는 순간, 마귀는 우리를 공격합니다. 왜 그럴까요? 마귀의 백성이었던 자가 하나님의 백성으로 넘어갔기 때문입니다. 그러므로 예수님을 믿는 순간, 마귀와의 영적인 전투가 벌어진다는 사실을 우리는 꼭 기억해야 합니다. 마귀와의 전투가 얼마나 치열한지, 본문 8절은 '근신하라 깨어라' 라고 말씀하십니다.

'근신하라' 는 말과 '깨어라' 라는 말은 비슷한 말인데, '근신하라' 는 말은 술 취하지 않은 상태를 가리킵니다. 그러므로 우리 그리스도인들은 세상에 취해있으면 안 됩니다. 세상에 푹 빠져있으면 마귀의 공격을 이길 수 없습니다. 세상 중심이 아니라, 교회 중심, 하나님 중심이 되어 영적으로 깨어있어야 합니다.

여기 '대적 마귀' 가 나오는데, 마귀와 사탄은 같은 존재입니다. '사탄' 은 대적자라는 뜻이고, '마귀' (헬. 디아볼로스)는 중상모략하는 자, 비방자, 고발자라는 뜻입니다. 그러므로 본문의 '대적 마귀' 는 사탄 마귀라는 말입니다.

이 사탄 마귀에 대항하기 위해 '근신하고 깨어' 야 하는 이유는, 이

사탄은 먹잇감을 찾는 사자처럼 돌아다니기 때문입니다. 그것도 그냥 사자가 아니라, '우는 사자같이 두루 다니며' 먹잇감을 찾고 있다고 합니다. 그러므로 정신을 바짝 차리고 깨어 있어 경계태세를 취해야 합니다.

마귀는 숲이 무성한 곳에 자기 몸을 감추고, 우리 뒤를 밟으면서 우리가 방심한 틈을 타서 공격하려고 노리고 있습니다. 사자는 짐승들이 무리로 떼 지어 있을 때는 잘 공격하지 않다가, 한 마리가 무리에서 떨어지면 공격합니다. 그러므로 성도들은 항상 교회 모임에 적극적으로 참석하고, 교회 행사, 예배, 각 전도회 모임, 목장 모임을 적극적으로 참석하는 것이 마귀를 이기는 비결입니다.

또 사자는 무기를 내려놓거나, 따뜻한 햇볕 아래서 깜빡 잠이 들면 공격합니다. 그러므로 성도들은 영적 무기인 말씀과 기도로 늘 무장해서 제자훈련, 성경공부, 새벽 기도, 금요철야 기도, 도고기도에 적극적으로 참여해야 합니다.

9절 말씀처럼, '믿음을 굳건' 하게 해서 마귀를 대적해야 합니다. 믿음이 꺼지지 않도록 노력해야 합니다. 특별히 지난 1년 넘게 코로나로 교회에도 잘 나오지 못하고, 인터넷으로 예배드리고, 목장 모임도 잘 하지 못하고, 전도도 위축됨으로 우리의 믿음에 위협을 받고 있습니다. 그래서 2021년도 연제를 '신앙 회복의 해' 로 정했습니다. 믿음이 세상을 이기고 마귀를 이길 수 있는 유일한 비결입니다.

요한일서 5장 4절을 보십시오.

[4] 무릇 하나님께로부터 난 자마다 세상을 이기느니라 세상을 이기는 승리는 이것이니 우리의 믿음이니라

그리스도인들이 우리 힘으로 마귀를 이길 수 있는 것은 아닙니다. 주님을 의지하면서 믿음을 굳건하게 할 때, 하나님 주시는 능력으로 능히 마귀를 이길 수 있습니다. 마귀의 공격목적은 삼키는 것인데, 우리의 육체적 죽음이 아니라 영적인 죽음이 목적입니다. 다시 말해, 그리스도인에 대한 신앙을 부인하게 만드는 것입니다.

1세기 그리스도인들에게 박해라는 무기로 마귀가 공격할 때, 이를 대비하고 이기기 위해 하나님께서 베드로전서의 말씀을 주셨습니다.

'사랑하는 성도들이여! 여러분들은 하나님의 택하심을 입은 자들입니다. 거듭남으로 산 소망을 가진 자입니다. 썩지 않는 영원한 기업이 여러분 앞에 놓여 있습니다. 어떠한 고난과 박해가 와도, 하나님께서 함께 하시고 보호하심을 믿고 굳건한 믿음으로 승리하십시오!'

지금까지 살펴본 베드로전서의 말씀입니다.

자, 마지막으로 **베드로전서 5장 9절**을 보겠습니다.

[9] 너희는 믿음을 굳건하게 하여 그를 대적하라 이는 세상에 있는 너희 형제들도 동일한 고난을 당하는 줄을 앎이라

여러분! 우리는 하나님께서 돌보아주시지만, 또한 많은 믿음의 형제,

자매들이 함께 손잡고 있다는 사실을 잊지 마십시오. 나만 겪는 고난이 아닙니다. 전 세계 그리스도인들이 함께 손잡고 싸우고 있는 고난임을 알고 힘을 내십시오. 그리스도인들은 결론을 이미 알고 싸우는 자들입니다. 우리의 결국은 최후 승리인 줄 믿습니다.

말씀을 맺겠습니다.

고난을 좋아하는 사람은 없습니다. 그러나 우리가 이 땅을 사는 동안 고난은 피할 수 없습니다. 이 땅은 인간이 하나님께 죄를 지은 이후, 마귀가 세상 임금이 되어 성도들을 끊임없이 공격하는 땅입니다.

물론 마귀도 하나님의 허락 가운데 하나님의 손안에서 성도들을 괴롭히지만, 하나님께서 영적 전쟁을 허락하신 것은 사실입니다. 우리는 하나님께서 왜 고난을 주시느냐고 항의하지 말고, 고난을 허락하신 하나님의 뜻을 분별하며, 고난을 이겨나가야 할 것입니다.

고난은 유익입니다. 고난을 통해 우리는 영적으로 강해집니다. 고난을 통해 우리의 인격이 주님을 닮아갑니다. 고난 중에도 하나님의 손이 나를 붙들고 계신다는 사실을 잊지 말고, 이 땅이 우리가 영원히 거할 곳이 아니라, 영원한 천국이 우리의 최종 목적지임을 알고 이 땅의 고난을 이겨나가야 할 것입니다.

토마스 도르세이' 라는 작곡가의 이야기를 하고 말씀을 마치겠습니다. '주님여 이 손을 꼭 잡고 가소서' 를 작곡한 사람입니다.

'토마스 도르세이'는 어릴 때부터 교회를 다니며 피아노를 연주하며 봉사하였습니다. 12살부터 파티에서 피아노를 연주하며 돈을 벌었습니다. 1925년 네티 하퍼를 만나 결혼하였고, 1932년 시카고 필그림 침례교회의 지휘를 맡게 되었습니다.

그 해 가을 도르세이는 만삭이 된 아내를 집에 남겨두고, 5시간 거리인 세인트 루이스에서 열리는 부흥집회에 초청받아 가게 되었습니다. 도르세이가 집회에서 찬양을 인도하려는 순간 시카고에서 전보가 왔습니다. 그 전보에는 부인이 위독하다는 내용이 담겨 있었습니다. 도르세이는 주님의 이름으로 하는 것이니, 주님께서 도와주실 것을 믿고 집회를 진행했습니다. 집회 내내 기도하며 집회를 마친 그는 급히 병원으로 이동했습니다. 그러나 그가 병원에 도착했을 때 아내는 숨져 있었고, 태중에 있다가 갓 태어난 아이마저 목숨을 잃은 상태였습니다.

그는 죽은 아내와 아이를 껴안고 울부짖었습니다. 아내와 아기를 같은 관에 넣어 장사 지내고 집에 돌아온 도르세이는 감당 못할 슬픔이 밀려왔습니다. 그러고는 하나님께 이럴 수 있느냐고, 왜 나에게 이런 일이 생기냐고, 내가 왜 이런 고통을 받아야 하냐며 부르짖었습니다. 그는 하나님이 자기를 버렸다는 생각에 더 이상 찬송을 부르거나 작곡하지도 않았고 교회도 다니지 않았습니다. 아내와 아이를 잃은 슬픔과 우울함으로 그는 정신과 치료를 받기까지 했습니다.

그러던 어느 날, 그는 초등학교 교사였던 친구를 만나기 위해 한 초등학교에 찾아갔습니다. 마침 눈이 내리는 겨울, 친구와 이야기를 나누며 운동장을 바라보고 있는데, 하얀 눈이 내린 운동장에 어떤 글씨가 보이기 시작했습니다. 그 글씨는 "Take my hand. Precious Lord"(주님 이 손을 꼭 잡고 가소서)였습니다. 그는 그 즉시 옆에 있는 피아노에 앉아 영감이 생기는 대로 곡을 만들었습니다. 그 곡이 바로 '주님이여 이 손을 꼭 잡고 가소서' 입니다.

복음성가 가수인 그의 친구 '테오도레 프레' 와 도르세이가 지휘하는 성가대가 다음 주일 에벤에셀 침례교회에서 예배 시간에 불렀습니다. 도르세이는 다시 교회로 돌아오게 되었고, 사역을 회복하게 되었습니다.

인생 말년에 그는 알츠하이머 병을 앓게 되었지만, 계속해서 찬양하고, 공연하며, 지휘하였습니다. 자신이 지은 곡의 가사처럼 약하고 피곤한 몸이었지만, 주님의 손을 꼭 잡고 삶을 살아갔습니다. 그리고 1993년, 알츠하이머 병으로 하나님의 품으로 돌아갔습니다.

고난 속에 있는 성도들 있습니까? 주님께서 우리의 손을 붙들어주심을 믿고 믿음으로 승리하기를 축원합니다.

<2021년 2월 7일 주일 낮 대예배 설교>

Chapter21

베드로전서 강해를 마치며... (벧전 5:10-14)

10 모든 은혜의 하나님 곧 그리스도 안에서 너희를 부르사 자기의 영원
한 영광에 들어가게 하신 이가 잠깐 고난을 당한 너희를 친히 온전
하게 하시며 굳건하게 하시며 강하게 하시며 터를 견고하게 하시리라
11 권능이 세세무궁하도록 그에게 있을지어다 아멘
12 내가 신실한 형제로 아는 실루아노로 말미암아 너희에게 간단히 써
서 권하고 이것이 하나님의 참된 은혜임을 증언하노니 너희는 이 은
혜에 굳게 서라
13 택하심을 함께 받은 바벨론에 있는 교회가 너희에게 문안하고 내 아
들 마가도 그리하느니라
14 너희는 사랑의 입맞춤으로 서로 문안하라 그리스도 안에 있는 너희
모든 이에게 평강이 있을지어다

베드로전서 강해 마지막 시간입니다. 작년 2020년 9월 6일(주일)에 베드로전서 강해를 시작했는데, 오늘 21번째로 마지막 강해를 하게 되었습니다.

베드로전서는 고난의 서신, 소망의 서신으로 불립니다. 베드로전서는 로마 황제 네로의 기독교 박해 직전에, 예수님을 믿는 1세기 소아시아에 흩어져 있는 그리스도인들을 격려하기 위해 서신 형식으로 쓰

여진 하나님의 메시지입니다.

제가 작년에 전도서 강해를 끝내고, 어떤 말씀을 전할까 기도하다가, 하나님께서 베드로전서 강해를 하도록 성령의 감동을 주셨습니다. 작년 한 해 코로나 때문에 우리의 일상이 중단되고, 그로 말미암아 많은 사람들이 경제적인 타격과 여러 부분에 어려움을 겪고 있습니다. 교회생활, 신앙생활도 모이지 못함으로 큰 위기를 경험하고 있습니다. 이 모든 것이 우리에게 다가오는 고난입니다.

또한, 기독교를 압박하는 법안들(예를 들어 동성애 차별 금지법, 낙태법 등)을 발의하고 통과시키려는 정치인들의 모습을 보면서, 베드로전서의 말씀을 전해야겠다는 생각을 성령님께서 주셨습니다.

만일에 우리에게 초대교회 그리스도인들과 같은 기독교 박해가 온다면 어떻게 처신해야 할까요?

우리는 베드로전서를 통해 하나님의 음성을 들었습니다.

이제 오늘 마지막 시간에, 지금까지 20번에 걸쳐 전한 베드로전서의 주요 내용을 정리해 보고, 오늘 본문으로 베드로전서 강해를 마치려고 합니다.

오늘은 <베드로전서 강해를 마치며...>라는 제목으로 하나님의 말씀을 전하겠습니다.

Ⅰ. 베드로전서의 주요내용

[벧전 1장]

베드로전서는 예수님을 믿음으로 인해 고난과 박해를 받는 그리스도인들에게 소망을 주기 위해 하나님께서 베드로를 통해 주신 하나님의 말씀입니다. 그래서 베드로전서를 고난의 서신 또는 소망의 서신이라고 부른다고 말씀드렸습니다.

아직까지는 기독교에 대한 본격적인 박해는 없지만, 가까운 시기에 곧 혹독한 박해와 순교가 일어날 것을 아시고, 박해가 올 때 끝까지 승리할 것을 하나님께서 권면하신 서신이 베드로전서입니다.

실제로 로마의 네로 황제가 AD 64년 로마의 대화제 사건 이후부터 조직적인 박해를 시작했습니다. 대 박해는 콘스탄틴 황제가 AD 313년 밀란 칙령을 발표할 때까지, 약 250년 동안 계속되었습니다. 이렇게 박해를 목전에 두고 있는 성도들에게 격려와 소망을 주는 내용이 베드로전서에 가득합니다.

1장을 통해서는 거듭난 성도는 예수님의 부활로 말미암아 산 소망을 가질 수 있다.(벧전 1:3). 왜 거듭난 성도는 산 소망을 가질 수 있는가? 하나님께서는 거듭난 하나님의 자녀를 보호하시기 때문이다(벧전 1:5).

그리고 **베드로전서 1장 7절**을 보면,

[7] 너희 믿음의 확실함은 불로 연단하여도 없어질 금보다 더 귀하여 예수 그리스도께서 나타나실 때에 칭찬과 영광과 존귀를 얻게 할 것이니라

고난을 통해 우리의 믿음을 '연단' 시켜서, 주님 오실 때 '칭찬' 과 '영광' 과 '존귀' 를 얻을 수 있게 하신다. 그러므로 '주님의 재림의 때를 소망하며 현재의 고난을 이기고, 거룩한 삶을 살아야 한다' 고 말씀합니다.

베드로전서 1장 15절을 보십시오.

[15] 오직 너희를 부르신 거룩한 이처럼 너희도 모든 행실에 거룩한 자가 되라

'거룩한 자가 되라' 고 합니다.

또 **1장 22절**을 보세요.

[22] 너희가 진리를 순종함으로 너희 영혼을 깨끗하게 하여 거짓이 없이 형제를 사랑하기에 이르렀으니 마음으로 뜨겁게 서로 사랑하라

사랑하며 살아야 한다고 이야기합니다. 이것이 1장의 내용입니다.

[벧전 2장]

2장은 고난 가운데 성도는 계속 어떻게 살아야 하는가?

말씀을 사모하고(벧전 2:2), 신령한 제사를 드리라(벧전 2:5). 즉 예배자가 되라고 말씀합니다.

또한 우리는 이 땅에서 나그네임을 알고 육체의 정욕을 제어하라(벧전 2:11)고 말씀합니다. 그리고 구원받은 성도의 사회생활에 대해, 나라의 위정자에게 순종하고(벧전 2:13-14), 직장의 고용주에게 순종하라고 말씀하십니다(벧전 2:18).

[벧전 3장]

3장에서는 가정에서 남편에게 순종하고(벧전 3:1), 남편도 아내를 귀히 여기라(벧전 3:7)고 말씀합니다. 또한, 고난 속에서 성도들 간에는 서로 사랑하고(벧전 3:8) 박해자를 향해서는 복을 빌라(벧전 3:9)고 말씀합니다.

왜냐하면 의를 위하여 고난받으면 복이 있기 때문입니다.

베드로전서 3장 14절을 보십시오.

[14] 그러나 의를 위하여 고난을 받으면 복 있는 자니…

의를 위해서 고난받는 것을 복으로 여기라는 말씀입니다. 이것이 3장의 내용입니다.

[벧전 4장]

4장에서는 고난이 다가올 때 성도는 어떤 태도로 살아야 하는가?

그리스도를 본받아(벧전 4:1), 육체의 정욕대로 살지 말고 하나님의 뜻을 본받아 살아야 한다(벧전 4:2). 왜냐하면 우리가 이 땅에서 살아온 모든 것을 다 결산하는 하나님의 심판이 있을 것이기 때문이다.

베드로전서 4장 5절을 보십시오.

[5] 그들이 산 자와 죽은 자를 심판하기로 예비하신 이에게 사실대로 고하리라

그러므로 성도는 예수님께서 오늘이라도 재림하실 수 있다는 종말론적인 신앙을 가지고 기도해야 합니다.

4장 7절을 보세요.

[7] 만물의 마지막이 가까이 왔으니 그러므로 너희는 정신을 차리고 근신하여 기도하라

또한, 사랑하면서 살아야 합니다.

4장 8절을 보십시오.

[8] 무엇보다도 뜨겁게 서로 사랑할지니 사랑은 허다한 죄를 덮느니라

또 하나님의 영광을 위해 살아야 합니다.

4장 11절입니다.

[4:11] 만일 누가 말하려면 하나님의 말씀을 하는 것 같이 하고 누가 봉사하려면 하나님이 공급하시는 힘으로 하는 것 같이 하라 이는 범사에 예수 그리스도로 말미암아 하나님이 영광을 받으시게 하려 함이니 그에게 영광과 권능이 세세에 무궁하도록 있느니라 아멘

이것이 4장의 내용이었습니다.

[벧전 5장]

5장을 통해서도 고난과 박해 시대에 교회 지도자들의 태도를 이야기하면서, 양 무리를 잘 돌보고(벧전 5:2), 양 무리의 본이 되라(벧전 5:3)고 부탁하셨습니다.

교회 성도들은 교회 지도자들에게 순종하므로(벧전 5:5) 교회를 질서 있게 든든히 세우고, 영적 전쟁에 승리하라고 부탁하셨습니다.

베드로전서 5장 8절과 9절을 보십시오.

[8] 근신하라 깨어라 너희 대적 마귀가 우는 사자 같이 두루 다니며 삼킬 자를 찾나니
[9] 너희는 믿음을 굳건하게 하여 그를 대적하라 이는 세상에 있는 너희 형제들도 동일한 고난을 당하는 줄을 앎이라

그러므로 기독교인들은 고난이 올 때, 정신을 차리고 깨어서 마귀를 대적해야 합니다.

자! 오늘은 베드로전서 5장 10절에서 14절 마지막 말씀을 강론하겠습니다.

II. 마지막 약속

혹독한 고난과 박해를 바로 목전에 둔 그리스도인들에게 하나님께서는 베드로전서를 마감하면서 마지막 약속을 주시면서 격려하십니다.

5장 10절을 보십시오.

[10] 모든 은혜의 하나님 곧 그리스도 안에서 너희를 부르사 자기의 영원한 영광에 들어가게 하신 이가 잠깐 고난을 당한 너희를 친히 온전하게 하시며 굳건하게 하시며 강하게 하시며 터를 견고하게 하시리라

자! 본문을 잘 보십시오. 이 말씀이 고난받는 그리스도인들에게 어떻게 고난을 이길 수 있는 약속의 말씀, 격려의 말씀이 될 수 있나요? 세 단어를 주의 깊게 보아야 합니다. '은혜', '부르사', '영원한 영광' 입니다.

여러분! 이 말씀을 보면서, 고난을 이길 수 있는 힘과 용기가 생기십니까? 이 말씀은 우리의 구원이 어떻게 시작해서, 어떻게 종결되는지를 가르쳐 주신 하나님의 말씀입니다. 우리의 구원은 우연히 이루어진 것이 아닙니다.

창세 전에 하나님께서 우리의 구원을 계획하시고(이것을 예정이라고 합니다), 이 시대에 태어나게 하셔서 하나님의 은혜로 우리를 불러 예수님 믿고 구원받게 하셨습니다. 그러므로 내가 예수님을 믿은 것 같지만, 구원은 나에게서 출발된 것이 아니라, 하나님의 예정 속에서 이루어진 사건입니다.

하나님께서 계획하신 우리를 향한 구원계획이 실패로 끝날 수 있을까요? 하나님의 계획이 실패로 끝난다면, 그분은 하나님이 아니십니다. 우리가 그러한 무능력한 하나님을 믿을 필요가 없습니다. 하나님의 구원계획은 반드시 이루어집니다. 하나님께서 우리를 불러 구원시키신

목적은 영원한 영광에 들어가게 하시는 것입니다. 영원한 영광은 우리에게 궁극적 구원이 이루어지는 것입니다.

로마서 8장 30절을 봅시다.

[30] 또 미리 정하신 그들을 또한 부르시고 부르신 그들을 또한 의롭다 하시고 의롭다 하신 그들을 또한 영화롭게 하셨느니라

여기 우리의 구원이 어떻게 시작해서 어떻게 종결되는지, 구원의 순서가 나옵니다.

'예정' – '부르심' (소명) – 의롭다 하심' (칭의) – '영화' 입니다.

빌립보서 1장 6절을 보십시오.

[6] 너희 안에서 착한 일을 시작하신 이가 그리스도 예수의 날까지 이루실 줄을 우리는 확신하노라

우리의 구원은 하나님께서 예정하시고 그리스도 안으로 불러 구원받게 하셨습니다.

그렇다면 여러분은 그 하나님께서 우리의 구원이 완성될 때까지 이루실 것을 확실히 믿습니까? 이것을 신학에서 '성도의 견인' 교리라고 부릅니다. 한번 구원은 영원한 구원, 한번 구원받은 자는 그 구원이 상실되지 않는다는 것입니다. 왜 그럴까요? 우리의 구원은 하나님께서 계획하시고 시작하셨기 때문입니다.

자! 힘이 나십니까? 다시 본문을 봅시다.

베드로전서 5장 10절입니다.

[10] 모든 은혜의 하나님 곧 그리스도 안에서 너희를 부르사 자기의 영원한 영광에 들어가게 하신 이가 잠깐 고난을 당한 너희를 친히 온전하게 하시며 굳건하게 하시며 강하게 하시며 터를 견고하게 하시리라

여기 '영광'과 '고난' 앞에 어떤 말이 있나요? 영광은 '영원한 영광', 고난은 '잠깐 고난', 그리스도인들은 이 세상에서 마귀의 시험과 고난을 당합니다. 그래서 5:8-9절에 '근신하라 깨어라 믿음을 굳건하게 해서 마귀를 대적하라'고 했습니다.

그러므로 그리스도인들은 고난의 현실 속에서, 그 고난은 영원한 천국에 비교해볼 때 '잠깐 고난'에 불과하다는 것을 알고 이겨나가야 할 것입니다. 인생은 길어야 100년입니다. 그러나 천국과 영생은 영원하고 영광스럽습니다.

그래서 사도 바울은 **로마서 8장 18절**을 통해 말씀합니다.

[18] 생각하건대 현재의 고난은 장차 우리에게 나타날 영광과 비교할 수 없도다

성도 여러분! 우리 그리스도인들은 현실의 고난 속에서도 하나님을 의지하며 장래의 영원한 영광을 바라보며, 현재의 고난을 연단으로 알고 이겨나가야 할 줄 믿습니다.

은혜로 우리를 구원하신 하나님께서는, 고난의 현실 속에서 우리를 결코 버려두지 않으십니다. 우리와 늘 함께하시면서 계속 은혜를 베풀어 주십니다.

◎ **하나님은 고난받는 성도들에게 어떤 은혜를 베풀어 주시는가?**

다시 **베드로전서 5장 10절**을 보겠습니다.

[10] 모든 은혜의 하나님 곧 그리스도 안에서 너희를 부르사 자기의 영광에 들어가게 하신 이가 잠깐 고난을 당한 너희를 친히 온전하게 하시며 굳건하게 하시며 강하게 하시며 터를 견고하게 하시리라

① **온전하게 하신다** – 이 말의 헬라어 원어를 보면, '손상된 배를 수리한다' 는 단어입니다. 또 '그물을 수선하는 데 사용된 단어' 입니다. 즉 박해로 상처받은 성도들을 회복시켜 완전한 모습으로 만들어주심을 가리키는 말입니다.

② **굳건하게 하신다** – 이 말은 헬라어로 '단단하게 고정시킨다' 는 의미입니다. 고난과 박해 가운데서도 흔들리지 않도록 견고하게 만들어주심을 가리키는 말입니다.

③ **강하게 하신다** – 헬라어로 '힘', '강함' 을 의미합니다. 하나님께서 고난과 박해를 이길 수 있도록 힘을 주시고 강하게 만들어주심을 가리킵니다.

④ **터를 견고하게 하신다** – 헬라어로 '기초를 확고하게 하다' 라는 의미입니다. 집을 세우기 위해서 기초를 튼튼하게 하는 것 같이, 하나님께서 신앙의 터전을 확고하게 해서 요동치 않게 하심을 가리킵니다.

여러분! 우리는 연약한 존재들입니다. 고난은 내 힘으로 이길 수 없습니다. 그러나 온전하게 하시고, 굳건하게 하시고, 강하게 하시고, 터를 견고하게 하시는 주님께서 나를 붙들고 계시다는 것을 믿고 고난을 헤쳐 하늘나라를 향해 전진하는 우리 모두 되시기를 축원합니다.

자, 이제 **베드로전서 5장 11절**을 봅시다.

[11] 권능이 세세무궁하도록 그에게 있을지어다 아멘

여기 '권능'은 성도를 구원하시고 보호하시는 하나님의 능력이 영원함을 믿으며 하나님께 찬송드리고 있습니다.(송영)

우리도 우리의 구원을 계획하신 하나님께서 우리를 구원하시고 보호하시고 영원한 영광의 나라에 이르게 할 것을 믿고 찬양합시다. 아멘이십니까?

이제 마지막 권면과 문안인사입니다.

Ⅲ. 마지막 권면과 문안 인사

1. 권면

5장 12절을 봅시다.

[12] 내가 신실한 형제로 아는 실루아노로 말미암아 너희에게 간단히 써서 권하고 이것이 하나님의 참된 은혜임을 증언하노니 너희는 이 은혜에 굳게 서라

'실루아노' 는 바울의 2차 선교여행때 동행했던 바울의 동역자로서, 실라를 가리킵니다. 베드로전서의 대필자입니다. 베드로는 '이것이 하나님의 참된 은혜' 라고 말하면서, '이 은혜에 굳게 서라' 고 권면하고 있습니다.

'이것이 하나님의 참된 은혜' 라는 말은 무슨 말입니까?

고난도 우리 신앙의 불순물이 떨어져 나가는 연단이기에 하나님의 은혜라는 의미입니다. 동시에 고난과 박해 속에서 하나님께서 우리를 보호하시는 것이 하나님의 은혜라는 말입니다. 그러므로 '이 은혜에 굳게 서라' 고 권면하고 있는 것입니다.

여러분들도 고난이 올 때, 그 고난이 하나님의 연단임을 알고 더욱 믿음을 새롭게 하십시오. 그리고 고난 가운데서도 하나님께서는 결코 우리를 떠나지 아니하시고, 우리를 지키시고 보호하신다는 사실을 굳게 믿기를 축원합니다.

2. 문안 인사

베드로전서 5장 13절을 보십시오.

[13] 택하심을 함께 받은 바벨론에 있는 교회가 너희에게 문안하고 내 아들 마가도 그리하느니라

여기 '바벨론' 은 로마를 가리킵니다. 바벨론은 죄악 세상을 상징하는 단어입니다. '바벨론에 있는 교회' 는 로마의 교회를 가리킵니다. 지금 베드로는 로마에서 이 베드로전서 서신을 쓰고 있는 것입니다.

'내 아들 마가' 는 바나바의 조카요, 마가복음을 기록한 사람으로 본명은 마가 요한입니다. 그가 베드로의 영적인 아들이 되어 지금 고난의 현장인 로마에서 함께 사역하며, 고난에 직면해있는 초대 그리스도인들에게 문안 인사를 하고 있는 것입니다.

마지막 절 **베드로전서 5장 14절**을 보세요.

[14] 너희는 사랑의 입맞춤으로 서로 문안하라 그리스도 안에 있는 너희 모든 이에게 평강이 있을지어다

'사랑의 입맞춤' 은 초대 교인들 사이에서 행해졌던 인사법입니다. 오늘날 악수와 비슷한 의미입니다.

베드로의 마지막 인사는 '평강이 있을지어다' 입니다. 이 '평강' 은 헬라어 에이레네로서, 히브리어 샬롬과 같은 것입니다. 참된 평강은 그리스도 안에 있습니다. 고난과 박해에 직면해 두려움 가운데 있는 초대 그리스도인들에게, 베드로전서를 통해 시작 인사도 평강으로 시작했고(벧전 1:2) 마지막 인사도 평강으로 끝을 맺고 있는 것입니다.

1장 2절과 5장 14절을 보겠습니다.

[1:2] 곧 하나님 아버지의 미리 아심을 따라 성령이 거룩하게 하심으로 순종함과 예수 그리스도의 피 뿌림을 얻기 위하여 택하심을 받은 자들에게 편지하노니 은혜와 평강이 너희에게 더욱 많을지어다

[5:14] 너희는 사랑의 입맞춤으로 서로 문안하라 그리스도 안에 있는 너희 모든 이에게 평강이 있을지어다

여러분, 고난이 와도 평강을 누리기를 축원합니다.

이야기 하나 하고 말씀을 마치려고 합니다. 2차 세계대전 당시 독일의 히틀러는 '게르만 민족 우월론'을 주장하면서 죄 없는 유대인들을 박해했습니다. 수많은 유대인들이 그 악명 높은 아우슈비츠 수용소에 갇혀있다가 독가스로, 인체실험으로 비참하게 죽어갔습니다. 이렇게 죽은 유대인들이 600만 명입니다.

이때 유대인들이 부른 노래가 '아니마밈'이라는 노래입니다. '아니마밈'은 히브리어로 '나는 믿는다'는 뜻을 가지고 있습니다. 이 노래는 본래 혹독한 아우슈비츠 수용소 안에서 작사, 작곡된 노래였습니다. 그 노래의 가사는 이렇습니다.

"나는 믿는다. 나의 하나님이 반드시 나를 찾아오리라는 사실을!"

자기의 동료들이 비참하게 독가스실로 불려나가는 모습을 보면서, 다음절을 이렇게 슬프게 불렀습니다.

"그런데 때때로 그 하나님은 조금 늦게 오신다네." 이 노래를 부르면서 그들은 처절한 삶 가운데서도 절망하지 않고 하나님을 바라보았습니다. 2차 대전 이후 유대인들은 지금도 유월절이 되면 '아니마밈'의 노래를 부릅니다.

2차 대전이 끝나고 연합군이 폴란드의 아우슈비츠 수용소를 탈환한

후 내부를 조사하다가 한쪽 벽에 쓰여있는 찬송가 가사를 보고 깜짝 놀랐습니다. 어느 그리스도인이 신앙고백으로 기록해놓은 것입니다.

'그 크신 하나님의 사랑 말로 다 형용 못하네' (찬 304장). 이 지옥 같은 수용소에서 하나님의 사랑이라니, 웬 말입니까? 그러나 또 다른 곳에도 이런 글자가 선명하게 쓰여 있었습니다. '하나님은 여기에 계십니다'

초대교회 성도들에게 오늘 우리가 부르는 찬송이 있었다면 아마 493장(하늘 가는 밝은 길이)을 부르며 순교했을 것입니다.

1절 – 하늘가는 밝은 길이 내 앞에 있으니 슬픈 일을 많이 보고 늘 고생하여도 하늘 영광 밝음이 어둔 그늘 헤치니 예수 공로 의지하여 항상 빛을 보도다

2절 – 내가 염려하는 일이 세상에 많은 중 속에 근심 밖에 걱정 늘 시험하여도 예수 보배로운 피 모든 것을 이기니 예수 공로 의지하여 항상 이기리로다.

3절 – 내가 천성 바라보고 가까이 왔으니 아버지의 영광집에 나 쉬고 싶도다 나는 부족하여도 영접하실 터이니 영광 나라 계신 임금 우리 구주 예수라

사랑하는 공항성산의 성도 여러분! 오늘 우리는 코로나뿐 아니라 경제적으로, 사회적으로, 정치적으로 혼란스러운 시대에 살고 있습니

다. 그러나 기억하십시오. 세상이 아무리 어두워도 하나님께서 이 땅을 통치하고 계십니다. 어떠한 고난이 와도 예수님 믿는 그리스도인들을 넘어뜨릴 수 없습니다. 온 우주를 다스리시고, 인간의 생사화복을 주장하시는 하나님께서 우리의 아버지시며, 우리를 붙들고 계시기 때문입니다.

주님은 오늘 우리에게 이렇게 말씀하고 계십니다.

'공항 성산교회의 나의 자녀들이여, 평강이 있을지어다!'

<2021년 2월 14일 주일 낮 대예배 설교>

베드로후서

Chapter 1
베드로후서 강해를 시작하며...(벧후1:1-2)

1 예수 그리스도의 종이며 사도인 시몬 베드로는 우리 하나님과 구주 예수 그리스도의 의를 힘입어 동일하게 보배로운 믿음을 우리와 함께 받은 자들에게 편지하노니
2 하나님과 우리 주 예수를 앎으로 은혜와 평강이 너희에게 더욱 많을지어다

우리는 지난주일 21번에 걸친 베드로전서 강해를 마쳤습니다. 이번주부터 베드로후서 강해를 시작하겠습니다. <베드로후서 강해를 시작하며...>라는 제목으로 말씀을 전하겠습니다.

베드로전서가 하나님께서 외적인 공격인 고난과 박해에 대비하고 승리하도록 주신 말씀이라면, 베드로후서는 하나님께서 내적인 공격, 즉 진리에 서지 못하도록 하는 거짓 선생, 즉 이단에 대비하고 승리하도록 주신 말씀입니다. 사탄의 공격목적은 분명합니다. 그리스도인들의 신앙을 무너뜨려 교회와 하나님 나라를 파괴하는 것입니다. 그래서 사탄의 전략과 공격은 다양합니다. 외적으로 환난을 줌으로 기독교 신앙을 포기하게 만듭니다. 한편 내적으로 진리의 말씀이 뿌리내리지 못

하도록 온갖 전략을 구사합니다.

예를 들어 목회자가 말씀을 제대로 준비하지 못하도록 몸을 아프게 하거나, 쓸데없는 일에 바쁘게 만듭니다. 또 말씀 전하는 목회자가 기도하지 못하게 해서, 영적으로 생명력이 결여된 말씀을 전하게 합니다. 또한 오늘날과 같은 코로나로 소그룹 모임이 막히고, 교회 교육, 제자 훈련을 막히게 합니다. 또 교회 성도들끼리 싸우는 모습을 통해, 교회가 분열되게 함으로 성도들이 교회를 떠나게 합니다.

그 결과로 교회에 상처받은 교인들이 기존 교회에 실망한 나머지, 교회를 안 나가거나 이단의 가르침에 귀를 기울이고 결국 이단에 넘어가게 합니다. 이런 모든 것들이 사탄이 내적으로 교회를 공격하는 전략입니다.

베드로전서와 베드로후서를 통해서도 사탄이 교회에 대한 외적인 공격과 내적인 공격을 볼 수 있습니다. 베드로전서를 통해서는 외적인 박해를 예고했습니다. 이제 그 예고대로 로마의 네로 황제의 박해는 점점 깊어지고 심해지고 있는 가운데, 많은 성도들이 기독교 신앙을 버리고 변절되었습니다. 더러는 근심과 공포에 짓눌린 나머지 영적 성장이 바닥까지 떨어진 상태가 되었습니다.

사탄은 이제 성도와 교회를 무너뜨리려고 내적인 공격을 시도합니다. 그것은 거짓 선생들(이단들)을 교회 안에 넣어서 잘못된 가르침을 통해 성도들을 미혹하는 것입니다.

베드로의 뇌리에는 이런 질문이 떠올랐습니다. '이제 내가 떠나면, 이 늑대들로부터 누가 이 양 떼들을 지켜주고 세워주지?' 이때 하나님께서 베드로에게 계시를 주셔서 베드로후서를 쓰게 하셨습니다. 그래서 베드로후서의 주요 주제는 거짓 선생들과 이단에 대한 경고입니다.

오늘은 베드로후서 강해를 잘 이해하도록 돕기 위해서 필요한 서론적인 이야기를 하려고 합니다.

1. 누가 기록했는가?
2. 누구에게 쓴 편지인가?
3. 언제 어디서 기록했는가?
4. 기록한 목적은 무엇인가?
5. 베드로후서의 특징은 무엇인가?
6. 전체 내용과 개요는 무엇인가?

에 대해 살펴보겠습니다.

1. 저자

베드로후서의 저자는 베드로입니다. 베드로후서의 저자가 베드로라는 것을 부인하는 학설도 있지만, 성경의 내적인 증거를 살펴보면 베드로후서는 베드로가 저자임을 알 수 있습니다.

베드로후서 1장 1절을 보십시오.

[1] 예수 그리스도의 종이며 사도인 시몬 베드로는 … 편지하노니

베드로후서는 시몬 베드로가 쓴 서신입니다.

또 **베드로후서 1장 17-18절**을 보세요.

[17] 지극히 큰 영광 중에서 이러한 소리가 그에게 나기를 이는 내 사랑하는 아들이요 내 기뻐하는 자라 하실 때에 그가 하나님 아버지께 존귀와 영광을 받으셨느니라
[18] 이 소리는 우리가 그와 함께 거룩한 산에 있을 때에 하늘로부터 난 것을 들은 것이라

베드로후서의 저자는 거룩한 산(일명 변화산)에서 변화되신 예수님을 목격한 자입니다. 마태복음 17장을 보면, 이 거룩한 산에 예수님과 함께 있었던 제자는 베드로, 야고보, 요한이었습니다.

또 **1장 14절**을 볼까요?

[14] 이는 우리 주 예수 그리스도께서 내게 지시하신 것 같이 나도 나의 장막을 벗어날 것이 임박한 줄을 앎이라

예수 그리스도의 제자 중에 죽음에 대해 예언한 저자는 베드로 뿐입니다(요 21:18).

그리고 **3장 1절**을 보십시오.

[1] 사랑하는 자들아 내가 이제 이 둘째 편지를 너희에게 쓰노니…

둘째 편지라고 말한 것으로 보아, 첫째 편지인 베드로전서를 쓴 베드로가 둘째 편지인 베드로후서를 썼다고 보여집니다.

베드로후서 3장 15절을 보세요.

[15] …우리가 사랑하는 형제 바울도 그 받은 지혜대로 너희에게 이같이 썼고

사도 바울과 동격의 형제가 편지를 썼는데, 그는 베드로라고 생각됩니다. 이상의 성경 구절들을 볼 때, 베드로후서는 베드로가 저자임을 알 수 있습니다.

그러나 베드로후서의 인간 저자는 베드로이지만, 원저자는 하나님이십니다. 왜냐하면 하나님께서 성령의 감동으로 베드로에게 계시를 주셔서, 베드로가 쓴 책이 베드로후서이기 때문입니다.

1장 20-21절을 봅시다.

[20] 먼저 알 것은 성경의 모든 예언은 사사로이 풀 것이 아니니
[21] 예언은 언제든지 사람의 뜻으로 낸 것이 아니요 오직 성령의 감동하심을 받은 사람들이 하나님께 받아 말한 것임이라

※ 베드로후서의 인간 저자는 베드로이고, 원저자는 하나님이시다.

2. 수신자

1장 1절을 봅시다.

[1] 예수 그리스도의 종이며 사도인 시몬 베드로는 우리 하나님과 구주 예수 그리스도의 의를 힘입어 동일하게 보배로운 믿음을 우리와 함께 받은 자들에게 편지하노니

'보배로운 믿음을 우리와 함께 받은 자들' 이 구체적으로 누구인가는 1절을 통해서는 정확히 알 수 없습니다.

그러나 **베드로후서 3장 1절**을 보십시오.

[3] 사랑하는 자들아 내가 이제 이 둘째 편지를 너희에게 쓰노니 이 두 편지로 너희의 진실한 마음을 일깨워 생각나게 하여

둘째 편지인 베드로후서가 첫째 편지인 베드로전서의 수신자와 같음을 알 수 있습니다. 베드로전서의 수신자는 누구일까요?

베드로전서 1장 1절을 봅시다.

[1] 예수 그리스도의 사도 베드로는 본도, 갈라디아, 갑바도기아, 아시아와 비두니아에 흩어진 나그네

베드로전서 1장 1절에 나타난 지역들은 소아시아 지역들로서, 오늘날 튀르키예 지역에 해당됨을 이미 살펴보았습니다. 소아시아에 흩어져 있는 유대인 그리스도인들과 이방인 그리스도인들이 베드로전서의 수신자입니다.

두 번째 편지인 베드로후서의 수신자도 베드로전서와 마찬가지로, 소아시아에 흩어져 있는 유대인 그리스도인들과 이방인 그리스도인들을 포함해서 보배로운 믿음을 가진 그리스도인들을 가리킵니다.

좀 더 넓게 적용하면, 보배로운 믿음을 가진 모든 세대의 그리스도인들이 수신자입니다.

※ 베드로후서의 수신자는 좁게는 소아시아에 흩어져 있는 유대인과 이방인 그리스도인들이며, 넓게는 보배로운 믿음을 가진 모든 세대의 그리스도인들이다.

3. 기록연대와 기록장소

정확한 기록연대와 날짜는 알 수 없지만 베드로의 순교가 네로 황제의 집권 말기인 A.D 68년이라고 볼 때, 베드로후서는 베드로의 순교 직전에 쓰여졌다고 볼 수 있습니다.

※ 베드로후서의 기록 연대는 A.D 67~A.D 68년으로 본다.
베드로후서의 기록 장소는 로마이다.

4. 기록 목적

1) 거짓 선지자들과 거짓 선생들을 경고하기 위해서
2) 부도덕한 향락주의를 배격하기 위해서
3) 재림에 대한 확신을 갖도록 하기 위해서

5. 특징

1) 거짓 선생(이단)에 대한 경고

베드로전서가 외적인 박해자 로마에 대해 위로와 격려를 주는 서신이라면, 베드로후서는 내적인 이단인 거짓 선생들에 대해 경고하는 서신입니다.

따라서 거짓 선생들에 대한 심판을 강조하고 있습니다(벧후 2:1-19).

2) 참된 영적 지식을 강조

초대 교회에는 영지주의(Gnosticism)라는 이단이 있었는데, 베드로가 베드로후서를 쓸 당시에는 영지주의라는 이단이 막 싹트려는 시작 단계였습니다.

영지주의자들은 자신들만이 영적인 지식을 가지고 있다고 주장하면서, 신앙보다는 영적 지식으로 구원 얻는다고 주장했습니다. 특별히 이들은 헬라 철학의 영향을 받아, 영혼과 육체를 구분하는 이원론을 주장했습니다.

'영혼은 깨끗하고 육체는 악하다. 육체가 아무리 죄를 지어도 영혼에는 영향을 미치지 못한다. 영혼은 깨끗하기 때문이다.' 이렇게 영혼과 육체를 구분하는 것이 이원론입니다.

우리는 어떻습니까? 이 세상에 사는 동안 영혼과 육체는 따로 있는 것이 아니라 하나로 결합되어 있습니다. 그래서 육체가 힘들면 영혼도 지칩니다. 그래서 육체가 힘들면 잘 기도가 되지 않습니다.

반면, 영지주의자들은 이원론을 주장하기 때문에 예수님께서 육체로 오신 것을 부인합니다. '육체는 악한데 어떻게 구세주가 악한 육체로 오느냐?' 는 것입니다. 또, 육체가 마음대로 쾌락을 누리고 죄짓도록 향락주의를 가르쳤습니다. 육체에 죄가 있어도 영혼은 깨끗하다는 주장입니다(벧후 2장).

그리고 주님 재림을 믿지 않음으로 종말 신앙을 부인했습니다(벧후 3장). 그래서 베드로는 베드로후서를 통해 이들을 반박하며 참된 영적 지식을 갖도록 권고하고 있습니다. 그래서 베드로후서에는 '지식', '안다' 라는 부류의 말이 반복적으로 많이 나타납니다.

- *지식–1:5, 6*
- *알다–1:2, 3, 8, 12, 14, 20, 2:10, 12, 20, 21, 3:3, 17, 18*

베드로가 베드로후서에서 말하는 지식은 예수 그리스도를 아는 지식(1:2, 3, 8, 2:20, 3:18)으로서 이단 영지주의자들이 말하는 영적 지식과는 다릅니다.

베드로는 베드로후서를 통해 참된 영적 지식을 가질 것을 강조하고 있습니다. 베드로전서의 주제가 고난이라면, 베드로후서의 주제는 지식입니다. 베드로후서는 거짓 가르침에 대해 진리의 지식을 갖도록 하는데 초점을 맞추고 있습니다.

3) 유다서와의 유사점

거짓 선생에 대한 경계가 유다서와 유사한 부분이 많다는 것이 또 하나의 특징입니다.

베드로후서	유다서	유사점
2:1-3	1:4	거짓 선생에 대한 경고
2:4	1:6	범죄한 천사들에 대한 심판
2:6	1:7	소돔과 고모라의 심판
2:10-12	1:8-10	천사를 훼방하는 악인들에 대한 심판
2:15-16	1:11	발람 선지자를 통한 교훈
2:17	1:12	물 없는 샘과 같은 악인들
3:2	1:17	사도들의 권고를 기억할 것
3:3	1:18	정욕을 좇아 기롱하는 자들

6. 내용과 개요

1. 문안인사(벧후 1:1-2)

소아시아에 흩어져 있는 그리스도인들을 포함해 보배로운 믿음을 가진 그리스도인들에게 예수님을 앎으로 은혜와 평강이 더욱 많기를 기원하고 있습니다.

2. 그리스도인의 영적 성장에 대한 권면(벧후 1:3-21)

1) 열매 맺는 믿음(벧후 1:3-11)

영적 성장을 이루어 열매맺는 믿음을 갖도록 권고하고 있습니다.

2) 믿음의 근거(벧후 1:12-21)

① **바른 진리를 전하려는 열정(벧후 1:12-14)** – 베드로는 자신의 순교가 가까이 옴을 알고, 양 떼들을 바른 진리 위에 세워야겠다는

열정을 보여줍니다.

② **변화산상의 체험(벧후 1:15-18)** – 예수 그리스도의 능력과 강림은 베드로가 직접 체험한 것으로, 일부러 만든 거짓 진리가 아니라는 것입니다.

③ **성경의 확실한 증거(벧후 1:19-21)** – 그러나 우리 믿음의 근거로 가장 중요한 것은 하나님의 계시인 성경 말씀입니다.

3. 거짓 선생들에 대한 경고(벧후 2:1-21)

1) **거짓 선생들이 받을 형벌(벧후 2:1-10a)** – 거짓 선생들이 받을 형벌에 대해 구약의 전례들을 들어 경고하고 있다.

2) **거짓 선생들의 특성(벧후 2:10b-22)**

4. 그리스도의 재림에 대한 확신(벧후 3:1-13)

1) **주의 재림을 부정하는 자들(벧후 3:1-7)**
주의 재림은 없을 것이라고 기롱하는 거짓 선생들의 가르침에 대해 말하고 있습니다.

2) **주의 재림에 대한 논증(벧후 3:8-13)**

5. 결론적 권면(벧후 3:14-18)

자! 오늘은 벧후 1:1-2절 문안인사 중 몇 가지 중요한 부분만 살펴보겠습니다.

먼저 **베드로후서 1장 1절**을 봅시다.

[1] 예수 그리스도의 종이며 사도인 시몬 베드로는 우리 하나님과 구주 예수 그리스도의 의를 힘입어 동일하게 보배로운 믿음을 우리와 함께 받은 자들에게 편지하노니

베드로는 성령의 감동으로 베드로후서를 쓰면서 자신을 예수 그리스도의 종이며 사도라고 소개하고 있습니다.

'종' (헬. 둘로스)은 주인에게 완전히 예속되어 있는 노예를 가리키는 말입니다. 요즘 우리가 주장하는 인권은 전혀 없는 자입니다. 주인에게 절대적으로 복종해야 하는 자가 노예입니다.

이 표현은 베드로가 자신을 주인이신 예수 그리스도에게 예속된 자로서, 예수 그리스도를 주님으로 인정하고 의지하며 절대복종하겠다는 신앙고백입니다. 베드로는 자신의 순교가 가까이 옴을 알고 주인이신 주님을 위해 죽기까지 복종하겠다는 고백입니다.

우리도 주님께서 핏값으로 사셔서 하나님의 자녀가 되었다는 사실을 믿는다면, 우리도 주님만을 철저히 의지하고 순종하고 충성을 다하여야 할 것입니다.

'사도' (헬.아포스톨로스) 는 '보내심을 받은 자' 라는 뜻입니다. 베드로는 예수님으로부터 직접 복음 전파의 사명을 받고 파송된 자입니다. 좁은 의미에서 사도는 예수님의 제자들을 일컫는 말이지만, 넓은 의미에서 사도는 오늘날 예수님을 믿고 구원받아 세상에 복음을 전하도록 보냄을 받은 저와 여러분들을 가리킵니다.

사랑하는 성도 여러분! 우리는 주님으로부터 보내심을 받은 사도임을 깨닫고 여러분의 가정, 거주지, 직장에 복음을 전하며, 주님 주신 영광스러운 사명을 잘 감당할 수 있기를 축원합니다.

베드로의 편지를 받는 자는 '하나님과 구주 예수 그리스도의 의를 힘입은 자'(1:1)입니다. 원래 우리는 모두 다 죄인입니다. 의인은 한 사람도 없습니다. 죄를 전혀 짓지 않은 의로운 분은 하나님 한 분뿐입니다. 그런데 하나님이신 예수 그리스도께서 인간을 구원하시는 구주로서, 인간의 몸을 입고 오셔서 십자가에 죽으심으로 우리 모두의 죄값이 치러졌습니다.

그래서 누구든지 예수님을 나의 구주로 영접하면 내 죄값은 예수님께서 십자가에서 다 갚으셨으므로 '예수 그리스도의 의'가 우리에게 덧입혀집니다. 이 예수님을 믿음으로 죄 용서받고 의로워져 구원받기 때문에 '보배로운 믿음'이라고 성경은 말하고 있습니다.

이 '보배로운 믿음'은 인간의 노력으로 주어지는 것이 아니라, 하나님에 의해 각 사람에게 주어지는 은혜의 선물임을 알고, 예수님 믿는 것을 정말 감사하기를 축원합니다.

이제 **베드로후서 1장 2절**을 봅시다.

[2] 하나님과 우리 주 예수를 앎으로 은혜와 평강이 너희에게 더욱 많을지어다

여기 '하나님과 우리 주 예수를 앎으로' 에서 안다는 것, '앎' (헬. 에피그노시스)은 '완전한 지식' 을 의미합니다.

일반적인 지식을 뜻하는 헬라어 그노시스에 에피(~위에, ~향하여)라는 접두사가 붙어, 2:2에는 에피그노시스라는 단어를 쓰고 있습니다. 즉 그노시스보다 더 심오하고 완전한 지식이라는 뜻입니다.

그러므로 본문의 앎(에피그노시스)은 단순한 학문적이나 이론적인 지식이 아니라, 체험적 지식이요, 인격적 지식입니다. 단순히 하나님과 예수님에 대해 지식적으로 아는 것이 아니라, 예수 그리스도와의 깊은 교제를 통해 가슴으로 아는 체험적 지식을 가리킵니다. 예수 그리스도와의 교제를 통해 체험적 지식을 갖게 될 때, 하나님의 은혜와 평강을 누리게 됩니다.

사랑하는 성도 여러분! 여러분은 하나님과 예수님과 성령님에 대해 지식적으로 아는 것을 넘어서 '에피그노시스', 깊은 만남을 통해 주님 주시는 참된 은혜와 평강을 모두 누리시기를 축원합니다.

<2021년 2월 21일 주일 낮 대예배 설교>

Chapter 2
신성한 성품에 참여하는 자 (벧후 1:3-11)

3 그의 신기한 능력으로 생명과 경건에 속한 모든 것을 우리에게 주셨으
니 이는 자기의 영광과 덕으로써 우리를 부르신 이를 앎으로 말미암음
이라
4 이로써 그 보배롭고 지극히 큰 약속을 우리에게 주사 이 약속으로 말
미암아 너희가 정욕 때문에 세상에서 썩어질 것을 피하여 신성한 성품
에 참여하는 자가 되게 하려 하셨느니라
5 그러므로 너희가 더욱 힘써 너희 믿음에 덕을, 덕에 지식을,
6 지식에 절제를, 절제에 인내를, 인내에 경건을,
7 경건에 형제 우애를, 형제 우애에 사랑을 더하라
8 이런 것이 너희에게 있어 흡족한즉 너희로 우리 주 예수 그리스도를
알기에 게으르지 않고 열매 없는 자가 되지 않게 하려니와
9 이런 것이 없는 자는 맹인이라 멀리 보지 못하고 그의 옛 죄가 깨끗하
게 된 것을 잊었느니라
10 그러므로 형제들아 더욱 힘써 너희 부르심과 택하심을 굳게 하라 너희
가 이것을 행한즉 언제든지 실족하지 아니하리라
11 이같이 하면 우리 주 곧 구주 예수 그리스도의 영원한 나라에 들어감
을 넉넉히 너희에게 주시리라

베드로후서 강해를 시작하면서 지난주에는 베드로후서의 내용을 잘

이해하도록 돕기 위해 필요한 서론적 이야기를 했습니다. 오늘은 벧후 1:4에 나타나있는 말씀을 통해 <신성한 성품에 참여하는 자>라는 제목으로 말씀을 전하려고 합니다.

하나님께서 우리를 불러 구원하신 목적은 신성한 성품에 참여하는 자가 되게 하려고 구원했다고 말씀합니다.

'신성한 성품에 참여하는 자' 란 무슨 뜻일까요?

'신성한 성품' 은 하나님의 성품을 가리킵니다. 하나님께서 우리를 구원시킨 목적은 하나님의 성품을 닮아가게 하기 위함입니다. 신성한 성품은 '성화, 영적 성장, 열매 맺는 믿음, 하나님의 형상을 회복하는 것' 을 뜻합니다.

자! 생각해 보십시오. 우리가 거듭날 때 성령님께서 우리 안에 내주하십니다. 우리는 내 안에 계시는 성령님과의 교제를 통해 점점 성화를 이루게 되고, 나를 통해 하나님의 성품이 더욱 많이 드러나게 됩니다.

즉 아담의 범죄로 잃었던 하나님의 형상이 성령의 능력으로 점점 회복되어 갑니다. 이렇게 하나님의 성품을 닮아가는 성도를 가리켜 '신성한 성품에 참여하는 자' 라고 표현하고 있습니다.

자! 여기서 베드로후서의 기록 목적을 생각해 봅시다. 베드로후서의 기록 목적은 이단과 거짓 선생들의 잘못된 가르침에 미혹되지 않게 하기 위함입니다.

그러면 어떻게 하면 이단과 거짓 선생들의 잘못된 가르침을 분별하고 미혹되지 않을 수 있을까요? 그것은 내가 영적으로 성장하는 것입니다. 영적으로 성장한 성도는 잘못된 가르침을 분별하는 능력이 생기고 흔들리지 않습니다. 영적으로 성장한 성도는 그에게서 '신성한 성품', 즉 '하나님의 성품'이 드러나게 됩니다.

그래서 오늘 본문에 '신성한 성품에 참여하는 자'가 될 것을 가르치고 있습니다. 오늘 본문을 통해 우리도 하나님을 닮은 성품을 이루어감으로 흔들리지 않는 견고한 성도들이 모두 되어지기를 축원합니다.

첫째, 신성한 성품의 주체는 누구인가?

'신성한 성품'은 '하나님의 성품'이라고 말씀드렸습니다.

어떻게 하면 하나님 닮은 성품의 소유자가 될 수 있을까요? 산에 가서 도를 닦고 수양하면 될까요? 불교는 고행과 수련을 통해 내가 부처가 된다고 합니다. 다시 말해, 내가 신이 된다는 것입니다. 그러나 성경은 내가 하나님 닮은 성품의 소유자가 되는 것은 내 수양과 노력으로 되는 것이 아니라, 하나님께서 주셔야 되며, 하나님께서 만들어 주신다고 말씀합니다.

베드로후서 1장 3절을 보십시오.

[3] 그의 신기한 능력으로 생명과 경건에 속한 모든 것을 우리에게 주셨으니…

'신기한 능력', 전능하신 하나님의 능력으로 우리에게 '생명과 경건에 속한 것'을 아낌없이 모두 주셨다고 말씀하십니다.

먼저 하나님은 우리에게 '생명'을 주셨습니다. 우리에게 영생을 주셨다는 말입니다. 구원을 선물로 주셨다는 말입니다. 죄로 인해 죽었던 영혼을 다시 살리는 일은 하나님만 하실 수 있는 일입니다. 하나님의 능력으로 구원을 주시고 영생을 주셨습니다(엡 2:8).

다음으로, 하나님은 우리에게 '경건에 속한 모든 것'을 주셨습니다. 경건은 하나님과 교제하고, 하나님을 섬기는 것(예배드리는 것)을 말합니다. 영생을 얻은 자에게 가장 먼저 나타나는 현상이 하나님께 예배드리고 싶어지는 것입니다. 영생을 얻은 자라는 증거가 바로 예배드리는 자가 되는 것입니다. 예배는 아무나 드릴 수 있는 것이 아닙니다. 짐승은 하나님께 예배드릴 수 없습니다.

여러분! 예배드리는 것은 기적이고 대단한 일입니다. 하나님께서 생명 주시고 경건에 속한 것을 주셨기 때문에 가능한 것입니다. 죄인인 우리 인간에게 영생을 선물로 주시고, 하나님과 교제하고 예배드릴 수 있는 특권을 주신 것은 하나님의 놀라운 능력으로 이루어진 선물입니다.

그렇다면 이 놀라운 특권과 복을 모든 인간이 다 받아 누릴까요?

아닙니다.

다시 **베드로후서 1장 3절**을 보십시오.

[3] 그의 신기한 능력으로 생명과 경건에 속한 모든 것을 우리에게 주셨으니 이는 자기의 영광과 덕으로써 우리를 부르신 이를 앎으로 말미암음이라

하나님과 예수님을 아는 자만 생명과 경건의 부를 누립니다. 우리를 부르신 하나님을 앎으로, 하나님께서 주신 생명(영생)과 경건에 속한 모든 것을 받아누릴 수 있습니다.

여기 '앎으로' 라는 단어는 지난주에 말씀드렸지만, 헬라어 '에피그노시스' 라는 단어입니다. 완전한 지식을 의미하는 단어입니다. 단순히 공부해서 아는 지식이 아니고, 체험적 지식이요, 인격적인 지식입니다. 단순히 하나님과 예수님에 대해 지식적으로 아는 것이 아니라, 예수 그리스도와의 만남과 교제를 통해 아는 체험적 지식입니다.

바울이 다메섹 도상에서 부활의 주님을 만나고, 예수님이 구세주임을 알았습니다. 이 '앎' 이 에피그노시스입니다.

이렇게 예수님을 아는 사람은 영생(구원)을 받은 자입니다. 그리고 영생을 받은 자는 하나님과 교제하고 예배드리는 경건이 선물로 주어집니다.

베드로후서 1장 4절을 보세요.

[4] 이로써 그 보배롭고 지극히 큰 약속을 우리에게 주사 이 약속으로 말미암아 너희가 정욕 때문에 세상에서 썩어질 것을 피하여 신성한 성품에 참여하는 자가 되게 하려 하셨느니라

또한 예수님을 인격적으로 만나고 구원받은 성도에게는 '보배롭고 지극히 큰 약속'이 주어집니다. 그 약속은 현재와 미래의 약속입니다.

1. 현재의 약속

하나님의 신기한 능력으로 '신성한 성품에 참여하는 자'가 되게 하여 주신다는 약속입니다. 신성한 성품의 주체는 내가 아니라, 하나님이십니다.

하나님의 성품을 닮아가는 것은 하나님께서 구원과 영생을 선물로 주신 성도에게, 성령님께서 역사하셔서 하나님의 성품을 닮아가도록 성화를 이루십니다. 구원받기 전에는 정욕으로 이 눈에 보이는 세상을 따랐으나, 이제는 영원한 세계를 보게 되었습니다.

2. 미래의 약속

영원한 천국을 주시겠다는 약속입니다.

그러므로 신성한 성품(하나님의 성품)의 주체는 하나님이십니다. 하나님께서 우리를 부르시고 구원시키셨습니다. ① **생명(영생)**도 선물로 주시고, ② **경건에 속한 모든 것**도 선물로 주셨습니다. 그리고 하나님 닮은 신성한 성품에 참여하도록, 하나님의 성령께서 역사하심으로 우리를 변화시켜 나가시고 계십니다. 이것이 성화입니다.

하나님을 닮아가는 것이 성화입니다. 이 성화는 인간의 힘과 노력으로 할 수 없습니다. 그래서 주님의 은혜가 필요하고, 성령님의 도우심이 필요한 것입니다. 우리에게 하나님의 성품이라는 씨앗을 심어주신 분도 하나님이시고, 하나님의 성품을 닮아가도록 우리를 빚어 가시는 분도 하나님이십니다. 신성한 성품의 주체는 하나님이십니다.

둘째, 신성한 성품에 대한 책임은 누구에게 있는가?

하나님의 신기한 능력으로 '신성한 성품에 참여하는 자'가 되게 하여 주신다는 약속입니다. 신성한 성품의 주체는 내가 아니라, 하나님이십니다.

하나님의 성품을 닮아가는 것은 하나님께서 구원과 영생을 선물로 주신 성도에게, 성령님께서 역사하셔서 하나님의 성품을 닮아가도록 성화를 이루십니다. 구원받기 전에는 정욕으로 이 눈에 보이는 세상을 따랐으나, 이제는 영원한 세계를 보게 되었습니다.

2. 미래의 약속

영원한 천국을 주시겠다는 약속입니다.

그러므로 신성한 성품(하나님의 성품)의 주체는 하나님이십니다. 하나님께서 우리를 부르시고 구원시키셨습니다. ① **생명(영생)**도 선물로 주시고, ② **경건에 속한 모든 것**도 선물로 주셨습니다. 그리고 하나님 닮은 신성한 성품에 참여하도록, 하나님의 성령께서 역사하심으로 우리를 변화시켜 나가시고 계십니다. 이것이 성화입니다.

하나님의 은혜로 구원받은 성도는, 구원받는 순간 우리 안에 거하시는 성령님을 통해 끊임없이 하나님의 능력을 공급받습니다. 하나님께서 우리에게 필요한 모든 것을 제공하시지만, 우리는 '더욱 힘써' 하나님의 성품을 닮아가도록, 다른 말로 성화를 이루도록 노력하라는 말입니다.

내 안에 계신 성령님을 의지하고 성령님의 도움을 바라며 성령님의 인도를 따라 살아갈 때, 하나님께서는 우리를 하나님 닮은 자로 변화시키십니다.

바울의 이야기를 들어보십시오.

고린도전서 3장 6-7절입니다.

[6] 나는 심었고 아볼로는 물을 주었으되 오직 하나님께서 자라나게 하셨나니
[7] 그런즉 심는 이느 물 주는 이는 아무 것도 아니로되 오직 자라게 하시는 이는 하나님뿐이니라

영적 성장을 이루시는 분은 하나님이시라는 말씀입니다.

그러므로 구원받은 하나님의 자녀는 우리 안에 하나님의 성품이 심어졌음을 알고, 하나님의 성품이 열매 맺도록 성령님을 의지하며 살아가야 할 것입니다.

이제 하나님의 성품으로 열매 맺는 구체적인 단계를 살펴보겠습니다.

베드로전서 1장 5절을 보세요.

[5] 그러므로 너희가 더욱 힘써 너희 믿음에 덕을, 덕에 지식을,

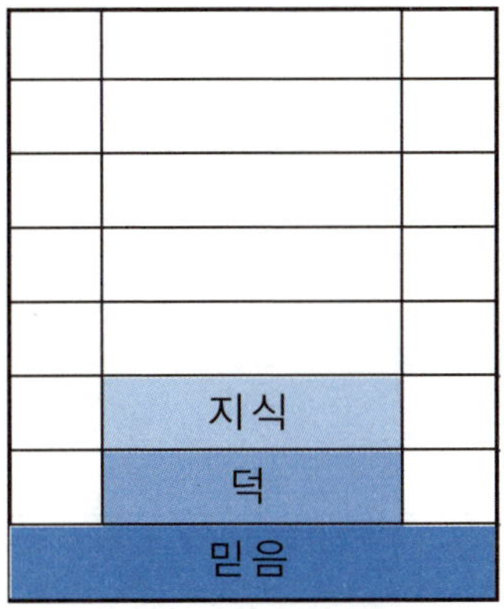

① **믿음** – 제일 먼저 그리스도인의 영적 성장은 믿음의 토대 위에서 이루어집니다. 믿음은 신앙생활의 첫 관문입니다. 믿음은 하나님의 선물로서, 믿음으로 구원받아 하나님의 자녀가 됩니다.

② **덕** – 이 믿음의 토대 위에 덕을 쌓아야 합니다. 덕은 하나님의 선한 성품과 행실을 가리킵니다. 그리스도인의 믿음이 참 믿음이 되기 위해서는, 하나님의 형상을 본받아 도덕적으로 탁월성이 나타나야 합니다. 하나님의 선한 성품과 행실이 우리에게 나타나야 합니다.

③ **지식** – 믿음이 있고 인격적인 덕을 쌓았어도 하나님 말씀에 대한 올바른 지식이 없으면, 하나님의 뜻을 알지 못해서 사탄이나 이단의 미혹에 빠질 수 있습니다. 그러므로 진리의 말씀인 성경을 늘 읽고 듣

고 배우고 묵상하고 연구하고 암송하기를 힘써야 합니다.

베드로후서 1장 6절을 보세요.

[6] 지식에 절제를, 절제에 인내를, 인내에 경건을,

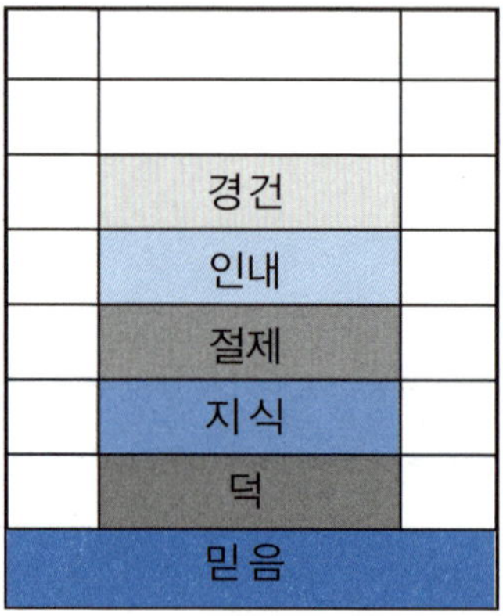

④ **절제** – 절제는 자기 통제력입니다. 지식에 절제가 따라와야 합니다. 진리를 깨닫는 것은 좋은 일이지만, 절제하지 못하고 무절제하게 여기저기에서 성경공부를 하고, 유튜브 검색해서 이것저것 듣다가 영적으로 혼란으로 빠지는 사람이 많습니다. 심지어 몰래 신천지 성경공부를 하다가 영혼을 파괴하는 사람도 있습니다.

항상 성경공부는 담임목사님의 허락 속에서 이루어지는 것이 안전하고 복됩니다. 또 지식적으로 성경을 많이 안다고 교만하면 안 됩니다. 절제해야 합니다. 또한 육신적 즐거움에도 절제가 필요합니다.

⑤ **인내** – 인내는 고난과 어려움에 직면해서 그것을 견디어내고 끝

내는 승리를 쟁취하는 것을 말합니다. 어떤 사람은 절제하고 또 절제하다가, 한순간에 모든 것을 포기하고 과거로 돌아가는 사람이 있습니다. 다이어트 열심히 하다가 한순간에 '에라 모르겠다' 하고 막 먹어 다이어트에 실패하는 사람이 있습니다.

열심히 기도하고 신앙생활 잘 하다가, 기도 응답이 잘 안되고 고난이 겹치면, 하나님을 버리고 예전 생활로 돌아가는 사람도 있습니다. 우리는 하나님을 신뢰하고 소망 가운데 끝까지 인내하는 것이 필요합니다.

⑥ **경건** – 경건은 성경 옆에 끼고 걸음도 천천히 걷고 말도 점잖게 하는 것이 아닙니다. 경건은 항상 하나님을 경외하고 순종하여 예배드리는 태도입니다. 경건은 '잘 예배 함' 이란 뜻입니다. 경건한 자는 하나님과 항상 교제하고 동행하기를 원하는 자입니다.

그러므로 단순히 참고 살아가는 자가 아니라, 살아가는 동안 하나님과 교제하며 하나님께 예배드리는 삶을 사는 자가 경건한 자입니다. 하나님의 성품을 닮아가는 자입니다.

코로나를 핑계로 주일에 교회 안 나오다 보니 인터넷으로도 예배를 안 드리는 사람이 있습니다. 예배드리는 일을 등한시하거나 예배드리기 싫어하는 사람은 하나님의 성품을 이루어 갈 수 없습니다. 코로나 염려 없는 예배는 안 나오는데, 어떤 행사에 가면 만나는 성도가 있습니다. 예배가 행사보다 가치가 없어서일까요? 내가 구원받은 성도로 영적 성장이 이루어지고 있는가를 깊이 생각해 보아야 합니다.

베드로후서 1장 7절을 봅시다.

[7] 경건에 형제 우애를, 형제 우애에 사랑을 더하라

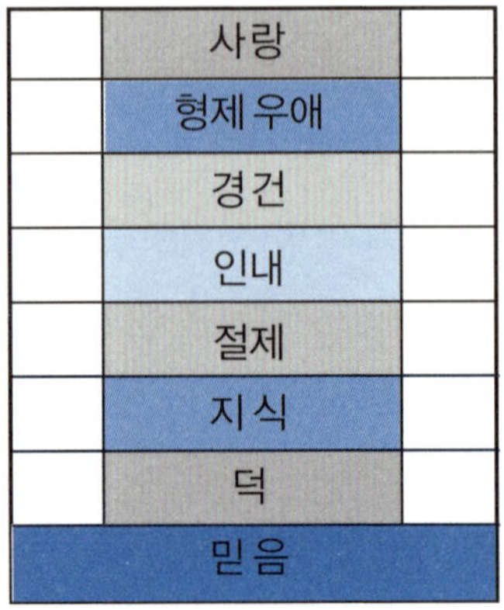

⑦ **형제 우애** – '경건에 형제 우애'를 더해야 합니다. 왜 형제 우애, 형제를 사랑하는 것이 하나님의 성품일까요? 형제를 미워하는 자는 교회 공동체를 파괴하지만, 형제를 사랑하는 자는 교회 공동체를 세우는 자이기 때문입니다.

하나님을 향해서는 경건한데, 교회에서 성도들 간에는 미워하고 늘 다투는 사람이 있습니다. 형제를 사랑하지 않는 경건은 외식입니다. 형제 우애를 통해 교회 공동체를 세우는 자는 하나님의 성품을 닮은 자입니다.

형제를 사랑해서 교회 공동체를 세우는 자는 교회에서 구체적으로 누구일까요?

전도자, 교사, 목자, 심방 상담, 구제를 베풀고 돕는 자입니다.

형제 우애는 헬라어로 필라델피아입니다. 필라델피아(형제 우애)라는 아름다운 이름의 도시가 있습니다. (1) 초대 소아시아에 있던 도시(계 1:11 빌라델비아 교회), (2) 현재 미국에 있는 도시 필라델피아입니다.

⑧ **사랑** – 그리스도인이 쌓아야 할 하나님의 성품 마지막 덕목은 사랑입니다. 여기 사랑은 헬라어로 아가페입니다. 이것은 그리스도께서 십자가에서 보여주신 사랑으로, 무조건적이고 희생적인 사랑입니다.

'원수까지도 사랑하라' 는 주님의 명령을 실천하는 사랑입니다. 사랑의 원자탄 손양원 목사님께서 자기 아들을 죽인 자를 양아들 삼았던 사랑이 바로 이 아가페 사랑입니다.

이 8가지 덕목들은 신의 성품에 참여하는 자가 맺어야 하는 열매입니다. 믿음으로 시작된 신의 성품이 사랑으로 완성됩니다. 참된 그리스도인들이 이루어야 할 이 모든 덕목들은 예수 그리스도를 믿음으로 점진적으로 이루어지는 것입니다. 그 마지막 열매가 사랑입니다.

그런데 이 믿음을 통한 구원도 하나님께서 주셨고, 하나님의 성품을 닮아 열매를 맺게 하시는 분도 하나님이십니다. 그러므로 포도나무에 가지가 붙어있으면 저절로 열매를 맺는 것처럼, 우리는 하나님을 철저히 의지하고 내 안에 계신 성령님의 음성을 따라 살아가면 하나님의 성품을 닮아가는 열매를 맺을 것입니다.

셋째, 신성한 성품의 결과는 무엇인가?

앞에서 말한 믿음부터 사랑까지 8가지의 덕목인 하나님의 성품이 전혀 나타나지 않는 사람들의 결과와, 8가지 덕목인 하나님의 성품이 이루어지고 있는 사람들의 결과는 완전히 다릅니다.

먼저 신성한 성품이 없는 사람의 결과를 살펴봅시다.

1. 신성한 성품(8가지 덕목)이 없는 사람의 결과

베드로후서 1장 9절을 봅시다.

[9] 이런 것이 없는 자는 맹인이라 멀리 보지 못하고 그의 옛 죄가 깨끗하게 된 것을 잊었느니라

① 맹인 – 영적인 눈이 어두워 영적인 진리를 깨닫지 못합니다.

② 멀리 보지 못함 – 탐욕에 눈이 어두워 안목의 정욕으로 바로 앞에 있는 세상의 것은 보이지만, 멀리 있는 영광스러운 내세 천국을 보지 못합니다.

③ 옛 죄가 깨끗하게 된 것을 잊음 – 예수님께서 우리 죄를 구속하신 사랑을 잊고, 불경건과 부도덕한 생활을 계속하게 됩니다.

이렇게 신성한 성품(8가지 덕목)이 전혀 나타나지 않는 사람은 아마 두 부류 중에 하나일 것입니다.

하나는 전혀 믿음의 토대가 없는 구원받지 못한 쭉정이 교인이거나,

또 하나는 구원은 받았으나 성령의 음성을 듣고 성령을 따라 살지 않고, 육신을 따라 사는 육신에 속한 그리스도인일 것입니다.

2. 신성한 성품(8가지 덕목)이 이루어지고 있는 사람의 결과

① 성령의 열매를 맺는 자가 된다

베드로후서 1장 8절을 봅시다.

[8] 이런 것이 너희에게 있어 흡족한즉 너희로 우리 주 예수 그리스도를 알기에 게으르지 않고 열매 없는 자가 되지 않게 하려니와

8가지 덕목을 이루기 위해 게으르지 않으면, 그리스도를 체험적으로 아는 깊은 지식(헬.에피그노시스)을 통해 하나님의 성품을 닮아 열매를 맺는 자가 됩니다.

② 구원이 보증된다

1장 10절을 봅시다.

[10] 그러므로 형제들아 더욱 힘써 너희 부르심과 택하심을 굳게 하라 너희가 이것을 행한즉 언제든지 실족하지 아니하리라

실족하지 않는다는 것은 구원이 보증된다는 말입니다. 우리가 구원의 확신을 가지라고 말할 때, 구원의 확신이 자꾸 흔들릴 때가 있습니다. '내가 정말 구원받았나?' 예수님을 믿고 전혀 변화가 안 되면 구원의 확신은 흔들립니다.

그러나 내 삶 속에 변화가 일어나는 것이 보이기 시작할 때, '아! 하나님께서 나를 택하시고 부르셨구나!' 라는 확신이 옵니다.

'힘써 부르심과 택하심을 굳게 하라', 구원은 내가 결정할 수 있는 것이 아닙니다. 하나님께서 택하신 자를 어느 날 부르셔서 믿음을 주시고 구원시키십니다. 그러나 내가 구원받았다는 것을 보증하려면 그 증거가 나타나야 합니다. 그것은 하나님께서 부르심과 택하심을 굳게 하려고 힘쓰는 모습이 나타날 때, 그 사람은 구원받은 하나님의 자녀입니다. '부르심과 택하심을 굳게 하라' 는 말은 하나님의 성품, 즉 앞에서 말한 8가지 덕목을 이루려는 모습을 가리킵니다. 이 8가지 덕목을 이루어 하나님의 성품을 닮아가는 모습이 나타나는 사람은 구원받은 사람입니다.

③ 마침내 예수 그리스도의 영원한 나라에 넉넉히 들어간다

베드로후서 1장 11절을 봅시다.

[11] 이같이 하면 우리 주 곧 구주 예수 그리스도의 영원한 나라에 들어감을 넉넉히 너희에게 주시리라

하나님의 부르심과 택하심을 받은 성도는 그 안에 하나님의 성품이 심어졌으므로, 반드시 열매 맺어야 합니다.

우리가 성령님을 의지하고 영적 성장(8가지 덕목)을 위해 힘쓸 때, 하나님의 성품이 이루에게 이루어질 것입니다. 그때 천국에 넉넉히 들어가 상급을 받게 될 것입니다. 구원을 얻되 겨우 얻어 천국에 겨우 들어가는 사람도 있지만, 구원받은 후 신앙 인격을 꾸준히 쌓은 사람은 천국에 넉넉히 들어갈 수 있는 은혜를 받을 것입니다.

천국에서의 상급은 성도 각자가 지닌 공력을 따라 받게 될 것입니다. 만약 믿음이 성장하지 못하였다면 상을 받지 못할 것입니다.

고린도전서 3장 14-15절을 보십시오.

[14] 만일 누구든지 그 위에 세운 공적이 그대로 있으면 상을 받고
[15] 누구든지 그 공적이 불타면 해를 받으리니 그러나 자신은 구원을 받되 불 가운데서 받은 것 같으리라

이 말씀대로 큰 상급을 받는 성도도 있고, 구원을 받되 불 가운데서 받는 것 같이 겨우 구원받게 되는 사람도 있을 것입니다.

사랑하는 성도 여러분! 우리가 하나님의 은혜로 믿음을 통한 영원한 생명을 선물로 받았다면, 그 믿음의 토대 위에 신성한 하나님의 성품을 이루어나가도록 힘써 노력하십시오.

우리에게 영원한 생명을 주신 하나님께서, 또한 경건에 속한 모든 것을 주셔서 우리가 마침내 신성한 하나님의 성품을 이루어나가도록 세워주실 것입니다. 그리고 그때 우리는 하나님 나라, 천국에 넉넉히 들어가는 상급이 주어질 것입니다.

우리 모두 날마다 하나님의 성품을 닮아가는 영적 성장이 이루어지기를 축원합니다. <2021년 2월 28일 주일 낮 대예배 설교>

Chapter 3

믿음의 근거 (벧후 1:12-21)

12 그러므로 너희가 이것을 알고 이미 있는 진리에 서 있으나 내가 항상
너희에게 생각나게 하려 하노라
13 내가 이 장막에 있을 동안에 너희를 일깨워 생각나게 함이 옳은 줄로
여기노니
14 이는 우리 주 예수 그리스도께서 내게 지시하신 것 같이 나도 나의
장막을 벗어날 것이 임박한 줄을 앎이라
15 내가 힘써 너희로 하여금 내가 떠난 후에라도 어느 때나 이런 것을
생각나게 하려 하노라
16 우리 주 예수 그리스도의 능력과 강림하심을 너희에게 알게 한 것이
교묘히 만든 이야기를 따른 것이 아니요 우리는 그의 크신 위엄을 친
히 본 자라
17 지극히 큰 영광 중에서 이러한 소리가 그에게 나기를 이는 내 사랑하
는 아들이요 내 기뻐하는 자라 하실 때에 그가 하나님 아버지께 존귀
와 영광을 받으셨느니라
18 이 소리는 우리가 그와 함께 거룩한 산에 있을 때에 하늘로부터 난
것을 들은 것이라
19 또 우리에게는 더 확실한 예언이 있어 어두운 데를 비추는 등불과 같
으니 날이 새어 샛별이 너희 마음에 떠오르기까지 너희가 이것을 주
의하는 것이 옳으니라

20 먼저 알 것은 성경의 모든 예언은 사사로이 풀 것이 아니니
21 예언은 언제든지 사람의 뜻으로 낸 것이 아니요 오직 성령의 감동하
심을 받은 사람들이 하나님께 받아 말한 것임이라

우리가 성경을 읽거나 설교를 들으면서 상식적으로 잘 이해가 안 되는 내용이 있을 수 있습니다. 그런데 '무조건 믿어, 따지지 말고 믿어, 덮어놓고 믿는 사람이 믿음이 좋은 사람이야.' 이런 이야기를 들어본 적이 있을 것입니다. 이럴 때 믿음이 흔들리면서 여러 가지 궁금한 질문이 생길 수 있습니다.

예를 들어 예수님께서 내 죄를 위해 십자가에 대신 죽으시고 3일 만에 부활하셨는데, 이 예수님을 내가 나의 구주로 영접하면 구원받는다는 말씀을 들었을 때 여러 가지 질문을 할 수가 있습니다.

'죄는 내가 지었는데 예수님께서 내 대신 죗값을 치루었다고? 그리고 내가 예수님을 믿기만 하면 내가 어떤 죄를 지었더라도 다 용서받는다고? 에이, 그럴 리가 있나? 내가 무슨 선행을 하거나 죗값에 대한 보상을 해야지, 예수님을 믿기만 하면 구원받아?'

또 질문이 생깁니다. '아니, 죽은 사람이 무덤을 열고 살아났다고? 말도 안 돼. 죽어서 무덤에 들어간 사람이 어떻게 살아나?'

또 우리는 이런 설교를 듣습니다. '예수님은 무덤을 열고 부활하셨을 뿐 아니라, 구름 타고 하늘로 올라가셨는데, 먼 훗날 재림하셔서 심판하십니다.'

이때 또 이런 질문을 할 수 있습니다. '아니, 사람이 어떻게 고무풍선이나 비행기도 안 타고 몸이 하늘로 올라가? 그리고 먼 훗날 다시 이 땅에 심판하러 오신다고? 말도 안 돼. 죽으면 이 몸이 썩고 그것으로 끝나는 거지. 이런 이야기들은 다 신화야. 믿을 수가 없어.'

여러분! 주변 사람들로부터 이런 이야기들을 들어보셨죠? 그리고 여러분들도 이런 비슷한 질문을 하고 싶을 때가 있지요?

그런데 우리가 예수님 믿으면 구원받고 지금 죽어도 천국에 들어가 영원한 복락을 누린다는 기독교의 복음을, 우리 이성으로 이해가 된다거나 과학적으로 납득이 되어서 믿는 것이 아니라는 사실입니다.

성도들이 예수님의 죽음과 부활과 재림을 믿는 믿음의 근거는 우리의 이성으로 납득되기 때문이 아니라, 하나님의 계시인 말씀 때문입니다.

베드로후서 강해 첫 시간에 베드로후서의 기록 목적을 말씀드렸습니다.

베드로후서는 왜 기록했나요? 거짓 선생들, 즉 이단들을 경계해서 성도들의 믿음이 흔들리지 않고 바로 서도록 하기 위함이었음을 말씀드렸습니다. 거짓 선생들, 즉 이단들은 예수님의 재림도 없고 심판도 없다고 주장함으로 성도들을 부도덕한 생활로 이끌었습니다.

그래서 베드로는 베드로후서를 기록하면서 지난 시간 말씀처럼, 성도들은 신성한 성품, 즉 하나님 닮은 성품이 되어 천국에 넉넉히 들어가 상급을 받는 자가 되라고 권면했습니다.

그러면서 오늘 본문을 통해 성도들은 기독교의 진리를 덮어놓고 믿는 자가 아니라, 믿음의 근거가 무엇인지를 분명히 알고 믿도록 믿음의 근거에 대해 설명해 주고 있습니다. 그래서 오늘 설교 제목은 <믿음의 근거>입니다.

우리가 예수님의 죽음, 부활, 재림을 왜 믿어야 할까요? 믿음의 근거를 살펴보기 전에, **베드로후서 1장 12-15절**에 나타난 바른 진리를 성도들에게 심어주려는 베드로의 열정을 먼저 살펴보겠습니다.

1장 12절을 봅시다.

[12] 그러므로 너희가 이것을 알고 이미 있는 진리에 서 있으나 내가 항상 너희에게 생각나게 하려 하노라

성도들이 살면서 인생이 힘들어지고 신앙이 흔들릴 때, 하나님 말씀을 '생각나게' 해서 신앙을 굳건히 세우고자 이 하나님의 말씀을 기록하고 있다고 말하고 있습니다.

또 **1장 13절**을 보세요.

[13] 내가 이 장막에 있을 동안에 너희를 일깨워 생각나게 함이 옳은 줄로 여기노니

'장막' 은 육체를 가리킵니다. 우리 육신(육신의 장막)은 이 세상에서 잠시 거주할 장막에 불과합니다. 베드로가 살아있을 동안 '성도들이 진리의 말씀에 바로 서서 신앙생활을 하도록 도와야 하겠다.' 는 열망을 볼 수 있습니다. 여기서도 하나님의 말씀을 '생각나게' 함을 강조하고 있습니다.

또 **베드로후서 1장 15절**을 봅시다.

[15] 내가 힘써 너희로 하여금 내가 떠난 후에라도 어느 때나 이런 것을 생각나게 하려 하노라

베드로가 세상을 떠난 후에도, 성도들이 하나님 말씀이 '생각나게' 해서 올바른 진리를 붙들고 서기를 원해서 이 베드로후서를 기록하고 있습니다.

또 **1장 14절**을 봅시다.

[14] 이는 우리 주 예수 그리스도께서 내게 지시하신 것 같이 나도 나의 장막을 벗어날 것이 임박한 줄을 앎이라

이제 베드로는 예수님께서 지시하신 것 같이 이 장막, 이 육체를 떠나 영원한 영혼의 집인 하늘나라에 갈 때가 가까이 온 것을 직감하고 있습니다.

예수님께서 베드로에게 지시하신 내용은 무엇일까요?

요한복음 21장 18-19절을 보십시오.

[18] 내가 진실로 진실로 네게 이르노니 네가 젊어서는 스스로 띠 띠고

원하는 곳으로 다녔거니와 늙어서는 네 팔을 벌리리니 남이 네게 띠 띠우고 원하지 아니하는 곳으로 데려가리라
[19] 이 말씀을 하심은 베드로가 어떠한 죽음으로 하나님께 영광을 돌릴 것을 가리키심이러라 이 말씀을 하시고 베드로에게 이르시되 나를 따르라 하시니

이 말씀대로 베드로는 A.D 68년경 네로 황제 박해 당시, 로마에서 십자가에 거꾸로 매달려 순교한 것으로 전해지고 있습니다.

베드로는 자신이 이 세상을 떠난 후에도 사랑하는 성도들이 주님의 재림이 없다는 이단의 잘못된 가르침에 미혹되지 않고, 주님 재림의 굳건한 진리를 붙들고 소망 가운데 살아갈 수 있도록 베드로후서를 기록했다고 말합니다. 그것이 '생각나게 하려' 한다는 말입니다.

이제 베드로가 본문을 통해 '우리가 어떻게 믿을 수 있는가?', '믿음의 근거는 무엇인가?' 에 대해 살펴보겠습니다.

첫째, 확실한 증언이 있기 때문에 믿는 것이다

우리가 예수님의 십자가 죽음과 부활과 재림과 영원한 천국을 믿는 것은 덮어놓고 무조건 믿는 것이 아닙니다. 우리가 지능이 낮아서 또는 무식해서 예수님을 믿는 것이 아닙니다.

우리가 믿는 근거는 예수님의 십자가 죽음과 부활과 재림과 영원한 천국을 목격한 자들의 확실한 증언 때문입니다.

베드로는 오늘 본문 베드로후서 1장 16-18절을 통해, 예수님의 부활과 재림과 천국의 영광을 직접 보고 들었다고 증언하고 있습니다. 베드로의 체험은 우리가 잘 아는 복음서에 나오는 변화산 사건입니다. 예수님께서 자신의 십자가 죽음이 가까이 왔음을 아시고, 베드로, 야고보, 요한을 데리고 높은 산에 올라가셨습니다.

전승에 의하면 이 산을 다볼산이라고 하는데, 많은 학자들은 이 산이 헤르몬산이었다고 믿고 있습니다. 우리는 여기서 편의상 변화산이라고 부르며 설명하겠습니다. 예수님께서 변화산에서 얼굴이 해같이 빛나고, 옷이 빛과 같이 희어지는 모습으로 변모되셨습니다. 그리고 구름 속에서 '이는 내 사랑하는 아들이요 내 기뻐하는 자라' 는 소리가 들렸습니다. 이것은 주님의 부활과 재림의 영광, 그리고 천국의 영광을 미리 잠깐 보여주신 사건입니다.

이 변화산 사건은 예수님께서 곧 닥쳐올 십자가 고난으로 인해 제자들이 절망하지 않고, 영광스러운 미래의 비전과 소망을 갖도록 하기 위해 보여주신 사건입니다. 이 변화산의 체험을 지금 베드로가 베드로후서 1장 16-18절 본문을 통해 증언하고 있는 것입니다.

본문 **베드로후서 1장 16절**을 보세요.

[16] 우리 주 예수 그리스도의 능력과 강림하심을 너희에게 알게 한 것이 교묘히 만든 이야기를 따른 것이 아니요 우리는 그의 크신 위엄을 친히 본 자라

'예수 그리스도의 능력', 죽음을 이기신 그리스도의 부활의 능력과 '강림하심', 그리스도의 재림입니다. 베드로는 예수님의 부활과 재림의 영광스러운 모습을 변화산에서 직접 보고 체험했습니다. 주님의 재림은 '교묘히 만든 이야기'가 아니라는 것입니다.

'교묘히 만든 이야기'는 헬라어로 '신화'를 가리키는데, 그리스도의 재림은 신화가 아니라는 말입니다. '신화'란 허구, 우화, 거짓말, 지어낸 말을 뜻하는 단어인데, 예수님의 부활과 재림에 대한 메시지는 거짓말로 지어낸 가르침이 아니라는 말입니다. 베드로가 직접 보고 들었는데 자기 혼자만 체험한 것이 아니라, '우리' 즉 베드로, 야고보, 요한 이 세 명의 제자가 함께 체험한 확실한 사건이라는 것입니다.

베드로가 왜 그리스도의 재림에 대해 이렇게 강조할까요?

베드로후서의 기록 목적이 재림을 부인하는 거짓 선생들(이단)의 미혹으로부터 성도들을 보호하기 위해서 쓴 것이기 때문에, 성도들에게 부활과 재림에 대한 확신을 주고자 변화산의 체험을 증언하고 있는 것입니다.

계속 **베드로후서 1장 17절**을 보십시오.

[17] 지극히 큰 영광 중에서 이러한 소리가 그에게 나기를 이는 내 사랑하는 아들이요 내 기뻐하는 자라 하실 때에 그가 하나님 아버지께 존귀와 영광을 받으셨느니라

베드로는 예수님의 얼굴이 해같이 빛나고 옷이 빛과 같이 희어지는

영광스러운 모습만 본 것이 아니라, 소리도 들었습니다. '이는 내 사랑하는 아들이요 내 기뻐하는 자라'

또 베드로후서 1장 18절을 봅시다.

[18] 이 소리는 우리가 그와 함께 거룩한 산에 있을 때에 하늘로부터 난 것을 들은 것이라

이 소리는 '거룩한 산', 변화산에서 '하늘로부터 난 것을 들은 것'입니다. 이것은 장차 왕으로, 심판주로 재림하실 예수 그리스도의 모습을 모형으로 보여주신 것입니다.

그러면 우리 개인의 체험을 믿음의 근거로 삼을 수 있는가? 질문이 생깁니다. 결론부터 이야기하면, 개인의 체험은 진리일 수도 있고 거짓일 수도 있습니다. 그렇다고 체험을 무시하면 안 됩니다. 꿈도 마찬가지입니다. 꿈이나 체험은 성경으로 최종 점검 해야 합니다. 내 체험이 성경과 맞는다면, 그 체험은 중요한 체험입니다.

변화산의 체험은 사도인 베드로의 체험일 뿐만 아니라, 여러 사람(베드로, 야고보, 요한)이 동시에 체험한 것이므로 착각이 아닙니다. 하나님께서 보여주신 확실한 계시입니다.

에베소서 2장 20절을 봅시다.

[20] 너희는 사도들과 선지자들의 터 위에 세우심을 입은 자라 그리스도 예수께서 친히 모퉁잇돌이 되셨느니라

하나님께서 교회를 '사도들의 터' 위에 세우시기로 계획하셨기 때문에, 사도들의 경험은 단순한 개인적인 경험이 아니라 하나님의 계시를 보여준 경험들입니다. 오늘날 우리가 체험하는 것과는 차원이 다릅니다.

그러므로 사도 베드로가 체험한 변화산의 사건은 하나님의 계시를 보여준 사건으로, 베드로의 증언은 확실한 주님 재림을 믿을 수 있는 근거가 되는 것입니다. 베드로는 예수님의 십자가 죽음, 부활, 재림을 목격한 확실한 증인입니다. 그러므로 우리 믿음의 근거는 베드로를 비롯한 사도들의 확실한 증언 때문입니다.

여러분! 예수님의 영광스러운 재림이 반드시 있을 것을 믿으시기를 축원합니다.

둘째, 확실한 성경의 예언이 있기 때문에 믿는 것이다

체험도 중요하지만, 더 확실한 믿음의 근거는 성경입니다.

베드로후서 1장 19절을 봅시다.

[19] 또 우리에게는 더 확실한 예언이 있어 어두운 데를 비추는 등불과 같으니 날이 새어 샛별이 너희 마음에 떠오르기까지 너희가 이것을 주의하는 것이 옳으니라

여기 '더 확실한 예언' 은 성경을 가리킵니다. 베드로가 베드로후서

를 기록할 당시는 아직 신약성경에 완성되지 않은 때이므로, '더 확실한 예언' 은 구약성경을 가리킵니다. 베드로가 체험한 변화산 사건보다, 구약성경의 예언이 더 확실하다는 말씀입니다.

다시 말해, 변화산의 체험은 베드로를 포함한 세 제자의 체험이기 때문에 유대인들이 일반적으로 모르지만, 구약의 예언은 유대인이면 누구나 다 알고 믿고 있는 하나님의 말씀이므로, 그 성경 말씀이 그들에게 더 확실한 예언이라는 것입니다.

성경 말씀은 어두운 데를 비추는 등불과 같이, 죄악으로 어두워진 세상에서 우리를 바른 길로 인도하는 역할을 합니다. 특별히 예수님의 재림에 대한 예언은 어두운 세상에 사는 성도들의 길을 비추는 등불이 되는 것입니다.

그런데 19절을 잘 보면, 성경 말씀이 언제까지 등불과 같이 우리를 인도한다고 합니까? '날이 새어 샛별이 우리 마음에 떠오르기까지.' 등불같이 우리를 인도한다는 말입니다. 날이 새어 샛별이 뜨면 환해지니까 등불이 필요 없습니다.

그러면 '날이 샌다' 는 말은 무슨 말이고, '샛별' 은 무엇을 가리킬까요? '샛별' 은 새벽별인데, 이 '샛별' 은 무엇일까요?

요한계시록 22장 16절을 보세요.

[16] 나 예수는 교회들을 위하여 내 사자를 보내어 이것들을 너희에게 증언하게 하였노라 나는 다윗의 뿌리요 자손이니 곧 광명한 새벽 별이라

하시더라

'새벽별'은 누구입니까? 예수님입니다. 그러므로 '샛별'은 예수님이십니다. 다시 **베드로후서 1장 19절**을 봅시다.

[19] 또 우리에게는 더 확실한 예언이 있어 어두운 데를 비추는 등불과 같으니 날이 새어 샛별이 너희 마음에 떠오르기까지 너희가 이것을 주의하는 것이 옳으니라

'날이 새어' 이 날은 예수님의 재림의 날을 가리킵니다. 그러므로 16절은 이런 내용입니다.

'샛별'이신 예수님께서 재림하시게 되면 세상이 환하게 밝아짐으로 더 이상 등불인 성경이 필요 없다는 말입니다. 구약성경의 예언인 예수님의 초림과 재림이 다 이루어졌기 때문입니다. 예언이 다 이루어졌습니다. 그러니 주님 재림하실 때까지는 어두운 세상에 등불과 같은 성경을 주의 깊게 살피고, 성경의 교훈을 따라 살아야 한다는 말입니다.

주님 재림 때까지 우리에게 주어진 성경은 우리를 인도하는 '등불'이므로, 늘 성경을 읽고 듣고 연구하고 묵상하고 적용하며 살아야 합니다.

1장 20-21절을 보세요.

[20] 먼저 알 것은 성경의 모든 예언은 사사로이 풀 것이 아니니
[21] 예언은 언제든지 사람의 뜻으로 낸 것이 아니요 오직 성령의 감동하심을 받은 사람들이 하나님께 받아 말한 것임이라

성경 66권은 약 1,600년 동안, 약 40명에 의해 기록되었습니다. 이 성경은 문학가들이 영감이 떠올라 쓴 소설이나 문학작품이 아닙니다. 성령의 감동하심을 받은 사람들이 하나님께 받아 말한 것이 성경입니다. 그러므로 성경은 하나님의 계시입니다. 성경은 창세기부터 요한계시록까지 66권으로 끝났습니다. 또 다른 계시의 성경은 없습니다.

그러므로 예언 은사 받았다는 사람들을 찾아가서, '어디로 이사갈까요? 이 사람과 결혼할까요, 말까요? 이 사업은 하나님의 뜻인가요, 아닌가요?' 이런 것을 물어보고

따라가다가는 자칫 멸망할 수 있다는 것을 알아야 합니다. 모든 예언은 성경으로 검증해야 합니다. 성경공부도 자기 교회 밖에서 무분별하게 해서는 안 됩니다. 위험할 수 있습니다.

유튜브도 조심해서 봐야 합니다. 유튜브에 시한부 종말론자가 나타났는데, 지금 5만 명 가까이 되는 사람이 그것을 봤어요. 이 사람이 2027년 9월 23일에 휴거가 있을 것이라고 주장했어요. 별을 보고 연구했데요. 그리고 2027년에 예수님의 재림과 휴거가 있다는 거예요.

이 말이 맞습니까, 틀립니까? 모든 것은 신구약 성경으로 분별해야 합니다. 주님의 재림의 때는 알 수 없습니다. 재림의 연도를 말하는 것은 다 틀린 것입니다.

성경의 모든 예언은 사사로이 풀면 안 됩니다. 성경해석은 자기 주관이나 지식, 자신의 입장에서 해석하면 안 됩니다. 성경의 원저자는

하나님이십니다. 성경에는 많은 구절이 있지만, 한 구절도 상충되지 않는다는 사실을 알아야 합니다. 그래서 성경 각각의 구절들은 성경 전체의 관점에 비추어서 해석해야 합니다.

그래서 신학교에서는 조직신학을 배웁니다. 애매한 한 구절이 있으면, 이단들은 그 구절만 가지고 잘못 설명합니다. 그러나 성경 전체를 통해 그 뜻하는 것을 해석해야 합니다. 이것이 조직신학입니다. 성경 전체의 틀을 가지고 성경을 해석해야 합니다.

그러므로 성경을 해석할 때, 몇 가지 기준을 따라 해야 합니다.

① 문법적, 문맥적으로 해석

성경을 볼 때는 문법적, 문맥적으로 해석해야 합니다. 앞뒤 문맥을 봐야지, 이단처럼 한 구절만 보면 안 됩니다. 이단들은 문맥을 안 보고 부분만 봅니다. 그래서 잘못된 성경해석을 합니다. 그러나 우리는 성경을 볼 때, 문맥을 잘 봐야 합니다.

② 역사적 배경을 이해하면서 해석

역사적 배경을 이해하며 성경을 해석해야 합니다. 베드로전서를 읽을 때에도 역사적 배경을 알아야 감동이 있습니다. 네로 황제의 박해로 기독교인들이 엄청난 박해가 올 것을 예상하면서, 하나님께서 베드로전서를 기록하게 했다는 것을 알고 보면, 베드로전서의 신학이 무장되는 거예요.

또, 베드로후서의 기록 목적이 무엇입니까? '거짓 선생들이 재림이 없다' 고 미혹하는 상황에서 변화산 사건을 들으며, 재림 신앙을 굳건히 붙들고 살라는 말씀을 이해하는 것입니다. 이것이 역사적인 배경을 이해하며 해석해야 하는 이유입니다.

③ 전체적으로 통일성 있게 해석

성경해석은 전체적으로 통일성 있게 해석해야 합니다. 성경을 부분적으로 보면 안 됩니다.

④ 무엇보다 중요한 것은 성경을 깨닫게 하시는 이는 오직 하나님이시므로 성경 연구하는 자들은 하나님의 깨닫게 하시는 은혜를 구하면서 읽어야 한다

성경은 성령의 감동으로 기록되었기 때문에, 성경을 깨닫게 하시는 분은 성령님이십니다. 그러므로 성경을 읽는 자나 연구하는 자는 늘 기도하면서, '하나님, 성경을 읽고 들을 때 깨닫게 해주십시오. 진리를 깨닫게 해주십시오' 기도해야 합니다. 영적인 귀가 없으면 똑같은 설교를 들어도 아무런 믿음이 안 생깁니다.

디모데후서 3장 16절을 보세요.

[16] 모든 성경은 하나님의 감동으로 된 것으로 교훈과 책망과 바르게 함과 의로 교육하기에 유익하니

'모든 성경' 은 '하나님의 감동' 으로 된 것입니다.

말씀을 맺겠습니다.

사랑하시는 성도 여러분! 믿음 흔들리지 마십시오. 우리는 아무 근거도 없는, 누가 꾸며낸 신화를 따라 신앙생활하는 것이 아닙니다. 예수님께서 우리 죄를 위해 십자가에 죽으시고 부활하신 것을 분명히 목격한 증인들이 기독교 복음을 전해준 것입니다. 주님의 재림도 누가 만든 이야기가 아니라, 예수님께서 변화산 상에서 베드로를 포함한 그의 제자들에게 분명히 보여주신 것입니다.

무엇보다 하나님의 계시로 주어진 성경 말씀이 예수 그리스도를 증거하고 있고, 구약 성경의 예언대로 다 이루어졌습니다. 이제 성경의 예언대로 예수 그리스도께서 심판주로 재림하실 것을 분명히 믿습니다.

성경 말씀 붙들고 주님의 재림을 소망하며 끝까지 믿음으로 승리하는 여러분 다 되시기를 축원합니다.

<2021년 3월 14일 주일 낮 대예배 설교>

Chapter4

거짓 선생들의 모습과 심판 (벧후 2:1-9)

1 그러나 백성 가운데 또한 거짓 선지자들이 일어났었나니 이와 같이 너
희 중에도 거짓 선생들이 있으리라 그들은 멸망하게 할 이단을 가만히
끌어들여 자기들을 사신 주를 부인하고 임박한 멸망을 스스로 취하는
자들이라
2 여럿이 그들의 호색하는 것을 따르리니 이로 말미암아 진리의 도가 비
방을 받을 것이요
3 그들이 탐심으로써 지어낸 말을 가지고 너희로 이득을 삼으니 그들의
심판은 옛적부터 지체하지 아니하며 그들의 멸망은 잠들지 아니하느니라
4 하나님이 범죄한 천사들을 용서하지 아니하시고 지옥에 던져 어두운
구덩이에 두어 심판 때까지 지키게 하셨으며
5 옛 세상을 용서하지 아니하시고 오직 의를 전파하는 노아와 그 일곱
식구를 보존하시고 경건하지 아니한 자들의 세상에 홍수를 내리셨으며
6 소돔과 고모라 성을 멸망하기로 정하여 재가 되게 하사 후세에 경건하
지 아니할 자들에게 본을 삼으셨으며
7 무법한 자들의 음란한 행실로 말미암아 고통 당하는 의로운 롯을 건지
셨으니
8 (이는 이 의인이 그들 중에 거하여 날마다 저 불법한 행실을 보고 들음
으로 그 의로운 심령이 상함이라)
9 주께서 경건한 자는 시험에서 건지실 줄 아시고 불의한 자는 형벌 아
래에 두어 심판 날까지 지키시며

베드로전서와 베드로후서는 기록 목적이 다릅니다.

베드로전서가 외부적인 기독교 박해에 대해 성도들에게 용기와 소망을 주려고 기록했다면, 베드로후서는 내부적인 거짓 선생들의 거짓 교훈에 대해 성도들이 미혹되지 않고 바른 신앙으로 이끌도록 기록했습니다.

사단은 외부적인 공격, 박해를 통해 기독교를 무너뜨리려 할 뿐만 아니라, 내부적인 공격, 거짓된 가르침으로 진리를 왜곡시켜 교회를 무너뜨리려고 합니다. 그러므로 성도들은 영적으로 깨어서 외적인 어떠한 고난이 다가오더라도, 더욱 주님을 사랑하고 더욱 교회 중심으로 신앙생활하도록 무장해야 할 것입니다.

아울러 내적으로 잘못된 교훈에 영향받지 않도록 자기 교회 중심, 담임목사님 중심으로 말씀을 배움으로 신앙을 바르게 지켜나가야 할 것입니다.

오늘날 교회 안에도 목회자, 교역자들이 잘못된 교훈을 가르치는 자들이 있을 수 있고, 주일학교 교사나 목자들이 잘못된 교훈에 영향을 받아 교회를 해하는 경우가 있습니다. 그러므로 오늘 말씀은 우리 모두가 잘 귀담아 새겨야 할 교훈입니다.

Ⅰ. 거짓 선생들의 모습

베드로후서 2장 1절을 봅시다.

[1] 그러나 백성 가운데 또한 거짓 선지자들이 일어났었나니 이와 같이 너희 중에도 거짓 선생들이 있으리라 그들은 멸망하게 할 이단을 가만히 끌어들여…

이스라엘 역사를 보면, 구약시대에 거짓 선지자들이 많았습니다. 예를 하나 들면, 예레미야 시대에 거짓 선지자 하나냐는 '바벨론 세력이 속히 끝날 것' 이라고 예언했습니다. 그러나 참 선지자 예레미야는 '이스라엘 백성이 바벨론에 포로로 끌려가 70년간 포로생활을 할 것' 이라고 예언했습니다. 사람들은 거짓 선지자를 더 따랐고 예레미야를 죽이려 했습니다.

초대교회에도 거짓 선생들이 있었습니다. 그들은 멸망케 할 이단 사상을 끌어들여, 성도들을 진리로부터 멀어지게 했습니다.

오늘날에도 우리나라만 보아도 각양각색의 이단들이 많이 있는 것을 알 수 있습니다. 자칭 재림주라고 주장한 사람이 수십 명입니다. 통일교의 문선명, 박태선, JMS(정명석), 하나님의 교회의 안상홍, 신천지의 이만희 등등 수많은 이단들이 잠시 세상을 유혹했다가 사라지고 마는 것을 봅니다. 우리는 늘 영적으로 깨어 이단 사상을 경계해야 합니다.

그러면 베드로 당시의 이단의 모습은 어떠할까요?

첫째, 그리스도의 구속을 부인한다

다시 **베드로후서 2장 1절**을 보세요.

[1] 그러나 백성 가운데 또한 거짓 선지자들이 일어났었나니 이와 같이 너희 중에도 거짓 선생들이 있으리라 그들은 멸망하게 할 이단을 가만히 끌어들여 자기들을 사신 주를 부인하고 임박한 멸망을 스스로 취하는 자들이라

'사신' 이란 말은 '구속하셨다' 는 뜻입니다. '구속' 이란 예수님께서 십자가에서 자신의 고귀한 보혈을 흘리시고 죽으심으로 우리의 죗값을 다 치르시고, 그 핏값으로 우리를 사신 것을 의미합니다.

그런데 이단들은 예수님께서 내 죄를 대신 지고 십자가에 죽으셨다는 진리를 믿지 않습니다. 그 예수님을 믿음으로 내가 구원받고 영생을 얻는다는 사실을 믿지 않습니다. 이단들은 언제나 자기들을 통해야만 구원을 받는다고 가르칩니다. 그러나 성경은 이단을 따라가면 멸망받는다고 분명하게 말합니다.

둘째, 호색을 따른다

베드로후서 2장 2절을 보세요.

[2] 여럿이 그들의 호색하는 것을 따르리니…

'호색' 은 성적 부도덕, 음란한 성적 행위를 즐기는 것을 말합니다. 성은 부부간에 누릴 하나님께서 주신 축복인데, 혼외 성관계는 하나님께서 금하신 성적 문란인 것입니다.

거짓 선생들이 호색을 정당화하기 위해서 잘못된 교훈을 만들어 가르칩니다. 그들은 '하나님의 사랑과 은혜는 무한하다' 고 가르치며, '하나님의 무한한 사랑과 은혜가 모든 것을 용서하시기 때문에 성적인 죄를 마음대로 지어도 다 용서하신다' 라고 가르치면서, 호색을 따르게 합니다.

그러나 성도는 '내가 거룩하니 너희도 거룩하라' 고 하신 말씀처럼, 거룩한 삶을 살아야 할 것입니다.

셋째, 탐심을 가지고 거짓말을 한다

베드로후서 2장 3절을 봅시다.

[3] 그들이 탐심으로써 지어낸 말을 가지고 너희로 이득을 삼으니 그들의 심판은 옛적부터 지체하지 아니하며 그들의 멸망은 잠들지 아니하느니라

호색과 탐심은 이단들의 윤리의 2대 특색입니다. 이단들은 거짓말로 교묘한 교리를 만들어 신도들의 돈을 착취합니다.

이단들은 예수님의 재림도 없고, 따라서 심판도 없다고 가르침으로 신도들을 성적 방탕으로 이끌 뿐 아니라, 이 신도들을 이용해 물질적 이득을 취하는 일에 혈안이 되어 있습니다. 이단들은 하나님을 참으로 섬기는 자들이 아니기 때문에, 이 세상을 유일한 가치로 여깁니다. 종교를 가장해 세상적 탐욕인 물질적 이득을 취합니다.

예를 들어, '신유 은사가 있으니 기도해 줄 테니 돈을 내라' 고 요구합니다. 또 '안수 기도해 줄 테니 돈을 내라' 고 요구합니다. 또 신앙 상담을 해준다고 접근하여 신도를 성추행하는 사람도 있습니다.

하나님의 말씀이 아닌, 자기들이 지어낸 말로 신도들을 속이고 돈을 강탈하는 것입니다. 그들은 반드시 심판받고 멸망될 것입니다.

그래서 베드로후서 2장 4절 이하에서는 하나님의 심판에 대한 3가지 실례를 제시하면서, 거짓 선생들에 대한 하나님의 심판이 확실하다는 것을 증거하고 있습니다.

II. 하나님의 심판 사례들

첫째, 범죄한 천사들 심판

베드로후서 2장 4절을 봅시다.

[4] 하나님이 범죄한 천사들을 용서하지 아니하시고 지옥에 던져 어두운 구덩이에 두어 심판 때까지 지키게 하셨으며

에덴동산에서 아담과 하와를 타락케 했던 사탄과 그 졸개 귀신들은 원래 하나님께 순종하고 섬기기 위해 창조된 천사들이었습니다. 그런데 교만하여 하나님께 불순종함으로 마귀와 귀신들이 되었습니다.

여기 본문의 '범죄한 천사들' 을 하나님께서 지옥에 던져 심판 때까지 지키게 하셨다고 하셨는데, 여기 '범죄한 천사들' 은 누구를 가리킬까요? 마귀와 귀신들입니다. 그러나 마귀와 귀신들이 몽땅 최후 심판받을 때까지 지옥에 갇혀있는 것이 아닙니다. 지금도 마귀와 귀신들은 활동을 하고 있습니다.

그러면 베드로후서 2장 4절에 나타난 지옥에 갇혀있는 '범죄한 천사들' 은 어떤 존재인가요? 정확히는 모르지만, 아마 특정한 때에 범죄한 일부 천사들을 마지막 최후 심판 때까지 지옥에 던져 가두어 두었다가 최종 심판을 하시겠다는 말씀입니다.

여기 '지옥' 은 헬라어로 타르타루스라는 단어인데, 이곳은 지옥보다 거 깊은 흑암의 장소(어두운 구덩이), 지옥 중의 지옥을 가리킨다고 봅니다.

하나님께서는 이렇게 범죄한 천사들 중 일부를 지옥에 가두어 놓았다가, 마지막 심판 때 끌어내서 영원한 불 못에 던질 것입니다. 이와 같이 거짓 선생들도 확실하게 심판받을 것이라는 말입니다.

둘째, 노아 시대의 경건하지 아니한 자들의 세상 심판

베드로후서 2장 5절을 봅시다.

[5] 옛 세상을 용서하지 아니하시고 오직 의를 전파하는 노아와 그 일곱 식구를 보존하시고 경건하지 아니한 자들의 세상에 홍수를 내리셨으며

하나님께서 노아 시대에 불경건한 자들이 판을 치던 옛 세상을 홍수로 심판하셨습니다. 노아 당시 불경건한 세상 사람들은 하나님을 두려워하지 않고, 하나님을 부인하고, 하나님의 뜻을 저버린 자들입니다.

하나님을 부인하다 보니, 하나님의 심판도 믿지 않고 자연히 마음대로 죄짓고 살았습니다. 그래서 성경은 당시의 세상 사람들의 죄악된 모습을 이렇게 말하고 있습니다.

창세기 6장 5절을 보세요

[5] 여호와께서 사람의 죄악이 세상에 가득함과 그의 마음으로 생각하는 모든 계획이 항상 악할 뿐임을 보시고

계속해서 **6장 11절**을 봅시다.

[11] 그 때에 온 땅이 하나님 앞에 부패하여 포악함이 땅에 가득한지라

하나님께서 보시기에 온 땅에 썩은 냄새가 가득 찼다는 것입니다.

또 **6장 17절**을 보세요.

[17] 내가 홍수를 땅에 일으켜 무릇 생명의 기운이 있는 모든 육체를 천하에서 멸절하리니 땅에 있는 것들이 다 죽으리라

그래서 40일 밤낮으로 비를 내려 생명 있는 모든 것 들을 멸절하셨습니다. 그러나 **베드로후서 2장 5절**을 다시 보세요.

[5] 옛 세상을 용서하지 아니하시고 오직 의를 전파하는 노아와 그 일곱 식구를 보존하시고 경건하지 아니한 자들의 세상에 홍수를 내리셨으며

노아의 세 아들과 자부, 그리고 노아와 노아의 아내, 이렇게 여덟 식구를 하나님께서 방주 안에 들어가게 하심으로 홍수 가운데서 구원하셨습니다.

그런데 여기 보니 노아가 '의를 전파' 했다고 기록되어 있습니다. 창세기에 보면 노아가 전도했다는 기록이 없지만, 베드로후서 본문을 보니 노아가 분명히 전도했음을 알 수 있습니다.

'여러분! 죄를 끊고 하나님 앞에 회개하고 돌아오세요. 죄는 반드시 심판받습니다. 의로운 자가 되어야 하나님의 심판을 피할 수 있습니다.' 이렇게 노아는 의를 전파했습니다.

그렇다면 노아는 죄를 하나도 안 짓는 완벽한 의인이기 때문에 구원을 받았을까요? 완벽한 의인은 이 세상에 한 사람도 없습니다.

로마서 3장 10절을 보세요.

[10] 기록된 바 의인은 없나니 하나도 없으며

그러므로 노아의 의는 노아 자신의 의가 아니라, 하나님의 은혜를 힘입은 의인 것입니다. 이 의는 하나님의 은혜로 믿음으로 말미암아 주어지는 의입니다.

창세기 6장 8절을 보세요.

[8] 그러나 노아는 여호와께 은혜를 입었더라

또 **로마서 3장 24절**을 보십시오.

[24] 그리스도 예수 안에 있는 속량으로 말미암아 하나님의 은혜로 값없이 의롭다 하심을 얻은 자 되었느니라

베드로후서 2장 5절 본문이 우리에게 가르쳐주고 있는 교훈이 무엇입니까?

'거짓 선생, 이단들은 물론이고, 이 거짓 교훈을 따르는 자도 반드시 심판받을 것이다. 그러나 노아와 그 가족처럼, 예수님의 구속의 은혜를 감사하고 믿음으로 끝까지 인내하는 자는 반드시 구원을 받게 될 것이다' 하는 말씀입니다.

오늘날 교회 교사들이 중요합니다. 아무나 교사 시키면 교회에 해를 가져올 수 있습니다. 왜냐하면 학생들과 아이들은 교사가 하는 대로 본받기 때문입니다. 교사들 중 주일학교 예배는 드리는데, 장년 예배는 안 드리는 사람이 있습니다. 그렇게 되면 5년 근속, 10년 근속을 해서 근속 교사상을 받아도, 담임목사와 비전 공유가 안 됩니다.

담임목사와 비전을 공유하고 우리 교회를 통해 다음 세대를 세워 하나님 나라를 이루어 하나님께 영광을 돌리려는 비전이 아니라 나의 의로 교회 봉사를 하니까, 봉사하기 싫어지거나 환경의 변화(결혼이나 이사)가 오면, 항상 그 교회를 떠나 다른 곳에 가서 자기 의로 봉사합니다. 교사나 목사는 사명감을 가지고 뼈를 묻어야 합니다. 그래야 다음 세대가 바르게 배웁니다.

노아가 의롭다는 것은 자기 의가 아닙니다. 하나님의 은혜로, 하나님의 의로 의롭다 인정을 받은 것입니다. 여러분은 모두 노아처럼 하나님께 인정받는 복된 성도 되기를 축원합니다.

셋째, 롯 시대의 소돔과 고모라성 심판

하나님의 심판 사례, 또 한 가지는 롯 시대에 소돔과 고모라 성을 심판하신 사건입니다.

베드로후서 2장 6절을 봅시다.

[6] 소돔과 고모라 성을 멸망하기로 정하여 재가 되게 하사 후세에 경건하지 아니할 자들에게 본을 삼으셨으며

노아 시대의 심판은 물의 심판이었는데, 롯 시대의 소돔과 고모라 성 심판은 불과 유황의 심판이었습니다.

당시 소돔과 고모라 성을 비롯해 주변 온 땅이 마치 화산이 폭발하여 온통 재로 덮인 것처럼 잿더미가 되게 심판하셨습니다. 심판의 목적은 '후세에 경건하지 아니한 자들에게 본을 삼으려고' 즉 경고의 목적으로 소돔과 고모라를 잿더미가 되게 하셨습니다.

여기 '경건하지 아니한 자들' 은 특별히 누구를 염두에 두었느냐하면, 당시 하나님을 두려워하지 않는 거짓 선생들, 즉 이단들과 그들에게 미혹된 자들을 가리킵니다. 그러면 소돔과 고모라가 멸망하게 된 죄는 무엇일까요?

베드로후서 2장 7절을 봅시다.

[7] 무법한 자들의 음란한 행실로 말미암아 고통 당하는 의로운 롯을 건지셨으니

'무법'은 법이 없다는 뜻입니다. 하나님께서 인간 본성에 심어주신 자연적 양심의 법을 무시한다는 의미입니다. 무도덕 상태입니다. 이들의 죄가 음란인데, 특별히 소돔과 고모라는 변태적 성욕인 동성애가 만연했습니다. 그래서 영어 sodomy는 남색, 수간(인간과 동물 사이 성교)을 가리키는 단어입니다.

하나님께서는 남자와 여자를 창조하시고, 결혼 제도를 주셔서 결혼한 부부가 성생활을 통해 기쁨을 누리도록 하셨습니다. 그러나 소돔과 고모라는 '무법한 자들'이라 하나님의 법을 무시하고 남자끼리 변태적 성행위를 함으로 극도의 음란한 도시가 되어버린 것입니다. 결국 하나님께서는 불과 유황으로 이 도시를 잿더미가 되게 하시고, 후세에 경종을 삼으신 것입니다.

그런데 이곳에서도 건짐을 받은 사람이 있습니다. 누구입니까?

2장 7절을 보세요.

[7] …의로운 롯을 건지셨으니

롯입니다. 그런데 롯을 '의로운 롯'이라고 성경은 말하고 있습니다. 롯이 의롭다는 말을 오늘 본문에서 몇 번 말하고 있나요? 3번이나 말하고 있습니다.

베드로후서 2장 7절에서 '의로운 롯' 이라고 말씀하고 있습니다.

또 베드로후서 2장 8절을 보세요.

[8] (이는 이 의인이 그들 중에 거하여 날마다 저 불법한 행실을 보고 들음으로 그 의로운 심령이 상함이라)

8절에서도 롯을 '이 의인', '그 의로운 심령' 이라고 말씀하십니다. 여러분! 이 말에 동의가 됩니까? 사실 롯이 의롭다는 말은 우리를 의아하게 합니다.

롯이 어떤 사람입니까?

① 가장 좋은 땅을 삼촌 아브라함에게 양보하지 않고 자기가 먼저 선택했습니다.

② 소돔 사람들이 롯의 집을 에워싸고 동성 성행위를 하려고, 그 집에 온 손님을 내놓으라고 요청할 때, 자기 두 딸을 내줄 테니 마음대로 하라고 말했습니다.

③ 인사불성이 되도록 술에 취했습니다.

이런 롯을 과연 '의로운 롯' 이라고 말할 수 있을까요?

그런데 하나님께서 롯을 의롭다고 평가한 이유는 무엇입니까?

2장 8절을 다시 봅시다.

[8] (이는 이 의인이 그들 중에 거하여 날마다 저 불법한 행실을 보고 들음으로 그 의로운 심령이 상함이라)

내놓으라고 요청할 때, 자기 두 딸을 내줄테니 마음대로 하라고 말했습니다.

③ 인사불성이 되도록 술에 취했습니다.

이런 롯을 과연 '의로운 롯' 이라고 말할 수 있을까요?

그런데 하나님께서 롯을 의롭다고 평가한 이유는 무엇입니까?

노아도 죄가 하나도 없는 완전한 의인이기에 구원받은 것이 아님을 말씀드렸습니다. 오직 하나님의 은혜로 구원받은 것입니다. 롯도 인간적으로 보아 절대로 의인이 아닙니다. 그러나 그도 역시 하나님의 은혜로 믿음의 복을 받은 자입니다.

사랑하시는 여러분! 우리도 다 연약한 자들이요, 한량없이 부족한 인격을 가진 자들입니다. 구원받을 자격이 없는 죄인들입니다. 그럼에도 불구하고 하나님의 은혜로 믿음 주시고, 구원받아 하나님의 자녀 된 것에 감사하며 살기를 바랍니다.

자! 여기서 소돔과 고모라의 심판을 얘기하고, 롯의 구출 이야기를 기록한 목적은 베드로 당시 거짓 선생들에 대한 경고요, 멸망케 할 이단을 과감하게 거절하고 주님 뜻대로 순종하며 살기로 결단한 그리스도인들을 격려하기 위함입니다.

여러분! 죄를 따라가지 마십시오. 신앙생활 편하게 하는 것을 권유하는 사람들이 교회 내에 있으면 동조하지 마십시오. '제자훈련하지 마라, 목자 되지마라, 직분 맡지 마라'. 이런 가르침은 다 거짓 선생들의 가르침입니다.

'코로나가 극성인데 무슨 예배냐? 예배드림으로 하나님을 욕먹게 하냐?' 는 거짓 가르침에 귀 기울이지 마십시오. 훗날 하나님 앞에 서는 날, 주님을 위해 시간, 물질, 몸을 드린 성도는 기쁨의 날이 될 것이고, 육신의 안일과 죄악을 따라 거짓 교훈을 가르치고 따라 살았던 사람들은 슬픔의 날이 될 것입니다.

베드로후서 2장 9절을 보십시오.

[9] 주께서 경건한 자는 시험에서 건지실 줄 아시고 불의한 자는 형벌 아래에 두어 심판 날까지 지키시며

사랑하는 성도 여러분! 우리도 다 연약한 자들이요, 한량없이 부족한 인격을 가진 자들입니다. 구원받을 자격이 없는 죄인들입니다. 그럼에도 불구하고 하나님의 은혜로 믿음 주시고, 구원받아 하나님의 자녀된 것에 감사하며 살기를 바랍니다.

자! 여기서 소돔과 고모라의 심판을 얘기하고, 롯의 구출 이야기를 기록한 목적은 베드로 당시 거짓 선생들에 대한 경고요, 멸망케 할 이단을 과감하게 거절하고 주님 뜻대로 순종하며 살기로 결단한 그리스도인들을 격려하기 위함입니다.

여러분! 죄를 따라가지 마십시오. 신앙생활 편하게 하는 것을 권유하는 사람들이 교회 내에 있으면 동조하지 마십시오. '제자훈련 하지 마라, 목자되지 마라, 직분 맡지 마라'. 이런 가르침은 다 거짓 선생들의 가르침입니다.

'코로나가 극성인데 무슨 예배냐? 예배드림으로 하나님을 욕 먹게 하냐?' 는 거짓 가르침에 귀 기울이지 마십시오. 훗날 하나님 앞에 서는 날, 주님을 위해 시간, 물질, 몸을 드린 성도는 기쁨의 날이 될 것이고, 육신의 안일과 죄악을 따라 거짓 교훈을 가르치고 따라 살았던 사람들은 슬픔의 날이 될 것입니다.

<2021년 3월 21일 주일 낮 대예배 설교>

Chapter 5

거짓 선생들의 실체 (벧후 2:10-22)

10 특별히 육체를 따라 더러운 정욕 가운데서 행하며 주관하는 이를 멸
시하는 자들에게는 형벌할 줄 아시느니라 이들은 당돌하고 자긍하며
떨지 않고 영광 있는 자들을 비방하거니와
11 더 큰 힘과 능력을 가진 천사들도 주 앞에서 그들을 거슬러 비방하
는 고발을 하지 아니하느니라
12 그러나 이 사람들은 본래 잡혀 죽기 위하여 난 이성 없는 짐승 같아
서 그 알지 못하는 것을 비방하고 그들의 멸망 가운데서 멸망을 당
하며
13 불의의 값으로 불의를 당하며 낮에 즐기고 노는 것을 기쁘게 여기는
자들이니 점과 흠이라 너희와 함께 연회할 때에 그들의 2)속임수로
즐기고 놀며
14 음심이 가득한 눈을 가지고 범죄하기를 그치지 아니하고 굳세지 못
한 영혼들을 유혹하며 탐욕에 연단된 마음을 가진 자들이니 저주의
자식이라
15 그들이 바른 길을 떠나 미혹되어 브올의 아들 발람의 길을 따르는도
다 그는 불의의 삯을 사랑하다가
16 자기의 불법으로 말미암아 책망을 받되 말하지 못하는 나귀가 사람
의 소리로 말하여 이 선지자의 미친 행동을 저지하였느니라
17 이 사람들은 물 없는 샘이요 광풍에 밀려 가는 안개니 그들을 위하
여 캄캄한 어둠이 예비되어 있나니

18 그들이 허탄한 자랑의 말을 토하며 그릇되게 행하는 사람들에게서
겨우 피한 자들을 음란으로써 육체의 정욕 중에서 유혹하는도다
19 그들에게 자유를 준다 하여도 자신들은 멸망의 종들이니 누구든지
진 자는 이긴 자의 종이 됨이라
20 만일 그들이 우리 주 되신 구주 예수 그리스도를 앎으로 세상의 더
러움을 피한 후에 다시 그 중에 얽매이고 지면 그 나중 형편이 처음
보다 더 심하리니
21 의의 도를 안 후에 받은 거룩한 명령을 저버리는 것보다 알지 못하
는 것이 도리어 그들에게 나으니라
22 참된 속담에 이르기를 개가 그 토하였던 것에 돌아가고 돼지가 씻었
다가 더러운 구덩이에 도로 누웠다 하는 말이 그들에게 응하였도다

베드로후서 강해를 계속하겠습니다.

잠시 베드로후서의 기록 목적을 다시 살펴보겠습니다.

1. 거짓 선지자들과 거짓 선생들을 경고하기 위해서 기록했고,
2. 부도덕한 향락주의를 배격하기 위해서 기록했다고 첫 시간에 말씀드렸습니다.

이 베드로후서는 오늘날 한국교회에도 똑같이 적용되는 말씀입니다. 왜 그럴까요? 한국교회는 교회 밖의 이단들도 있지만, 교회 안의 영적 지도자들이 잘못 가르치면 성도들의 영혼을 망치고 교회를 무너뜨립니다.

제가 생각하기에 오늘날 한국교회의 영성은 세속화에 물들어 깜빡

거리는 촛불처럼 위기 상황에 있다고 생각합니다. 옛날 우리 선조들은 주일을 거룩히 지키는 것을 생명처럼 여겼는데, 오늘날 성도들은 주일 성수 개념이 너무나도 퇴색되었습니다.

그리고 주일 저녁 예배가 없어진지는 오래되었습니다. 주일 오전 예배를 드리고 점심 먹은 후 바로 예배드리고 끝냅니다. 그뿐만 아니라 성도들이 교회 교육이나 제자훈련 등은 받기 싫어합니다.

이 모든 것은 저를 비롯한 교회의 영적 지도자들에게 주로 책임이 있다고 생각합니다. 베드로후서에 나타난 거짓 선생들과 크게 다를 바가 없다는 생각이 듭니다. 어쩌면 하나님께서 코로나를 통해 예배드리기 싫어하는 한국교회를 징계하고 계신지도 모릅니다.

베드로후서 2장은 전체가 이단 사상에 젖은 거짓 선생들에 대한 경고로 가득 차 있습니다. 지난 시간 베드로후서 2:1-9까지의 본문을 통해 거짓 선생들의 모습과 심판에 대해 살펴보았습니다.

오늘은 베드로후서 2:10-22 본문을 통해 '거짓 선생들의 실체'(정체), 그들의 죄상에 대해, 좀 더 구체적으로 살펴보겠습니다. 거짓 선생들의 실체(정체)를 4가지로 정리해 보았습니다. 차례대로 살펴보겠습니다.

첫째, 영적 교만의 죄

베드로후서 2장 10절을 보십시오.

[10] 특별히 육체를 따라 더러운 정욕 가운데서 행하며 주관하는 이를 멸시하는 자들에게는 형벌할 줄 아시느니라 이들은 당돌하고 자긍하며 떨지 않고 영광 있는 자들을 비방하거니와

이단 사상을 가진 거짓 선생들은 '주관하는 이를 멸시' 합니다. 여기 '주관하는 이' 는 누구를 가리킵니까? 하나님이나 예수님 또는 천사들, 그리고 하나님께서 교회나 세상에 세우신 모든 권위자들을 가리킵니다. 교회에서는 목사, 장로를 비롯하여 성부, 성자, 성령으로 세운 모든 직분자들이 '주관하는 이' 입니다.

그러나 거짓 선생들은 교회를 다스리기 위해 합법적 권위로 세워진 자들을 비난하기를 두려워하지 않습니다. 그것은 곧 하나님의 권위에 대한 도전입니다. 물론 교인들이 목사와 장로를 전혀 비판할 수 없는 것은 아닙니다. 하나님께서 세우신 지도자들이 하나님의 뜻을 어길 때는 비판받아야 마땅합니다. 그러나 교인들은 교회 지도자들을 비평하는 일에 조심해야 합니다.

왜냐하면 그들은 하나님께서 세우신 종들이므로, 그들을 비난하는 것은 하나님의 명예에 손상이 될 것이기 때문입니다. 교회 지도자들이 잘못할 때 비난받는 것이 마땅하지만, 문제는 교회 지도자들이 비난받을 때 주님의 몸 된 교회가 무너질 수 있기 때문에 극히 조심해야 합니다.

실제로 오늘날 교회를 보면 많은 지도자들이 잘못하고 있는 것을

봅니다. 그래서 교회 지도자들의 잘못이 기독교 신문이나 다른 언론에 보도됨으로 결국 주님의 몸 된 교회의 부흥이 막히고 있는 것을 봅니다. 그러므로 참된 믿음을 가진 성도들은 하나님께서 세우신 지도자를 공개적으로 비판하는 대신, 하나님께 맡기고 기도하는 일에 더 힘써야 할 것입니다.

교회 지도자들을 비난하는 것을 조심해야 될 또 한 가지 이유는, 목사나 지도자들을 비난하면 자신들에게도 유익이 없습니다. 왜냐하면 성도들은 그들을 통해 교훈을 받고 인도함을 받기 때문입니다. 그러므로 하나님께서 세우신 권위인 목사, 장로, 그 외 지도자들에 대한 비판은 극히 조심해야 합니다.

10절을 계속 보면, 거짓 선생들은 '당돌하고 자긍하며 떨지 않고 영광 있는 자들을 비방' 했습니다. 여기 '영광 있는 자들' 은 하나님의 일을 수행하는 영광스러운 천사들을 가리킨다고 봅니다. 거짓 선생들의 주제넘고, 거만한 모습으로 하나님의 영화로운 일을 맡은 천사들을 비방한다는 말입니다.

베드로후서 2장 11절을 봅시다.

[11] 더 큰 힘과 능력을 가진 천사들도 주 앞에서 그들을 거슬러 비방하는 고발을 하지 아니하느니라

천사들은 거짓 선생들보다 더 큰 힘과 능력을 가지고 있으면서도, 주님 앞에 거짓 선생들을 비방하는 고발을 하지 않았습니다. 왜 그랬

을까요? 모든 것을 아시고 심판하시는 하나님의 권위를 침범하지 않으려고 했기 때문입니다. 그런데 거짓 선생들은 자신들의 주제를 파악하지 못하고 교만한 태도를 보이고 있는 것입니다.

또 베드로후서 2장 12절을 보세요.

[12] 그러나 이 사람들은 본래 잡혀 죽기 위하여 난 이성 없는 짐승 같아서 그 알지 못하는 것을 비방하고 그들의 멸망 가운데서 멸망을 당하며

거짓 선생들은 '이상 없는 짐승'과 같다. 그들은 마치 잡혀서 곧 도살당할 짐승이 자신의 처지를 모르고 있는 것과 같은 '이성 없는 짐승'이라고 말하고 있습니다. 거짓 선생들은 건방지며 영적인 진리를 알지도 못하면서, 마치 아는 것처럼 '알지 못하는 것을 비방'한다는 말입니다. 마치 영적 능력이 있는 것처럼 남들을 가르치지만, 실제는 아무 것도 알지 못하는 '이성 없는 짐승'과 같다는 말입니다. 이들의 결국은 멸망입니다.

거짓 선생들의 실체는 첫째, 하나님과 하나님께서 세우신 권위에 도전해서 비방하는 영적 교만의 죄를 짓고 있는 자들입니다.

둘째, 육체적 방종의 죄

이단 사상을 가진 거짓 선생들의 실체는 하나님의 권위에 도전하는 영적 교만의 특성을 가졌을 뿐만 아니라, 두 번째로 육체적으로 방종의 죄를 짓는다는 것입니다.

베드로후서 2장 13절을 봅시다.

[13] 불의의 값으로 불의를 당하며 낮에 즐기고 노는 것을 기쁘게 여기는 자들이니 점과 흠이라 너희와 함께 연회할 때에 그들의 속임수로 즐기고 놀며

성도들이 세상을 살면서 기쁨을 누리고 사는 것은 잘못이 아닙니다. 인간이 기쁨을 누리며 사는 것은 하나님의 뜻입니다. 그래서 '항상 기뻐하라', '이것이 그리스도 예수 안에서 너희를 향하신 하나님의 뜻이니라' 고 말씀하십니다. 그러나 그 기쁨이 주님 안에서 누리는 참된 기쁨이 아니라, 육체적 방종을 통해 얻는 세속적인 기쁨이라면 그것은 하나님께 죄를 짓는 거짓된 기쁨일 것입니다.

보통 잔치는 저녁에 했는데 거짓 선생들은 밤에는 물론이고, '낮에도 즐기고 노는 것' 을 기쁘게 여겼습니다. 밤낮이 없이 쾌락주의에 빠져 있는 것을 봅니다. 육체적 방종의 모습입니다.

여기 '연회' 는 초대교회 성도들이 함께 모여 교제하는 애찬이나 성찬식을 가리킨다고 봅니다. 거짓 선생들은 이단 사상을 가진 자들이었지만, 교회 안에 버젓이 존재하면서 성도들과 함께 어울리기까지 했습니다. 영적 분별력이 없는 많은 성도들이 거짓 선생들을 경계하지 않고 그들과 가깝게 지내고 있습니다. 거짓 선생들은 잘못된 교리로 성도들을 속여서, 성도들의 거룩한 교제를 세상의 사교적 모임처럼 성찬 모임을 술 취한 연회로 바꾼 것입니다.

이들이 속임수로 사용한 교리는 무엇입니까? 아마도 이런 내용일 것입니다. '여러분! 우리는 예수님 믿고 구원받아 율법으로부터 자유를 얻었습니다. 이제 쾌락을 즐겨도 구원받습니다.' 라며 육체적 방종을 부추겼을 것입니다.

셋째, 성적 음행의 죄

많은 이단들의 특징 중 하나가 성적 음행입니다. 이단들은 육체적 방종이 지나쳐 성정 음행으로 이어집니다.

베드로후서 2장 10절을 보세요.

[10] 특별히 육체를 따라 더러운 정욕 가운데서 행하며…

하나님께서 정해주신 부부관계를 떠난 모든 성행위는 모두 죄입니다. 성적인 무분별과 문란은 '이성 없는 짐승' 과 같은 것입니다. 이단들은 하나님을 두려워하지 않기 때문에, 종교를 이용해 신도들을 자신의 육체적 욕망을 채우는 대상으로 이용합니다. 통일교 문선명의 피가름 교리, 성문제로 감옥에 갔다 온 JMS(정명석), 이재록의 성폭행 사건 등은 이단의 특징이 성적 음행임을 잘 보여주고 있습니다.

2장 14절도 봅시다.

[14] 음심이 가득한 눈을 가지고 범죄하기를 그치지 아니하고 굳세지 못한 영혼들을 유혹하며…

다시 **베드로후서 2장 14절**을 봅시다.

[14] 음심이 가득한 눈을 가지고 범죄하기를 그치지 아니하고 굳세지 못한 영혼들을 유혹하며 탐욕에 연단된 마음을 가진 자들이니 저주의 자식이라

연단' 되었다는 것은 잘 훈련된 운동선수와 같이, 탐욕 전문가가 되기 위해 오랜 기간 연습했다는 것입니다. 이들은 신앙이 견고하지 못하고 유혹 받기 쉬운 여인들을 꾀어, 자신들의 정욕을 만족시키려 했습니다. 쾌락은 인생을 즐겁고 유쾌하게 하지만, 하나님께서 금하신 쾌락은 죄임으로, 마침내는 돈과 건강과 영혼을 동시에 잃게 됩니다.

야고보서 1장 15절을 볼까요?

[15] 욕심이 잉태한즉 죄를 낳고 죄가 장성한즉 사망을 낳느니라

그러므로 독신의 은사가 없는 사람은 성적인 유혹을 이기기 위하여 결혼을 해야 합니다. 그리고 이미 결혼한 자들도 부부관계에 충실해야 합니다.

고린도전서 7장 2-3절을 보세요.

[2] 음행을 피하기 위하여 남자마다 자기 아내를 두고 여자마다 자기 남편을 두라
[3] 남편은 그 아내에 대한 의무를 다하고 아내도 그 남편에게 그렇게 할지라

그런데 이단 사상을 가진 선생들이 왜 유혹에 선수라고 하는 줄 아십니까? 이들은 부부관계가 안 좋은 사람, 부부갈등이 있는 사람을 유혹하기 때문입니다. 또 이들이 유혹할 때 성경 말씀을 가지고 유혹하기 때문에, 믿음을 가진 성도들이 유혹에 넘어가는 것입니다.

이단이라고 할 때 불교나 힌두교 등 다른 종교를 이단이라고 하지 않습니다. 이단이라는 단어는 다를 이, 끝 단 자를 씁니다. 성경을 가지고 가르치는데, 잘 살펴보면 끝에 가서 다른 곳으로 빠지도록 유혹하는 것입니다.

베드로후서 2장 18절을 봅시다.

[18] 그들이 허탄한 자랑의 말을 토하며 그릇되게 행하는 사람들에게서 겨우 피한 자들을 음란으로써 육체의 정욕 중에서 유혹하는도다

'허탄한 자랑의 말'은 자기들이 굉장히 성경을 깊이 있게 아는 것처럼 허풍을 떤다는 말입니다. 자기들이 깊은 영적인 능력을 가진 자처럼 자랑한다는 말입니다. 그러면서 성경으로 음란을 유도합니다.

그것이 무엇일까요? **2장 19절**을 보십시오.

[19] 그들에게 자유를 준다 하여도 자신들은 멸망의 종들이니 누구든지 진 자는 이긴 자의 종이 됨이라

'자유를 준다'는 것은 이런 이야기입니다. '여러분! 예수님 믿으면 모든 죄 용서받았으므로, 우리는 죄로부터 자유를 얻은 자입니다. 이

제 율법으로부터 자유를 얻었습니다. 이제 인생을 자유롭게 즐기며 사십시오. 이것이 복음입니다.'

그럴 듯하지요? 이단은 항상 성경 전체를 말하지 않고, 자기들이 필요한 것만 인용해서 사람들을 유혹합니다. 그래서 이제 갓 세상 죄를 회개하고 예수님 믿고 돌아온 성도들이 여기에 넘어가게 되는 것입니다.

구체적으로 거짓 선생들은 이렇게 생각합니다.

로마서 8장 1-2절을 보세요.

[1] 그러므로 이제 그리스도 예수 안에 있는 자에게는 결코 정죄함이 없나니
[2] 이는 그리스도 예수 안에 있는 생명의 성령의 법이 죄와 사망의 법에서 너를 해방하였음이라

또 갈라디아서 5장 1절도 보세요.

[1] 그리스도께서 우리를 자유롭게 하려고 자유를 주셨으니…

이단은 여기까지만 읽는 자들입니다.

그러나 갈라디아서 5장 1절은 이렇게 이어집니다.

[1] …그러므로 굳건하게 서서 다시는 종의 멍에를 메지 말라

예수님을 믿고 난 후 죄를 습관적으로 짓게 되면, 죄의 종이 되는 것입니다.

그러므로 **베드로후서 2장 19절**을 다시 보십시오.

[19] 그들에게 자유를 준다 하여도 자신들은 멸망의 종들이니 누구든지 진 자는 이긴 자의 종이 됨이라

무슨 말입니까? 성적 음행을 저지르면, 이 음행죄가 나를 이기기 때문에 내가 죄의 종이 된다는 말입니다. 결국 거짓 선생들은 멸망 받을 종들입니다. 이단들을 배후에서 조종하는 영적 세력은 사탄인데, 이 사탄이 정통 교회 지도자들을 무너뜨릴 때도, 이 성적 음행을 통해 무너뜨렸습니다. 이것이 사탄의 전략입니다.

넷째, 물질적 탐욕의 죄

이단의 대표적인 특징이 음행과 물질적 탐욕, 즉 돈입니다. 음행과 물질적 탐욕은 사람(특히 남성)이 빠지기 쉬운 2대 함정입니다.

그래서 Emerson이라는 사람은 이렇게 말했습니다. "그에게 여자와 돈을 주어 보라. 그것들을 극복할 때만이 그는 한 인격자인 것이다."

2장 15-16절을 봅시다.

[15] 그들이 바른 길을 떠나 미혹되어 브올의 아들 발람의 길을 따르는도다 그는 불의의 삯을 사랑하다가
[16] 자기의 불법으로 말미암아 책망을 받되 말하지 못하는 나귀가 사람의 소리로 말하여 이 선지자의 미친 행동을 저지하였느니라

베드로는 성도들을 유혹하고 타락을 부추기던 거짓 선생들을 비롯한 그의 추종자들을 본문에서 발람 선지자에 비유하고 있습니다. 물질적 탐욕에 빠진 거짓 선생들을 거짓 선지자 '발람의 길'을 따르는 자라고 말하고 있습니다. 발람이 불의의 삯을 사랑한 것처럼, 베드로 당시 거짓 선생들도 물질적 탐욕에 빠져 있었습니다.

발람 선지자에 대한 이야기는 민수기 22-24장에 기록되어 있는데, 그 내용을 간략히 요약하면 이런 내용입니다.

모압 왕 발락은 강력한 이스라엘 세력에 눌려 기가 꺾여 있었습니다. 그러자 발람 선지자에게 사람을 보내어 이스라엘 민족을 향해 저주해달라고 요청합니다. 발람이 복을 빌면 복을 받고, 발람이 저주하면 저주받을 것이라고 믿었기 때문입니다.

그러나 발람은 청을 거절합니다. 그러나 모압 왕 발락은 더 높은 귀족을 보내어 재물과 명예로 유혹을 합니다. 이렇게 백지수표의 뇌물을 받은 발람은 모압 왕 발락을 만나러 나귀를 타고 여행길을 떠납니다.

그런데 그 앞에 하나님의 천사가 칼을 빼들고 서 있는 것을 나귀가 보게 됩니다. 천사를 본 나귀는 두려워 길을 전진하지 못하고 밭으로 들어갔습니다. 이런 나귀를 보고, 발람 선지자는 채찍으로 사정없이 나귀를 때렸습니다. 이때 나귀가 사람의 말을 합니다. '내가 당신에게 무엇을 하였기에 나를 이같이 세 번을 때리느냐?(민 22:28)'

그러자 발람이 성을 내며 말합니다. '네가 나를 거역하기 때문이니, 내 손에 칼이 있었더면 곧 너를 죽였으리라' (민 22:29)

나귀와 대화를 나누고 있을 동안, 하나님께서 발람 선지자의 눈을 열어 칼을 빼들고 있는 천사를 보게 하십니다. 그제서야 발람이 고백합니다. '내가 범죄 하였나이다… 내가 알지 못하였나이다.' (민22:34)

이런 일이 있은 후에, 발람 선지자는 모압 왕 발락을 만나 이스라엘을 저주하지 않고 축복했습니다. 그러나 이것은 겉모습에 불과한 것이었고, 그의 속마음은 물질에 대한 탐심으로 가득 차 있었습니다. 그래서 베드로후서 2장 15절에는 '불의의 삯' 을 사랑했다고 말하고 있으며, 16절에는 이 발람 선지자의 행위를 '미친 행동' 이라고 표현했습니다.

발람 선지자가 어떤 짓을 행했는지는 **요한계시록 2장 14절**을 보면 잘 알 수 있습니다.

[14] …발람이 발락을 가르쳐 이스라엘 자손 앞에 걸림돌을 놓아 우상의 제물을 먹게 하였고 또 행음하게 하였느니라

발람이 발락에 무엇을 가르쳤느냐하면, 이스라엘 백성이 우상 제물을 먹고 모압 여자들과 행음하도록 지시했습니다. 그러면 하나님께서 이스라엘을 심판할 것이라고 가르쳤습니다. 발람 선지자는 불의의 삯을 사랑한 부패한 선지자였습니다. 이와 같이 베드로 당시의 거짓 선생들도 물질적 탐욕에 젖어 있는 자들이었습니다.

베드로후서 2장 17절을 봅시다.

[17] 이 사람들은 물 없는 샘이요 광풍에 밀려 가는 안개니 그들을 위하여 캄캄한 어둠이 예비되어 있나니

이런 이단 사상을 가진 거짓 선생들은 '물 없는 샘' 입니다. 겉으로는 성경을 잘 아는 것처럼 큰소리치고, 자기들이 영적인 진리를 깊이 깨닫고 있는 것처럼 위장하지만, 실상은 그 안에 물이 없습니다. 생명의 생수가 없는 빈 껍데기뿐이라는 말입니다.

'광풍에 밀려가는 안개' 는 안개가 자욱하게 덮이면 그 위력이 대단한 것처럼 보이지만, 광풍이 한번 휙 하고 불면 순식간에 안개가 다 사라집니다. 이처럼 거짓 선생들은 순식간에 사라져 버리고 만다는 말입니다. 그들에게 '캄캄한 어둠이 예비' 되었다는 말은 영원한 지옥 형벌이 예비되었다는 말입니다.

결 론

마지막으로 성경을 보고 끝냅시다.

베드로후서 2장 20절입니다.

[20] 만일 그들이 우리 주 되신 구주 예수 그리스도를 앎으로 세상의 더러움을 피한 후에 다시 그 중에 얽매이고 지면 그 나중 형편이 처음보다 더 심하리니

예수님 믿는다고 신앙생활 하다가 거짓 선생의 유혹에 속아서 다시 옛 생활로 돌아가면, 처음 믿지 않을 때보다 더 불행해진다는 말씀입니다.

2장 21절도 보세요.

[21] 의의 도를 안 후에 받은 거룩한 명령을 저버리는 것보다 알지 못하는 것이 도리어 그들에게 나으니라

진리를 안 후 타락하게 된다면, 알지 못하는 것이 도리어 낫다는 말입니다.

또 **베드로후서 2장 22절**을 보세요.

[22] 참된 속담에 이르기를 개가 그 토하였던 것에 돌아가고 돼지가 씻었다가 더러운 구덩이에 도로 누웠다 하는 말이 그들에게 응하였도다

사랑하는 성도 여러분! 예수님 믿고 죄 용서 받은 사람이 다시 과거의 죄 된 모습으로 돌아가는 것이 얼마나 비참한지를 개, 돼지에 빗대어 말하는 것입니다.

그러므로 오늘 말씀을 듣고 우리가 취해야 할 결론적 태도는,

1. 잘못된 이단 사상을 주의하고, 교회 중심적 신앙생활을 해야 한다.
2. 교회 예배를 중요시하고, 지속적인 영적 훈련을 게을리하지 말아야 한다. 그렇게 할 때 성화가 이루어지고, 영적 분별력이 더할 것이다.

우리 모두 교회 중심으로 신앙생활을 하여 거짓된 선생의 가르침을 피하고 분별하는 성도들이 되기를 축원합니다.

<2021년 4월 11일 주일 낮 대예배 설교>

Chapter 6
주의 재림의 약속을 조롱하는 자들 (벧후 3:1-7)

1 사랑하는 자들아 내가 이제 이 둘째 편지를 너희에게 쓰노니 이 두 편
지로 너희의 진실한 마음을 일깨워 생각나게 하여
2 곧 거룩한 선지자들이 예언한 말씀과 주 되신 구주께서 너희의 사도들
로 말미암아 명하신 것을 기억하게 하려 하노라
3 먼저 이것을 알지니 말세에 조롱하는 자들이 와서 자기의 정욕을 따라
행하며 조롱하여
4 이르되 주께서 강림하신다는 약속이 어디 있느냐 조상들이 잔 후로부
터 만물이 처음 창조될 때와 같이 그냥 있다 하니
5 이는 하늘이 옛적부터 있는 것과 땅이 물에서 나와 물로 성립된 것도
하나님의 말씀으로 된 것을 그들이 일부러 잊으려 함이로다
6 이로 말미암아 그 때에 세상은 물이 넘침으로 멸망하였으되
7 이제 하늘과 땅은 그 동일한 말씀으로 불사르기 위하여 보호하신 바
되어 경건하지 아니한 사람들의 심판과 멸망의 날까지 보존하여 두신
것이니라

베드로후서의 기록 목적을 다시 한번 상기해 보겠습니다.

베드로가 이 서신을 기록할 당시, 이단 사상을 가진 거짓 선지자들과 거짓 선생들이 부도덕한 향락주의를 부추기며 음행을 저질렀습니

다. 음행을 저지르다 보니 자연히 주님의 재림과 심판을 부인하는 교리를 만들어 성도들을 미혹시켰고, 함께 부도덕한 향락에 빠지게 했습니다. 그래서 베드로후서의 기록 목적은 이단 사상을 가진 거짓 선생들에 대한 경고와 그들로부터 성도들을 지키기 위한 것이었습니다.

이단들은 여러 가지 형태가 있습니다. 자칭 재림주라고 주장하는 이단이 있는가 하면, 재림 자체를 아예 부인하는 이단들도 있습니다.

오늘 본문에 등장하는 이단은 주의 재림을 부인하는 이단들입니다. 그들은 주의 재림을 부인하고, 한걸음 더 나아가 주의 재림을 조롱하면서 연약한 그리스도인들을 동요시켰습니다.

베드로후서 3장 4절을 볼까요?

[4] 이르되 주께서 강림하신다는 약속이 어디 있느냐 조상들이 잔 후로부터 만물이 처음 창조될 때와 같이 그냥 있다 하니

'주께서 강림하신다는 약속'을 부인했다고 합니다. 즉 하나님의 말씀을 부인하며 조롱한 것입니다. 우리 그리스도인들이 하나님의 약속의 말씀을 의심하거나 놓치면 우리의 신앙은 다 무너집니다.

오늘은 <주의 재림의 약속을 조롱하는 자들>이라는 제목으로 말씀을 전하면서, 우리가 하나님의 말씀, 특별히 주의 재림의 약속의 말씀을 붙들고 사는 것이 얼마나 큰 복인지를 함께 나누는 시간이 되기를 바랍니다.

첫째, 진실한 성도들은 주의 재림의 말씀을 확신하고 살아야 한다

베드로후서 3장 1절을 봅시다.

[1] 사랑하는 자들아 내가 이제 이 둘째 편지를 너희에게 쓰노니 이 두 편지로 너희의 진실한 마음을 일깨워 생각나게 하여

베드로가 이 '둘째 편지', 즉 베드로후서를 쓰는 목적은 진실되고 순수한 믿음의 성도들을 거짓 선생들의 미혹된 거짓 가르침에 대해 분명한 분별력을 갖도록 하기 위해서였습니다. 그렇다면 이단 사상을 가진 거짓 선생들의 가르침이 잘못되었다는 것을 어떻게 분별할 수 있을까요?

3장 2절을 보십시오.

[2] 곧 거룩한 선지자들이 예언한 말씀과 주 되신 구주께서 너희의 사도들로 말미암아 명하신 것을 기억하게 하려 하노라

영적인 분별을 할 수 있는 가장 정확한 길은 신구약 성경 말씀을 바르게 이해하는 것입니다. 여기 '거룩한 선지자들이 예언한 말씀'은 구약 성경을 가리킵니다. 그리고 '구주께서 너희의 사도들로 말미암아 명하신 것'은 신약성경을 가리킵니다.

베드로 당시의 거짓 선생들은 예수님의 재림을 부인했습니다. 구약 성경에 기록된 선지자들의 예언은 그의 재림을 예언하고 있고, 신약성

경의 사도들의 가르침도 예수님의 재림을 분명하게 강조하고 있습니다. 그런데 거짓 선생들은 진실되고 순수한 믿음을 가진 성도들을 타락시키려고 미혹하고 있는 것입니다.

그래서 베드로는 진실되고 순수한 믿음을 가진 성도들의 마음을 일깨워서, 하나님의 계시인 신구약 성경 말씀을 기억하도록 하기 위해 베드로후서를 기록했다고 말하는 것입니다.

성도 여러분! 예수님을 따르는 성도에게 재림 신앙은 너무나도 중요합니다. 재림 신앙을 가진 자는 오늘의 현실이 아무리 고통스러워도 좌절하지 않고 이길 수 있습니다. 재림 신앙이 무너지면 성도의 신앙은 모두 무너집니다.

우리 예수님 믿는 성도들은 하나님의 계시인 신구약 말씀에 대한 절대적인 확신을 가지고, 주의 재림을 소망하며 살아가야 할 것입니다.

둘째, 거짓된 이단들은 주의 재림의 말씀을 조롱한다

거짓 선생들은 주님의 재림을 부인할 뿐만 아니라, 재림에 대해 조롱합니다. **베드로후서 3장 3절**을 보십시오.

[3] 먼저 이것을 알지니 말세에 조롱하는 자들이 와서 자기의 정욕을 따라 행하며 조롱하여

'말세에 조롱하는 자들' 이 나타날 텐데, 말세는 언제일까요?

'말세' 는 세상 마지막 날을 가리키는 것이 아니라, 예수님의 초림부터 재림까지의 기간을 '말세' 라고 합니다. 2,000여 년 전에 예수님께서 이 땅에 오셨을 때부터 말세는 시작되었습니다. 예수님께서 오신 2000여 년 전부터 지금까지 기독교를 비방하고 조롱하는 사람들이 있어왔습니다.

예수님의 재림을 부인하고 조롱하는 이유가 무엇인지 아십니까? 그것은 그들이 '정욕을 따라' 행했기 때문입니다. 음란과 쾌락을 따라 살아가는 자들이, 예수님께서 재림하셔서 심판하신다는 말씀을 받기가 거북스럽고 불편한 것입니다. 그러므로 '주님의 재림과 심판은 없어' 라고 하며 사람들을 죄악 가운데로 유혹하고 있었던 것입니다.

이렇게 세상과 정욕에 끌리는 자들은 재림과 심판과 내세에 대한 하나님의 말씀을 무시합니다. 이들이 조롱하는 말의 내용이 4절에 기록되어 있습니다.

베드로후서 3장 4절을 보세요.

[4] 이르되 주께서 강림하신다는 약속이 어디 있느냐 조상들이 잔 후로부터 만물이 처음 창조될 때와 같이 그냥 있다 하니

'주께서 강림하신다는 약속이 어디 있느냐', 이 말은 예수 그리스도의 재림은 없다는 주장입니다. 예수님께서 이 세상을 심판하시기 위해서 다시 오시는 재림을 부인하고 비웃은 것입니다. 그러면서 재림을 부인하는 근거를 이렇게 말하고 있습니다. '조상들이.' 즉 메시아가 올 것이라고 믿고 기다리던 이스라엘 민족의 조상들도, 메시아를 기다렸지만 모두 다 그 약속의 성취를 보지 못하고 죽었습니다. 그 후 많은 세월이 흘렀지만 그리스도의 재림은 없었습니다. 그리고 만물은 옛날부터 지금까지 아무 변동이 없이 그대로 있기 때문에, '그리스도가 재림하고 심판함으로 이 세상이 변동될 것이라는 징조가 전혀 없다' 는 주장입니다. 그들은 '만물이 처음 창조될 때와 같이 그냥 있다' 는 말로 주의 재림의 약속을 조롱했습니다.

만물이 창조될 때와 같이 지금도 똑같이 있는데, 말세가 어디 있고 심판이 어디 있으며, 주의 강림하신다는 약속이 어디 있느냐는 주장입니다. 주의 재림이나 마지막은 없다는 것입니다.

오늘날은 어떻습니까? 오늘날도 주님의 재림을 부인하는 사람들이 얼마나 많은지 모릅니다. 세상 사람들은 주님의 재림이나 심판, 천국과 지옥도 믿지 않고, 오히려 조롱합니다.

'말세에 조롱하는 자들' 이 온다는 베드로후서의 말씀은 예언적인 말씀이기도 합니다. 오늘날 자유주의 신학의 출현은 이런 성경 예언의 성취입니다. 현대 자유주의 신학자들은 예수님의 재림을 믿지 않고, 공공연히 부인합니다. 자유주의 신학자 '라인홀드 니이버' 는 「비극을 넘어」라는 그의 책에서, '기독교의 교리 중에 그리스도의 재림의 소망보다 더 속임과 착각으로 인도한 교리는 없다' 고 하였습니다.

오늘날 개신교 안에도 자유주의 신학의 영향을 받은 교단이 많습니다. 우리나라 장로교회 중에도 기장은 자유주의 신학의 대표적인 교단이고, 예장 통합도 WWC를 받아들이는 등 자유주의 신학을 포용하고 있습니다.

주의 재림에 대한 하나님의 말씀은 구원의 완성을 위한 그리스도인들의 유일한 소망입니다. 주님 재림하시면 무덤이 열리고, 죽은 자가 부활합니다. 주님 재림 때 살아있는 자는 영광스러운 몸으로 변화될 것입니다. 사탄은 이 영광스러운 재림의 교리를 부인하도록 미혹하는 것입니다. 예수님의 재림에 대해서는 구약과 신약에 다 약속되어 있는 말씀입니다. 예수님께서도 자신의 재림에 대해 직접 가르치셨습니다.

마태복음 24장 44절을 봅시다.

[44] 이러므로 너희도 준비하고 있으라 생각하지 않은 때에 인자가 오리라

주님께서 승천하실 때는 천사들이 재림의 사실을 확인시켜 주었습니다.

사도행전 1장 11절을 보세요.

[11] 이르되 갈릴리 사람들아 어찌 서서 하늘을 쳐다보느냐 너희 가운데서 하늘로 올려지신 이 예수는 하늘로 가심을 본 그대로 오시리라 하였느니라

사도들 역시 재림을 전파하였습니다.

데살로니가전서 4장 16절을 보세요.

[16] 주께서 호령과 천사장의 소리와 하나님의 나팔 소리로 친히 하늘로부터 강림하시리니 그리스도 안에서 죽은 자들이 먼저 일어나고

또, 성경의 마지막 책인 **요한계시록 22장 20절**을 보십시오.

[20] 이것들을 증언하시는 이가 이르시되 내가 진실로 속히 오리라 하시거늘 아멘 주 예수여 오시옵소서

그러므로 '주께서 강림하신다는 약속이 어디 있느냐' 라고 하면서 하나님을 무시하고 그리스도인들을 유혹하는 것은 교회를 허물기 위한 사탄의 술책임을 알고, 재림의 소망을 절대로 놓쳐서는 안 될 것입니다.

셋째, 주의 재림의 말씀은 반드시 이루어진다

이단 사상을 가진 거짓 선생들은 창조 이후 이 우주는 시종일관 불변하기 때문에, 재림과 심판과 같은 돌발 상황은 발생하지 않는다고 주장했습니다. 재림에 대한 하나님의 말씀을 무시하는 것입니다. 이에 대해 베드로는 천지창조도 하나님께서 말씀하신 대로 이루어졌고, 이 세상의 심판도 하나님의 말씀대로 이루어졌고, 마지막 주님께서 재림하시고 심판하실 일도 하나님 말씀대로 이루어질 것이라고 말하고 있습니다.

하나님의 약속의 말씀을 부인하고 조롱하는 거짓 선생들의 주장에 대해, 베드로는 3가지 측면에서 하나님 말씀의 성취를 이야기하고 있습니다.

1. 천지창조도 하나님의 말씀대로 되었다.

베드로후서 3장 5절을 봅시다.

[5] 이는 하늘이 옛적부터 있는 것과 땅이 물에서 나와 물로 성립된 것도 하나님의 말씀으로 된 것을 그들이 일부러 잊으려 함이로다

하늘과 땅 모두 하나님께서 창조하셨다고 합니다.

또 **창세기 1장 1절**을 보세요.

[1] 태초에 하나님이 천지를 창조하시니라

1장 9절도 볼까요?

[9] 하나님이 이르시되 천하의 물이 한 곳으로 모이고 뭍이 드러나라 하시니 그대로 되니라

하나님의 명령(말씀)에 따라 천하의 물이 한 곳으로 모임으로 뭍(땅)이 드러났습니다. 그래서 베드로는 '땅이 물에서 나왔다' 라고 표현하는 것입니다.

2. 노아시대의 홍수심판도 하나님의 말씀대로 되었다.

베드로후서 3장 6절을 봅시다.

[6] 이로 말미암아 그 때에 세상은 물이 넘침으로 멸망하였으되

'이로 말미암아'는 원어로 '이것들로 말미암아' 입니다. '이것들'은 하나님의 말씀과 물을 가리킵니다. 노아 시대에 죄악으로 가득한 온 세상을 하나님께서 홍수(물)로 심판하셨습니다. 하나님께서 말씀을 통해서 세상을 창조하시고, 말씀으로 땅이 물에서 드러나게 하신 것처럼, 하나님께서는 그 말씀의 능력으로 물을 통해 세상을 심판하셨습니다.

창세기 6장 13절을 보세요.

[13] 하나님이 노아에게 이르시되 모든 혈육 있는 자의 포악함이 땅에 가득하므로 그 끝 날이 내 앞에 이르렀으니 내가 그들을 땅과 함께 멸하리라

또 **6장 17절**을 봅시다.

[17] 내가 홍수를 땅에 일으켜 무릇 생명의 기운이 있는 모든 육체를 천하에서 멸절하리니 땅에 있는 것들이 다 죽으리라

하나님의 말씀을 부인하고 조롱하는 거짓 선생들에 대해, 하나님의 말씀은 반드시 이루어지며 능력이 있다는 것을 말함으로, 거짓 선생과 이단 사상을 주장하는 자들에게 경고를 주는 것입니다.

3. 마지막 주의 재림과 불 심판도 하나님의 말씀대로 될 것이다.

오늘의 마지막 절, **베드로후서 3장 7절**을 보세요.

[7] 이제 하늘과 땅은 그 동일한 말씀으로 불사르기 위하여 보호하신 바 되어 경건하지 아니한 사람들의 심판과 멸망의 날까지 보존하여 두신 것이니라

말씀으로 천지를 창조하시고, 말씀으로 노아 시대의 죄악된 세상을 물(홍수)로 심판하신 하나님께서, '동일한 말씀'의 능력으로 마지막 주님 재림하실 때 현재의 하늘과 땅을 불로 심판하실 것이라는 내용입니다. 그때에는 경건하지 아니한 사람들, 거짓 선생들, 이단들, 이단 사상에 동조한 사람들 모두 심판을 받을 것이라는 말입니다.

우리가 이미 살펴본 대로 거짓 선생들은 주님의 재림의 약속의 말씀을 조롱하면서, '주께서 강림하신다는 약속이 어디 있느냐? 조상들이 잔 후로부터 만물이 처음 창조될 때와 같이 그냥 있다'라고 합니다. 지금 이 세상과 우주가 안정되어 있는 것은 세상과 우주 만물을 말씀으로 창조하신 하나님께서 보호하고 계시기 때문임을 알아야 할 것입니다.

언제까지 보호하십니까? 마지막 주님 재림 때 불사를 때까지입니다. 마지막 주님 재림 때에는 불로 이 세상을 심판하신다는 하나님의 말씀을 두렵고 떨림으로 받아야 할 것입니다.

우리는 일점일획도 틀림이 없는 하나님의 말씀을 꼭 붙들고, 굳건한 믿음으로 끝까지 흔들림 없는 신앙생활을 해야 할 것입니다. 안타까운 것은 1년 넘게 코로나로 교회에 잘 나오지 못한 사람들 중에 신앙이 꺼져있는 사람들이 일부 있다는 사실입니다. 예배당 예배뿐 아니라, 온라인 예배도 안 드리는 분은 신앙이 꺼지게 됩니다. 믿음은 들음에서 나며 들음은 그리스도의 말씀으로 말미암기 때문입니다.

요즘 코로나로 예배가 제한받고 있는 시대에는 자녀의 신앙은 부모가 책임져야 합니다. 부모가 예배를 드리지 않고 신앙이 휘청거리면, 자녀의 신앙도 망가지기 때문입니다.

사랑하는 성도 여러분! 우리는 성경에 기록된 모든 하나님의 약속의 말씀이 그대로 이루어짐을 확실히 믿기를 축원합니다. 특별히 예수 그리스도의 재림의 약속의 말씀을 꼭 붙들고 소망 가운데 오늘의 고난을 넉넉히 이기기를 축원합니다.

<2021년 4월 18일 주일 낮 대예배 설교>

Chapter 7

주의 재림에 대한 이해 (벧후 3:8-13)

8 사랑하는 자들아 주께는 하루가 천 년 같고 천 년이 하루 같다는 이
한 가지를 잊지 말라
9 주의 약속은 어떤 이들이 더디다고 생각하는 것 같이 더딘 것이 아니
라 오직 주께서는 너희를 대하여 오래 참으사 아무도 멸망하지 아니하
고 다 회개하기에 이르기를 원하시느니라
10 그러나 주의 날이 도둑 같이 오리니 그 날에는 하늘이 큰 소리로 떠나
가고 물질이 뜨거운 불에 풀어지고 땅과 그 중에 있는 모든 일이 드러
나리로다
11 이 모든 것이 이렇게 풀어지리니 너희가 어떠한 사람이 되어야 마땅
하냐 거룩한 행실과?경건함으로
12 하나님의 날이 임하기를 바라보고 간절히 사모하라 그 날에 하늘이
불에 타서 풀어지고 물질이 뜨거운 불에 녹아지려니와
13 우리는 그의 약속대로 의가 있는 곳인 새 하늘과 새 땅을 바라보도다

신앙이 좋았던 성도가 신앙이 꺼져있는 경우를 종종 보게 됩니다. 소되고 있고, 또 앞으로 감소될 것 같아 보입니다. 목회데이터연구소의 2021년 2월호 보고 예를 들어, 가나안 성도들입니다. 가나안 성도들은 누구를 가리킬까요? 예수님은 믿는데 교회는 안 나가는 성도

들입니다. '가나안'을 거꾸로 읽으면 '안나가' 입니다. 2,3년 전 기독교 신문에 가나안 성도 200만 시대라고 기록된 것을 보았습니다. 그러나 지금은 1년이 훨씬 넘게 코로나 시대를 겪으면서, 가나안 성도가 얼마나 되는지 파악되지 않고 있지만, 그 수가 많이 증가했을 것이라고 추측됩니다.

웨스트민스터신학대학원의 김선일 교수는 2021년 3월 17일, '400만 가나안 성도, 탈 교회와 상황을 논한다' 라는 주제로 포럼을 열었습니다. 김선일 교수의 이야기대로 가나안 성도가 400만이라면, 한국교회는 그야말로 큰 위기에 직면해있는 것입니다. 더욱이 한국교회의 청년 숫자가 현저하게 감에 따르면, '향후 10년 안에 기독 청년 50% 이상이 교회에 나가지 않을 수 있다' 라고 보고했습니다.

신앙이 꺼지는 이유가 여러 가지 있겠지만, 그중 중요한 이유 중 하나는 신앙에 대한 회의(의심)가 일어날 때입니다. '과연 죽은 후 천국과 지옥이 있을까? 예수님을 믿기만 하면 모든 죄 용서받고 구원받는다는데, 그것이 사실일까? 코로나로 예배가 지장 받고 있는데, 하나님께서 계시다면 왜 코로나를 사라지게 하지 않는가? 또 주님이 재림하신다는데, 2,000년이 넘도록 왜 안 오시는가?'

이런 여러 가지 신앙의 문제에 회의가 들 때 신앙이 꺼질 수 있습니다. 특별히 주님의 재림 신앙이 흔들리면 현실주의자, 쾌락주의자가 되어 신앙이 꺼집니다. 역사를 살펴보면, 실제로 이단들을 통해 주님의 재림에 대한 많은 예언들이 빗나갔습니다.

A.D 1,000년에 주의 재림설, 또 제7일 안식일 예수재림교회(안식교)의 윌리엄 밀러는 1833~36년 사이에 재림한다고 했다가, 1843년 8월 21일이라고 예언했다가, 1844년 10월 22일로 예언하는 등 여러 차례 주의 재림 날짜를 바꾸었습니다.

또 여호와의 증인은 1914년 10월 초로 예언했습니다. 우리나라의 다미선교회도 1992년 10월 28일에 주님 재림한다고 예언했다가 불발로 끝나면서, 한국교회에 엄청난 타격을 입혔습니다. 안상홍교주의 하나님의 교회 세계복음선교협회도 1988년, 1999년, 2012년 재림에 대한 예언을 했습니다. 또 2,000년 종말에 대한 예언도 있었습니다. 유튜브에 보면 최근 최호일 목사는 2020년에 공중 재림이 이루어졌다고 말하고 있습니다.

베드로후서 3장 4절을 보세요.

[4] 이르되 주께서 강림하신다는 약속이 어디 있느냐 조상들이 잔 후로부터 만물이 처음 창조될 때와 같이 그냥 있다 하니

베드로 시대에도 예수님의 재림을 부인하고 쾌락주의에 빠진 사람들이 있었습니다. 이처럼 오늘날도 많은 성도들이 재림의 확신이 사라지니까 세속화에 빠져 하나님을 떠나는 것입니다.

베드로후서가 기록될 당시의 성도들은 네로 황제를 통한 기독교 박해가 점점 더 극심해지고 있음을 경험하고 있었습니다. 주의 재림을 소망하며 박해를 견디던 성도들이 하나 둘 죽어갔습니다. 그런데도 그리스도의 재림은 일어나지 않았습니다. 이에 교회에는 거짓 선생들을 통해 그리스도의 재림은 있지 않을 것이라고 주장하는 자들이 나타나기 시작했습니다.

'주의 재림은 없어. 우리가 주님 때문에 이렇게 박해받고 죽어가는데도 주님은 재림하지 않잖아!' 라고 하면서 기독교를 배교하는 자들이 생기기 시작했습니다. 그들은 현실의 쾌락을 즐기도록 믿음이 연약한 성도들을 미혹했습니다.

오늘 우리도 재림의 확신이 무너지면 하나님을 버리고 세상의 쾌락을 추구하며 살게 됩니다. 예나 지금이나 재림에 관해 이야기하면 여러 가지 궁금한 질문들이 생깁니다.

1. 주의 재림이 왜 더딘가?
2. 주의 재림 때 세상은 어떻게 되는가?
3. 주의 재림을 앞둔 성도들의 자세는 어떠해야 하는가?

오늘 본문을 중심으로 이 3가지 질문을 던지면서 그 답을 찾아봄으로, 주의 재림에 대한 이해를 분명히 갖는 시간이 되기를 바랍니다.

첫째, 주의 재림이 왜 더딘가?

이 질문에 대해 우리는 하나님에 대해 2가지 측면을 이해해야 합니다.

1. 하나님의 시간개념과 인간의 시간개념이 다르기 때문이다.

베드로후서 3장 8절을 보세요.

[8] 사랑하는 자들아 주께는 하루가 천 년 같고 천 년이 하루 같다는 이 한 가지를 잊지 말라

이 말씀은 시편 90편 4절의 인용입니다. 시편 90편은 하나님의 영원성과 인간의 유한성을 대조하고 있는 내용입니다. 하나님은 영원하신 분이시고 인간은 유한한 존재입니다.

시편 90편 2~3절에 보세요.

[2] 산이 생기기 전, 땅과 세계도 주께서 조성하기 전 곧 영원부터 영원까지 주는 하나님이시니이다
[3] 주께서 사람을 티끌로 돌아가게 하시고 말씀하시기를 너희 인생들은 돌아가라 하셨사오니

하나님께서는 영원하신 분으로 시간을 초월해 계시는 분이십니다. 하나님께는 과거, 미래가 없고 영원히 현재자이십니다. 영원이라는 관점에서 볼 때, 시간의 길고 짧음이 없습니다. 하루가 천년같이 보일 수 있고, 천년이 하루같이 보일 수 있습니다.

우리 인간은 세월이 지나면서 늙고 주름살이 생깁니다. 그러면 세월이 참 빠르다고 말합니다. 그런데 하나님께서는 그런 말씀을 하실 필요가 없습니다. 아무리 세월이 지나도 늙거나 변화되시는 분이 아닙니

다. 하나님께서는 어제나 오늘이나 영원토록 동일하십니다.

그러므로 시간의 길고 짧음이 하나님께는 해당이 안 됩니다. 그러므로 우리는 주님의 재림이 당장 이루어지지 않는다고 해서, 우리 자신의 생각으로 판단하지 말고 하나님의 영원하심의 잣대로 판단해야 합니다. 영원하신 하나님께는 우리의 천년이 하루와 같은 것입니다. 중요한 것은 주의 재림에 대한 하나님의 약속은 반드시 성취된다는 것입니다.

그러므로 우리는 하나님의 시간개념과 인간의 시간개념이 다르다는 것을 분명히 이해하고, 재림의 확신을 굳건히 가질 수 있기를 축원합니다.

2. 하나님의 오래 참으시는 사랑 때문이다.

베드로후서 3장 9절을 보세요.

[9] 주의 약속은 어떤 이들이 더디다고 생각하는 것 같이 더딘 것이 아니라 오직 주께서는 너희를 대하여 오래 참으사 아무도 멸망하지 않고 다 회개하게 이르기를 원하시느니라

왜 그리스도의 재림이 지체됩니까? 그것은 주의 재림이 늦어지는 것이 아니라, 우리가 다 멸망하지 않고 회개하여 구원 얻을 수 있도록 기회를 주시는 것입니다. 아직 이 땅에 심판이 임하지 않는 것은 오래 참으시는 하나님의 사랑과 긍휼 때문입니다. 만일 주님께서 지금 당장 재림하신다면 어떻게 되겠습니까? 예수님 믿지 않는 우리 가족, 남편, 아들, 딸, 부모는 어떻게 해요? 다행히 우리 하나님께서는 오래 참아주시고, 지금도 기다리고 계십니다.

◎ 오래 참으시는 사랑의 하나님을 보면서 우리는 어떻게 살아야 할까?

오래 참으시는 하나님께서 우리 그리스도인들에게 2가지의 삶을 기대하십니다.

① 전도의 삶

주의 재림을 사모하는 그리스도인들은 모두가 구원받기를 원하시는 하나님의 뜻을 헤아림으로써, 한 영혼이라도 더 주님 앞에 인도하는 전도의 삶에 힘써야 할 것입니다.

제가 우리교회 청년 담당 교역자들에게 이런 얘기를 했습니다. '청년들에게 전도의 삶을 살도록 해주어야 한다. 우리 교회만이 아니라, 한국교회를 위해(농어촌 선교), 한걸음 더 나아가 세계선교(아웃리치, 단기선교사 헌신, 장기선교사 헌신, 보내는 선교사)의 삶을 살도록 비전을 주어야 한다.

② 성화의 삶

주의 재림이 더디다고 신앙이 꺼져서 세상의 쾌락에 빠질 것이 아니라, 주님께서 나에게 신앙 성숙의 기회를 주신 것으로 알고 자신의 신앙 성숙을 위해 노력해야 합니다. 말씀과 기도에 최선을 다하고 제자의 삶을 살아야 할 것입니다.

둘째, 주의 재림 때 세상은 어떻게 되는가?

1. 현재의 하늘과 땅이 불타 사라질 것이다.

베드로후서 3장 10절에 보세요.

[10] 그러나 주의 날이 도둑 같이 오리니 그 날에 하늘이 큰 소리로 떠나가고 물질이 뜨거운 불에 풀어지고 땅과 그 중에 있는 모든 일이 드러나리로다

'주의 날' 은 어떤 날일까요? 그리스도의 재림의 날이요, 심판의 날입니다. 주님 재림하시는 '그날' 에는 '하늘' 이 '큰소리' 로 떠나갑니다. 지금 우리가 살고 있는 이 하늘이 진멸될 것입니다.

노아 홍수 때는 하늘은 멸망을 면했으나, 마지막 심판 때는 하늘과 땅 모두 심판을 받습니다. 천계의 어마어마한 변동이 일어나는 것이니 얼마나 큰 소리가 나겠습니까? 상상하기도 어렵습니다. 그날의 심판이 대단히 무서운 것임을 보여주는 말씀입니다.

'물질' 이 뜨거운 불에 풀어집니다. 해, 달, 별 등 지구의 태양계나 세상을 구성하는 원물질인 흙, 공기, 불, 물 등이 뜨거운 심판의 불에

다 녹아지고 말 것입니다.

또 '땅과 그중에 있는 모든 일이 드러나리로다' 마지막 무서운 불 심판 때에는 이 땅이 불타므로, 이 땅에서의 인간의 모든 업적은 불타 버리고 사라질 것입니다. 결국 주의 재림의 날, 심판의 날에는 이 세상 모든 것들이 파괴되고 사라지는 우주적 재앙의 날임을 성경은 말씀하고 계십니다.

또 오늘 성경을 보면 주님의 재림은 '도둑같이 온다' 라고 말씀하십니다. 이 말씀은 주님의 재림이 예기치 않게, 갑작스럽게 임할 것임을 가르쳐 주는 말씀입니다. 주의 재림의 날은 누구도 정확한 날을 모릅니다. 재림을 준비하지 않은 자들에게는 마치 밤의 도둑처럼 갑자기 찾아오는 뜻밖의 재앙으로 임할 것입니다.

그 날은 경고도 없이 모두가 안전하다고 느낄 때 임할 것입니다. 그래서 믿음의 성도들은 예수님께서 말씀하신 슬기로운 다섯 처녀처럼, 등과 기름을 준비하고 늘 깨어 준비해야 할 것입니다.

2. 새 하늘과 새 땅이 창조될 것이다.

베드로후서 3장 13절을 보십시오.

[13] 우리는 그의 약속대로 의가 있는 곳인 새 하늘과 새 땅을 바라보도다

베드로가 베드로후서를 쓰면서 주님의 재림에 대한 확신과 심판이

반드시 임할 것이라는 것을 강조하고 있는 이유가 무엇일까요?

당시 성도들이 받는 고난과 박해가 너무 극심하였기 때문입니다. 현실의 극심한 고난과 박해를 이겨내는 힘은 우리 주님께서 재림하시고 심판하실 때 악인을 벌하시고, 의인을 구원하실 것이라는 확신이 있을 때에만 가능합니다. 주님의 재림이나 천국이 없다면, 굳이 고난과 박해를 받아 가며 순교할 이유가 없습니다. 예수 안 믿고 쾌락을 즐기며 살아가는 것이 더 좋을 것입니다. 그러나 우리 믿음의 성도들은 예수님의 재림과 천국 소망이 있기에, 오늘의 삶이 힘들지라도 믿음으로 이기고 나가는 줄 믿습니다. 재림의 확신을 가지고 끝까지 승리하시기를 축원합니다.

셋째, 주의 재림을 앞둔 성도들의 자세는 어떠해야 하는가?

1. 거룩한 행실과 경건함을 지니라.

베드로후서 3장 11절을 보십시오.

[11] 이 모든 것이 이렇게 풀어지리니 너희가 어떠한 사람이 되어야 마땅하냐 거룩한 행실과 경건함으로

세상의 물질적인 것들에 집착하고 소망을 두지 마십시오. 그것들은 모조리 불타 없어질 것입니다. 거룩한 행실과 경건함으로 살아야 합니

다. '거룩한 행실' 은 (헬. 하기오스)로, '분리된' 이라는 뜻입니다. 그리스도인들은 악한 세상과 구별되어 하나님의 거룩하심을 본받아 살아가야 합니다. 성화를 이루어야 합니다.

'경건함' 은 하나님의 살아계심과 주관하심을 믿으며 하나님을 경외하며 살아가는 삶을 말합니다.

2. 하나님의 날을 간절히 사모하라.

베드로후서 3장 12절을 보십시오.

[12] 하나님의 날이 임하기를 바라보고 간절히 사모하라 그 날에 하늘이 불에 타서 풀어지고 물질이 뜨거운 불에 녹아지려니와

'하나님의 날' 은 주의 재림의 날입니다. 주님의 재림의 날을 사모하면서 계속 거룩한 삶을 살아가야 하고, 또 하나님을 섬기는 모든 일에 성실해야 합니다.

3. 새 하늘과 새 땅을 바라보라.

3장 13절 다시 봅니다.

[13] 우리는 그의 약속대로 의가 있는 곳인 새 하늘과 새 땅을 바라보도다

이단들과 거짓 선생들이 주님 재림의 약속을 부인하고 조롱할지라도, 주님의 재림의 약속은 반드시 이루어질 것입니다. 그리고 하늘과

물질과 땅이 다 불타 녹아질지라도, 우리에게는 새 하늘과 새 땅, 신천신지가 약속되어 있다는 사실을 굳건히 믿고 새 하늘과 새 땅을 바라보아야 합니다.

새 하늘과 새 땅은 하나님께서 새롭게 창조하실 완전한 세계입니다. 이것은 성경에 예언된 말씀들이 이루어진 하나님의 나라, 천국입니다.

이곳의 특징은 의가 있는 곳입니다. 현재 세상은 죄인들이 거하는 죄가 충만한 세상이지만, 오는 세상인 천국은 의인들만 거하는 의로 충만한 세계입니다. 거기에는 죄인들이 들어갈 수 없습니다. 그곳은 죄의 더러움과 저주와 허무함이 전혀 없는 완전히 새로워진 세계입니다.

사랑하는 성도 여러분! 우리는 다시는 늙지도 않고 병들지도 않는 변화된 몸, 부활의 몸으로 영원한 복락을 누릴 것입니다. 우리에게 어떠한 고난이 닥칠지라도, 확고한 재림 신앙으로 끝까지 승리하는 우리 모두가 되기를 축원합니다.

<2021년 4월 25일 주일 낮 대예배 설교>

Chapter 8
베드로후서 강해를 마치며... (벧후 3:14-18)

14 그러므로 사랑하는 자들아 너희가 이것을 바라보나니 주 앞에서 점도
없고 흠도 없이 평강 가운데서 나타나기를 힘쓰라
15 또 우리 주의 오래 참으심이 구원이 될 줄로 여기라 우리가 사랑하는
형제 바울도 그 받은 지혜대로 너희에게 이같이 썼고
16 또 그 모든 편지에도 이런 일에 관하여 말하였으되 그 중에 알기 어
려운 것이 더러 있으니 무식한 자들과 굳세지 못한 자들이 다른 성경
과 같이 그것도 억지로 풀다가 스스로 멸망에 이르느니라
17 그러므로 사랑하는 자들아 너희가 이것을 미리 알았은즉 무법한 자들
의 미혹에 이끌려 너희가 굳센 데서 떨어질까 삼가라
18 오직 우리 주 곧 구주 예수 그리스도의 은혜와 그를 아는 지식에서
자라 가라 영광이 이제와 영원한 날까지 그에게 있을지어다

오늘은 베드로후서 강해 마지막 시간입니다. 오늘 마지막 시간에 지금까지 7번에 걸쳐 전한 베드로후서의 내용을 정리해 보고, 오늘 본문으로 베드로후서 강해를 마치려고 합니다. 오늘은 <베드로후서 강해를 마치며...>라는 제목으로 말씀을 전하겠습니다.

Ⅰ. 베드로후서의 주요 내용

베드로전서가 외적인 박해에 직면해있는 1C의 그리스도인들에게 소망을 주기 위해 쓰여진 하나님의 말씀이라면, 베드로후서는 내적인 이단 사상을 가진 거짓 선생들의 잘못된 가르침에 미혹되지 않도록 하기 위해 쓰여진 하나님의 말씀입니다.

거짓 선생들은 부도덕한 향락주의에 빠져 있었기 때문에, 주님의 재림이나 심판에 대해 부인했습니다. 자기들만 향락주의에 빠진 것이 아니라, 믿음이 연약한 성도들도 끌어들여 향락에 빠지게 함으로, 주의 재림을 부인하고 성도들의 영적 성장을 가로막았습니다.

그래서 1장을 통해서는 영적 성장을 통해 열매 맺는 믿음을 갖도록 권고하고 있습니다(벧후 1:5-7).

[벧후 1장]

베드로후서 1장 5절을 보십시오.

[5] 그러므로 너희가 더욱 힘써 너희 믿음에 덕을, 덕에 지식을,

1장 6절에는

[6] 지식에 절제를 절제에 인내를 인내에 경건을,

1장 7절에는

[7] 경건에 형제우애를, 형제우애에 사랑을 더하라

영적 성장은 어떻게 이루어집니까? 하나님의 계시인 성경을 믿음으

로 이루어집니다.

베드로후서 1장 20절을 보세요.

[20] 먼저 알 것은 성경의 모든 예언은 사사로이 풀 것이 아니니

또 **1장 21절**을 보세요.

[21] 예언은 언제든지 사람의 뜻으로 낸 것이 아니요 오직 성령의 감동하심을 받은 사람들이 하나님께 받아 말한 것임이라

성경의 예언은 하나님의 확실한 계시입니다. 이 성경 말씀이 주님의 재림과 심판을 예언하고 있습니다. 그러므로 재림을 부인하는 거짓 선생들을 믿을 것이 아니라, 확실한 계시인 성경을 믿어야 합니다. 이것이 1장의 내용입니다.

[벧후 2장]

2장은 거짓 선생들(이단)의 모습과 실체를 낱낱이 폭로하고, 그들의 마지막은 심판임을 말하고 있습니다. 거짓 선생들은 그리스도의 구속의 은혜를 부인하고, 호색을 따르고, 탐심으로 거짓말을 하는 자들입니다(벧후 2:1-3).

거짓 선생들은 영적으로 교만하고, 육체적으로 방종과 성적 음행의 죄, 물질적으로 탐욕의 죄를 짓습니다(벧후 2:10-16).

그들의 결국은 캄캄한 어두움의 장소인 지옥 심판입니다.

베드로후서 2장 17절을 보세요.

[17] 이 사람들은 물 없는 샘이요 광풍에 밀려 가는 안개니 그들을 위하여 캄캄한 어둠이 예비되어 있나니

[벧후 3장]

3장은 주의 재림을 조롱하고 부인하는 거짓 선생들의 모습이 나타납니다. **3장 3절**을 봅시다.

[3] 먼저 이것을 알지니 말세에 조롱하는 자들이 와서 자기의 정욕을 따라 행하며 조롱하여

또 그다음 **3장 4절**을 볼까요?

[4] 이르되 주께서 강림하신다는 약속이 어디 있느냐 조상들이 잔 후로부터 만물이 처음 창조될 때와 같이 그냥 있다 하니

베드로 사도는 이렇게 주의 재림을 부인하는 자들에 대해, 베드로후서 3장 8절 이하에서 이렇게 대답하고 있습니다.

3장 8절을 보세요.

[8] 사랑하는 자들아 주께는 하루가 천 년 같고 천 년이 하루 같다는 이 한 가지를 잊지 말라

또 **3장 9절**을 봅시다.

[9] 주의 약속은 어떤 이들이 더디다고 생각하는 것 같이 더딘 것이 아니

라 오직 주께서는 너희를 대하여 오래 참으사 아무도 멸망하지 아니하고 다 회개하기에 이르기를 원하시느니라

지난 시간의 말씀입니다. 생각나시지요?

자! 오늘은 베드로후서 3장 14-18절, 마지막 말씀입니다.

Ⅱ. 마지막 권면

주의 재림과 심판을 믿는 자들은 어떤 삶을 살아야 할까요?

베드로는 마지막으로 4가지를 권면하고 있습니다.

첫째, 온전한 성결에 힘쓰라

본문 베드로후서 3장 14절을 봅시다.

[14] 그러므로 사랑하는 자들아 너희가 이것을 바라보나니 주 앞에서 점도 없고 흠도 없이 평강 가운데서 나타나기를 힘쓰라

주의 재림을 믿는 성도는 주님 재림하는 날, 세상은 다 불타 없어지고 새 하늘과 새 땅, 새 예루살렘, 영원한 천국이 전개될 것을 믿습니다. 그러므로 주의 재림을 믿는 성도는 이 세상의 썩어지고 불타버릴 부귀와 영화를 바라보아서는 안 됩니다. 의가 가득한 새 하늘과 새 땅을 바라보고, 의가 가득한 천국에 속한 자답게 흠과 점이 없는 온전히 성결한 자로 살아가도록 힘써야 합니다.

'점도 없고 흠도 없다' 는 것은 어떠한 허물과 죄도 발견되지 않는 상태를 가리킵니다. 이런 완전한 성결은 하나님께서 은혜로 주시는 것입니다.

데살로니가전서 5장 23절을 봅시다.

[23] 평강의 하나님이 친히 너희를 온전히 거룩하게 하시고 또 너희의 온 영과 혼과 몸이 우리 주 예수 그리스도께서 강림하실 때에 흠 없게 보전되기를 원하노라

그리고 **5장 24절**을 볼까요?

[24] 너희를 부르신 이는 미쁘시니 그가 또한 이루시리라'

온전한 성결은 하나님의 은혜로 주시는 것이지만, 우리 자신도 온전한 성결을 위해 힘써야 합니다. 이것이 우리 신앙 생활의 목표여야 합니다. 주님의 재림을 믿고 온전한 성결에 힘쓰는 자는 이단 사상을 가진 거짓 선생들의 향락주의의 유혹에 넘어가지 않습니다.

둘째, 성경 말씀 위에 굳게 서라

베드로나 바울은 두 사람 다 같은 내용을 가르쳤습니다. 두 사람 다 주의 재림을 얘기했고, 주의 재림이 지연되는 것은 주님께서 오래 참으사 아무도 멸망하지 않고 다 회개하기를 원하시기 때문이라고 했습니다.

본문 **베드로후서 3장 15절**을 보세요.

[15] 또 우리 주의 오래 참으심이 구원이 될 줄로 여기라 우리가 사랑하는 형제 바울도 그 받은 지혜대로 너희에게 이같이 썼고

베드로는 거짓 선생들이 주님의 재림을 부인하면서 쾌락주의에 빠지도록 유혹하는 것에 대해, 주님 재림이 지연되는 것은 주님께서 오래 참으셔서 아무도 멸망하지 않고 구원받기 위함이라고 말하면서, '바울' 도 똑같이 말했다는 것입니다.

바울이 기록한 로마서 말씀을 볼까요?

로마서 2장 4절입니다.

[4] 혹 네가 하나님의 인자하심이 너를 인도하여 회개하게 하심을 알지 못하여 그의 인자하심과 용납하심과 길이 참으심이 풍성함을 멸시하느냐

주님께서 재림을 지연하는 것은 한 사람이라도 더 회개하고 구원받도록 하기 위한 주님의 인자하심과 오래 참으심 때문이라는 것입니다.

그런데 바울이 쓴 성경 중에는 더러 어려운 내용이 있는데, 이단들은 성경을 억지로 풀어서 왜곡되게 해석하고 적용함으로 자기들의 잘못을 정당화하려 합니다.

베드로후서 3장 16절을 보십시오.

[16] 또 그 모든 편지에도 이런 일에 관하여 말하였으되 그 중에 알기 어려운 것이 더러 있으니 무식한 자들과 굳세지 못한 자들이 다른 성경

과 같이 그것도 억지로 풀다가 스스로 멸망에 이르느니라

예를 들어, 바울이 행위가 아닌 믿음으로 말미암아 구원받는다는 교리(이신득의. 이신칭의)를 말했는데, 이 교리를 이렇게 억지로 푸는 것입니다.

'이제 믿음으로 의롭게 되고 구원받았으므로, 마음대로 살아도 된다' 는 식으로 해석하는 것입니다. 즉 성화의 삶을 소홀히 여기는 듯한 주장으로 이해하는 것이 성경을 억지로 푸는 것입니다.

바울이 쓴 로마서 8장 1-2절을 보겠습니다.

[1] 그러므로 이제 그리스도 예수 안에 있는 자에게는 결코 정죄함이 없나니
[2] 이는 그리스도 예수 안에 있는 생명의 성령의 법이 죄와 사망의 법에서 너를 해방하였음이라

예수님 믿고 구원받은 자는 율법으로부터 해방되었기 때문에, 이제는 율법을 안 지키고 마음대로 방탕하게 살아도 정죄함이 없다고 해석하는 것이 성경을 억지로 푸는 것입니다. 이단들은 자기 욕심에 맞게 성경을 억지로 왜곡되게 해석합니다.

이제 베드로후서 3장 16절을 봅시다.

[16] 또 그 모든 편지에도 이런 일에 관하여 말하였으되 그 중에 알기 어려운 것이 더러 있으니 무식한 자들과 굳세지 못한 자들이 다른 성경과 같이 그것도 억지로 풀다가 스스로 멸망에 이르느니라

또 성경 가운데는 '알기 어려운 것' 들이 있습니다. 그중 하나가 요한계시록입니다. 요한계시록 강해가 수백 종도 넘게 나왔습니다. 각기 다른 해석을 주장합니다. 이단들은 특히 요한계시록을 가지고 성도들을 미혹합니다.

하나님께서 인간에게 성경을 다 해석할 수 있도록 하시지 않고 가려놓으신 부분이 있습니다. 그래서 종교개혁자 존 칼빈은 요한계시록 주석을 쓰지 않았습니다. 하나님께서 가려놓으신 것을 잘못 해석하는 죄를 범치 않을까 하여 그런 것입니다.

그러므로 성경을 함부로 해석하거나, 교묘하게 해석하여 자기 이익을 탐하는 자들에게 미혹되지 않도록 교회 중심, 담임목사 중심으로 올바른 성경 말씀 안에 굳게 서서 흔들리지 않고 바른 신앙생활해야 할 것입니다. 그것이 이단에 빠지지 않는 길입니다.

셋째, 거짓 선생(이단)을 경계하라

베드로후서 3장 17절을 보십시오.

[17] 그러므로 사랑하는 자들아 너희가 이것을 미리 알았은즉 무법한 자들의 미혹에 이끌려 너희가 굳센 데서 떨어질까 삼가라

'무법한 자들' 이란 성경에 계시된 하나님의 법도를 무시하고, 성경을 하나님의 뜻대로가 아닌, 자기 뜻대로 억지로 해석하는 자들입니다. 이것이 이단의 특성입니다. 여기 '삼가라' 는 말은 경계하라는 말입니다.

정리하면 우리는 거짓 선생(이단)들도 성경을 가지고 미혹한다는 사실을 '미리 알았은즉' 이단에 빠지지 않도록 늘 경계해야 합니다. 그러기 위해서 우리는 '굳센 데서 떨어질까' 늘 경계해야 합니다. 올바른 성경 말씀에 깊이 뿌리를 내리고 굳게 서 있는 믿음의 자리에서 이탈되지 않도록 주의해야 합니다.

넷째, 지속적인 영적 성장을 이루라

우리 그리스도인들은 단순히 예수님 믿고 구원받는 것으로 만족하지 말고, 지속적으로 영적 성장을 이루어 거짓 선생(이단)들의 미혹에 빠지지 말아야 합니다. 그러면 그리스도인들의 영적 성장은 어떻게 이루어질까요? 2가지를 알고 있어야 합니다.

베드로후서 3장 18절을 보십시오.

[18] 오직 우리 주 곧 구주 예수 그리스도의 은혜와 그를 아는 지식에서 자라 가라…

그리스도인의 영적 성장은 내가 노력하고 힘쓴다고 이루어지는 것은 아닙니다. 우리의 믿음을 성장시키는 주체는 '그리스도의 은혜' 입니다. 그리스도의 은혜로 우리의 믿음이 자라고 영적 성장이 이루어집니다.

또 하나 영적 성장의 방편은 '그리스도를 아는 지식' 입니다. 우리는 끊임없이 정통적인 교리에 바탕을 둔 올바른 성경공부를 통해 그리스도를 알아가야 합니다. '그리스도가 누구신가? 그리스도께서 무슨 일을 하셨는가?' 를 알아가야 합니다.

'자라가라' 는 헬라어 원어의 시제가 현재 명령형으로 되어 있습니다. 현재형 동사가 사용된 것은 쉬지 않고 계속 성장해야 함을 보여주는 것입니다.

그렇다면 어디까지 자라가야 할까요?

에베소서 4장 13절을 보세요.

[13] 우리가 다 하나님의 아들을 믿는 것과 아는 일에 하나가 되어 온전한 사람을 이루어 그리스도의 장성한 분량이 충만한 데까지 이르리니

우리의 영적 성장의 목표는 그리스도입니다. 그리스도를 닮아가기까지 성장해야 합니다. 베드로후서의 기록 목적이 거짓 선생(이단)들을 경계하기 위함이었다고 말씀드렸습니다. 그래서 베드로후서를 마치면서, 마지막 권면 4가지 모두가 그리스도인들을 거짓 선생(이단)들로부터 지키기 위한 권면인 것입니다.

1. 온전한 성결에 힘쓰라
2. 성경 말씀 위에 굳게 서라
3. 거짓 선생(이단)을 경계하라
4. 지속적인 영적 성장을 이루라

이렇게 할 때, 이단들의 미혹에 빠지지 않고 굳건히 설 수 있을 것입니다.

베드로후서는 마지막으로 축도로 마치고 있습니다.

베드로후서 3장 18절입니다.

[18] 오직 우리 주 곧 구주 예수 그리스도의 은혜와 그를 아는 지식에서 자라 가라 영광이 이제와 영원한 날까지 그에게 있을지어다

'영광' 이 오직 주님에게만, '영원한 날까지' 있을 것이라는 말입니다. '영원한 날' 은 주의 날인 '재림의 날' 을 가리킵니다.

이 '주의 날', '재림의 날' 은 악인들에게는 완전한 심판의 날이요, 그리스도인들에게는 새 하늘과 새 땅이 완전히 회복되는 영광스러운 날입니다. 마지막 축도에 '영원한 날' 이라는 말씀을 통해 그리스도의 재림을 부인하여 그리스도인들을 미혹하려는 거짓 선생들의 교훈에 미혹되지 않고 영광 가운데 인내할 것을 마지막으로 권면하고 있습니다.

사랑하는 성도 여러분!

예수님께서는 반드시 다시 오십니다. 그리고 그날에는 성도들의 눈물을 씻어주시고, 영원한 복락을 누리는 영광의 날이 될 것입니다. 끝까지 주님 바라보고 승리하십시오. 영광의 그날까지!

오늘은 스승의 주일이기에, 마지막으로 어느 주일학교 교사 선생님을 소개하고 말씀을 마치려고 합니다. 미국 아이오와주의 작은 마을 웨스트 브로치라는 마을에 한 교회학교 교사의 이야기입니다.

이 교사가 어느 날 길을 가다가 길거리에서 놀고 있는 네 명의 소년을 만났습니다. 그리고 네 명의 소년에게 전도를 했습니다. '애들아, 오늘 너희들에게 아주 중요한 분을 소개해 주겠다.'

소년들은 교사를 따라 교회에 갔고, 교사는 그들을 위해 성경공부반을 만들어 열심히 가르쳤습니다. 그리고 이 소년들이 장성해서 마을을 떠났습니다. 그리고 그 교사 선생님은 은퇴를 하게 되었습니다.

이 교사 선생님이 은퇴를 하는 날, 네 통의 편지가 배달되었습니다. 한 통은 중국 선교사, 한 통은 미국 연방은행 총재, 한 통은 대통령 비서실장에게서 온 것이었습니다. 그리고 마지막 편지봉투에는 '후버'(Herbert Hoover)라는 글씨가 적혀 있었습니다. 바로 미국 제31대 대통령의 이름이었습니다.

편지에는 이런 글이 적혀 있었습니다. '선생님이 그때 저희에게 가르쳐 준 하나님의 말씀을 통해 역경을 극복하고 있습니다. 감사합니다.' 길거리의 네 소년은 미국과 세계를 움직이는 인물로 성장하게 된 것입니다.

사랑하는 성도 여러분!

어린이는 희망의 또 다른 이름입니다. 어린이의 웃음이 사라진 교회는 희망도 없습니다. 우리 주일학교 선생님들을 격려해 주십시오. 우리 주일학교 선생님들은 절대로 포기하지 마시고 끝까지 사명을 감당하여 그 영광스러운 사명을 감당하고 하늘에서 빛나는 면류관을 받아 누리기를 축원합니다.

<2021년 5월 16일 주일 낮 대예배 설교(스승의 주일)>